# 名門小学校［東京圏　私立小学校情報］2025 年度版　目次

Walk with Children

いつも子どもと共に

 サレジアン国際学園目黒星美小学校
SALESIAN INTERNATIONAL SCHOOL

詳しくはこちらをご覧ください。
学校紹介ページ（43ページ）

# 創造的な教育を醸成する私立小学校の魅力

大学通信　代表取締役社長
## 田所　浩志

令和6年元日の夕方、石川県・能登半島を最大震度7の地震が襲い、東日本大震災以来の大津波警報が発出されるなど、北陸地方を中心に甚大な被害が発生しました。この地震により被害に遭われた方々にお見舞いを申し上げるとともに、被災地の一日も早い復興を心よりお祈りいたします。

石川県では現在、政府とも連携しながら、2032年度末にかけて被災地の創造的復興に向けた様々な取り組みを推進しています。災害大国であるわが国にとって、「国土強靭化（ナショナル・レジリエンス）」の重要性が改めて浮き彫りとなった形となりましたが、生きる力を育てる「レジリエンス教育」も、コロナ禍を経た今日の初等教育の場において、まさに最重要課題の一つであると言えるでしょう。

令和3年、中央教育審議会は『『令和の日本型学校教育』の構築を目指して～全ての子供たちの可能性を引き出す、個別最適な学びと、協働的な学びの実現～（答申）』を取りまとめました。グローバル化や知識基盤社会の到来が叫ばれる中、「知識及び技能」「思考力、判断力、表現力」「学びに向かう力、人間性」などの重要性をいち早く先取りし、新時代にふさわしい先導的な教育改革を強力に推進してきたのが私立学校であることは、今日までの歴史を振り返っても明らかです。

　　　　　　＊　　　　　　＊

私学における最大の魅力が、何を措いても「個性溢れる先導的な教育」であることは、改めて言うまでもありません。慶應義塾の創設者であり、不世出の啓蒙思想家である福澤諭吉は、明治維新の教育政策を当時「政事と教育は分離すべし」と唱え、「政教混一」を批判して、教育の自由化や個性化への障害に一大警鐘を鳴らしました。

その後、わが国の初等教育改革においてエポックメーキングとなったのは、「子ども中心」や「個性重視」をプライオリティに据える「大正自由教育」運動の大きなうねりです。19世紀末までの「教師中心の教育」に代わって、「子ども中心の教育」へと大きく転換した欧米発の先駆的な教育運動は、わが国においても澤柳政太郎をはじめ、小原國芳、中村春二ら卓越した教育者に受け継がれ、1930年代にかけて個性豊かな私立学校が数多く誕生してきました。

これら伝統ある私立小学校は、その後も長い歴史の中で創設者の熱き思いの「建学の精神」を受け継ぐとともに、時代のニーズを見極めつつ、たゆまぬ教育改革を経て旗幟鮮明の校風を築き上げています。

このような歴史的な強みに加え、私立学校の魅力として、学校間の連携や協働という「横断的な繋がり」の強さも見過ごすことはできません。わが国の教育史を振り返ると、私学の歴史は決して順風満帆ではありませんでした。しかし、こうした中でも宗教や校風、設置母体の違いを超え、学校同士が相互に協力しつつ発展してきたのが今日の私立小学校なのです。

私立小学校は全国で244校を数え、そのうちの102校は東京圏（東京、千葉、埼玉、神奈川の1都3県）に設置されています（『令和5年度学校基本調査』より）。

本書は、令和の新時代を迎え、小社が皆様にお勧めしたい東京圏の主要な私立小学校を、各学校のご協力を得て編集したものです。その内容は募集要項から沿革、教育方針、特色あるカリキュラム、学費、中学進学実績や付属中学校への進学条件まで、的確な進学情報がすべて網羅されています。また、難関国公私立大学への進学を目指す方のため、小社ならではの「東京圏440高校　主要大学合格者数一覧」を掲載しています。安心して進学させられる私立小学校選びの一助として、役立てていただければ幸いです。

# 人と社会のために尽くす
# サーバント・リーダーを育成

## 青山学院初等部

2024年11月には、創立150周年という大きな節目を迎える青山学院。その中で、1937年に創設された初等部の根底にもキリスト教教育、すなわち「神さまから与えられた賜物」を生かす教育が流れています。
ただ教えるのではなく、子どもたちが自ら学び、体得し、成長していく、そうした「人間力」を培う教育を作り上げていくため、全校を挙げて取り組んでいます。

初等部　部長　小澤 淳一

## 明るく伸びやかな校風の中、「自分自身と隣人を愛せる人」を育成

——スクール・モットー「地の塩、世の光」について教えてください。

聖書には「あなたがたは地の塩である」、また「あなたがたは世の光である」という言葉があります。塩には浄化作用があり、隠し味に塩を少し足すだけで味が変わるという作用もあります。そうした、世にあって塩のような働きをする人材をつくるというのが「地の塩」です。

そして、自分の行いで周りの人々を照らす働きをすることが「世の光」です。聖書では「その光を人々の前に輝かせなさい。あなたがたの立派な行いを見て、周りの人々が神さまのことを知るようにしなさい」と続きます。自分が輝くのは自己顕示欲からではなく、「神さまだったらどうされるか」を深く考えながら行動することで、この世の光として輝きなさい、ということを教えているのです。

——初等部の一日は約30分の礼拝の時間から始まります。それは、子どもたちが自己と対話する機会にもなっていますね。

初等部が大切にしている聖句に、「何事でも人々からしてほしいと望むことは、人々にもそのとおりにしなさい」という言葉があります。

イエス・キリストが生きていた2000年前の世界には、「人にしてもらいたくないことは、相手にもしてはいけない」という考え方がありました。しかし、それは「他人に迷惑さえかけなければ、何をしてもいい」という考えにつながりやすい。そうではなく、人からされてうれしかったことを積極的に行うことこそが大事なのだと、聖書は教えているのです。これは初等部の根幹にある重要な教えで、礼拝堂の中央に掲げられた校章の周りには、この聖句が英語で刻まれています。

そして、もう一つは「自分を愛するように、あなたの隣人を愛しなさい」ということ。イエスの時代よりずっと古い旧約聖書にも「隣人」という言葉は出てきますが、そこには「自分の同胞」という限定的な意味しかありませんでした。それをイエスは拡大解釈し、「敵も味方もなく、誰に対しても同じように愛するのだ」と教えたのです。とりわけ重要なのは「自分を愛するように」ということ。自分を愛せない人は、人を本当に愛することはできない、という教えが込められているのですね。

——初等部では、すべての人と社会のために未来を拓く「サーバント・リーダー」を育成することを目指しています。

本校には6年生と1年生がペアになり、登校時や給食の時間など、さまざまな機会にお世話をする「パートナー制度」があります。異年齢と交わることで、1年生はこれまでできなかったことができるようになり、6年生も思いやりや優しさの心を育むことができます。

その活動の延長線上にあるのが、毎週水曜日の放課後に5・6年生が参加する「プロジェクト活動」です。これは、自分たちの生活を自分たちで考えるために行われる取り組みで、環境やSDGs、防災など、社会奉仕活動にもつながる14の取り組みが行われています。このように、初等部の学びには、すべての人と社会に仕える人間を育成する多彩な仕組みが取り入れられているのです。

礼拝の時間

# 『成長の記録』で個性を伸ばし、「未来に求められる力」を養う

オーストラリア・ホームステイ

——青山学院は創設時から、先導的な教育を展開していることで知られます。

本校の大きな特徴の一つは「通信簿がない」こと。その代わりに、学期ごとに何ができたか、これから課題になるのは何かといった自己評価を子どもたち自身で『成長の記録』に書いてもらい、教師と保護者にプレゼンをします。それをもとに三者で話し合いながら、その先の学びについて丁寧に考えていくのです。

子どもの教育には家庭の協力が欠かせませんが、授業参観日も他校のように決まっているわけではなく、朝の礼拝から下校時刻まで、学校生活を丸ごと見てもらうことができます。教室もフルオープンの作りで廊下から中が見られますし、声も聞こえるので、子どもたちの様子をしっかり把握することができます。

——1965年には、いち早くランドセルを廃止しました。

これは「学校が学習の基地」だということ。自宅が学習の基地だと、すべての教科書は家にあり、時間割に合わせて教科書やノートを毎日ランドセルに詰め、登校しなければなりません。しかし、「ランドセルのない学校」は学校が学習の基地ですから、教科書もノートも全部学校にあり、「今日はこの分野を復習したい」と思った時に、その教科だけ持って帰ればよいのです。

——その根底には、常に問題意識をもって未来を拓く教育と向き合ってきた青山学院の姿勢が現れています。

特に今日ではタブレットがあり、電子教科書のほか、プリント類なども児童全員に配信しているので、ランドセルはますます必要がなくなってきていますね。

——「英語の青山」と言われるように、外国語教育の充実も魅力です。

英語教育では、小学1年から高校までの12年間を4-4-4で区切り、独自の「SEED BOOK」という教材を使いながら学んでいきます。英語そのものの理解を深めるため、背景にある英語圏の文化も含めて学ぶ教材になっています。希望者には夏休み中のオーストラリア・ホームステイやイングランド・サマープログラム、春休みのフィリピン訪問など、国際交流の機会もあります。

——情報化に対応した授業や、プレゼンテーションの機会を多く設けているのも特徴です。

初等部の1・2年次は「手を使ってきちんと書く」ことを重視していますが、3年の2学期頃からはタブレットを活用し、教室の電子黒板と連動して、パワーポイントでスライドを作ったり、動画を作成したりする授業も取り入れています。

プレゼンテーションに関しては、例えば農漁村の生活を調べるため、2年次に千葉の館山へ行き、そこで地元の人々の話を聞きながら、実際にサツマイモや落花生の苗を植え、それを秋に収穫するといったフィールドワーク型の授業も行っています。

この授業では、子どもたちは宿泊を経験しますが、ほかにも1年生の「なかよしキャンプ」に始まり、3・4年生の「山の生活」、5年生の「平戸 海の生活」、3年生から6年生までが全員参加する学年縦割りの「雪の学校」など、豊富な宿泊行事を通じて思いやりや信頼の心、生きる力と行動力を養っています。

——その6年間の集大成として、1972年に始まり50年以上の歴史を誇るのが、8泊9日に及ぶ「洋上小学校」ですね。

日本は海に囲まれた島国だということを児童に体験させたいという発想からはじまった洋上小学校は、日本一周と同等の航行距離になるように寄港地を巡っていきます。

船旅というとクルーズのような優雅なイメージがあるかもしれませんが、児童は乗船すると船員帽をかぶり、「小さな乗組員」として船内や寄港地での活動に取り組みます。東海汽船の船員さんたちが本当に子どもたちに愛情を注いでくださり、ブリッジや機関室など、普段立ち入ることができないところの見学も許されています。

こうした行事すべてに共通して言えるのが、「学校だけが学びの場ではなくて、子どもたちがいるところが『学校』であり、そこで子どもたちと関わるすべての人が先生なのだ」ということ。「神さまから与えられた賜物を生かす」教育が初等部には溢れています。

——青山学院は今年11月、創立150周年という大きな節目を迎えます。最後にメッセージをお願いします。

青山学院は明治初期の1874年、米国の3人の宣教師により設立された3つの学校を起源とし、初等部は明治から昭和期にかけ活躍した銀行家で、日本にロータリークラブを初めて設立した米山梅吉が1937年に私財を投げ売って開校した青山学院緑岡小学校に始まります。まさに、初等部は先達のサーバント・リーダーの熱い思いで誕生した学校なのです。

こうした歴史を継承し、本校の素晴らしさを十分に理解した上で、ぜひとも本校に来ていただければと願っています。

洋上小学校

## 学習院初等科の歴史

学習院がはじめにつくられたのは、江戸時代の末期になる弘化4年（1847年）になります。孝明天皇は、京都御所の隣に公家を教育する学校として学習院を開き、15歳から40歳までの人がここで学びました。

東京には、明治10年（1877年）10月17日、神田錦町に開校し、華族の子どもたちを教育するためにつくられました。その後、明治17年に私立学校から官立学校（唯一の宮内省の学校）になり、戦後再び私立学校となりました。学習院初等科は、今年で147年目を迎えます。今までに、政界や財界をはじめとして、各界で活躍している卒業生を多数輩出しています。

このように、学習院初等科は、私立学校として独特の歴史を歩んできました。

# 伝統を継承しつつ
# 新しい時代を切り拓く
# 学習院初等科

学習院初等科長
梅本 惠美

## 豊かな人間性と社会性を育む

学習院初等科は、明治に創立されて以来、大勢の卒業生とそのご父母に見守られ歩んできた歴史と伝統のある学校です。特に戦後は、「自重互敬」「正直と思いやり」を大切にし、豊かな人間関係を育んできました。

令和の教育が目指す協働的な学びの場でも、異なる考えを謙虚に聞き、自分の考えを深め高める「自重互敬」の精神が必要とされます。初等科は、この精神を大事にしながらさまざまな教育活動を行い、豊かな人間性と社会性を育てていきます。

初等科の教育目標は「真実を見分け、自分の考えを持つ子ども」です。グローバル化や人工知能・AIなどの技術革新が急速に進み、いっそう予測困難な時代になると言われるなか、本質に目を向けられる価値観を持ち、自分の考えをしっかり持つことが、より良い社会や自分の人生を切り拓く力になります。

その資質や能力を伸ばすために、低学年から「専科制」を採り入れ、全教科に共通して、基礎力を徹底するとともに、ICTを活用した学習や日本の伝統文化に関する学習、体験学習、国際交流などを充実させています。

長い歴史に培われた伝統や校風を尊重しながらも、未来を展望し、教育内容や学習環境の充実にたえず努め、知情意体のバランスのとれた教育活動を展開してまいります。

## ICT活用と国際交流

本校では、1年生から6年生までの全児童にセルラーモデルタブレット端末を配付し、各教室の65インチの大型テレビや各学年・特別教室の大型電子黒板を有効に使って授業を行っています。

ICT化は、本校で実施している学び合いによる協働学習に大いに貢献しており、短時間での意見の共有も可能になり、発展的な考察や議論もできるようになりました。

コロナ対策としてのZoomによるオンライン授業（令和3年度3週間）へも、スムーズに移行ができました。

また、休止となっていた英国チェルトナム・プレップの授業参加やホームステイが実現し、6年生児童20名は貴重な体験ができました。また、英国チェルトナム・プレップの児童と初等科の6年生との文通や豪州ザビエル校とのテレビ電話によるオンライン交流も行っています。文通は、6年生一人ひとりがチェルトナムの児童と行っています。豪州ザビエル校とは、5・6年生の国際委員が、クイズや折り紙等を用いてテレビ電話で日本文化を紹介しました。姉妹校となった豪州MLCともテレビ電話等で交流しています。

### 自重互敬とは...

「自重互敬」とは、第18代安倍能成学習院長（1883～1966）が常に学習院生に教えてきた、「自分を大切にし、お互いを敬い思いやる」という精神です。自らの品性を保ち、お互いを敬うことを大切に代々続いてきた学習院初等科の教育の柱です。その精神は、初等科生活における指導の隅々にまで行きわたっています。教室のドアを開けてみれば、そこには自分の思いや考えを丁寧に語り、友だちの意見に心をこめて耳を傾ける子どもたちの瞳を見つけることができます。

また、何事も飾ることなく、本質に目を向けられる価値観を大切にしています。ふとした児童の会話や立ち居振る舞いからも、その一端を感じることができます。

### 令和7年度学校見学会

**開催日**
**9/7（土）**

要事前Web申し込み
詳細は初等科ホームページに掲載予定。

---

### おいしくて 安全な学校給食

初等科では月1回のお弁当の日を除いて、児童は、3階の食堂で給食をいただいています。給食は、専任の栄養士と調理師が、3階の厨房で旬の食材を使い調理しており、栄養のバランスがとれたもので、とてもおいしいと児童や父母にも好評を得ています。

給食の様子

### 危機管理・安全対策

防災対策として、緊急時に学校と保護者の方とアプリやメールで双方向の連絡を行う「新わかば通信」を導入しています。また、登下校時に児童がICカードをタッチすると、保護者へアプリで連絡がいく「さくらタッチ」も併用しています。正門には警備員が24時間体制で勤務しています。四谷警察署や四ツ谷駅とも連携し、児童の登下校を見守っています。

さくらタッチ

### 生活指導上 特に留意していること

● 日常生活のしつけを重視して、自重互敬の精神を育てるようにしています。

● 毎月、月目標を教室に掲示して、月毎の生活指導に役立てています。

● 人に迷惑をかけず、人から受けた厚意に感謝し、正直で思いやりの心を持ち、それらが適切な言葉となり、行動となって実践できるように指導しています。

深さが調節できるプールで
（1年水泳授業）

● 動植物の飼育・栽培・観察などによって豊かな心情を培うとともに、勤労の楽しさを体験しています。

● 広い校庭・近光園・愛育園・体育館・プール等を利用しての行事・運動・遊戯、また校外教育等によって、たくましい心と健やかな体の育成に努めています。

● 服装・所持品等は質実を旨とし、物を大切にする気持ちを育てることに留意しています。

四谷キャンパス内にある近光園

## 学習院初等科
GAKUSHUIN PRIMARY SCHOOL

〒160-0011 東京都新宿区若葉1-23-1
TEL 03-3355-2171（代）https://www.gakushuin.ac.jp/prim/

# 国本小学校

子どもたち一人ひとりの個性を尊重する少人数制教育で、豊かな人間性と確かな学力を育む国本小学校。近年は、「主体性」「自己決定行動力」「共生力」といった「国際コミュニケーション力」を身につける独自の英語カリキュラムを展開し、ICT の活用や SDGs プログラムなどとともに、未来志向の教育に取り組んでいます。

# 「国際コミュニケーション力」を軸に<br>未来の社会で活躍できる力を養う

## 小学生の英語教育だから<br>さまざまな力が大きく伸びる

　本校は、創立者の有木春来先生の「子どもたちの成長の根幹は心の教育、情操教育にある」という教えをもとに、1クラス 25 名の少人数制で、児童一人ひとりに向き合った教育に長年取り組んできました。また、定評ある英語教育や国語教育をはじめとするきめこまやかな指導で、確かな学力を築き、希望する中学校

への進学を後押ししてきました。

　さらに、Society 5.0 と呼ばれる、AI や IoT といった最先端の情報技術や科学技術を活用して課題を解決していく社会の到来に向け、ICT 教育や STEAM（Science, Technology, Engineering, Art, Mathematics）教育、SDGs プログラムへの取り組みと、グローバル社会で活躍するための「国際コミュニケーション力」の獲得にも努めています。

　2016 年からは、英語教育を中心とした「国際コミュニケーション力」の育成に取り組んでいます。英語そのものは一つの言語であり、コミュニケーションのためのツールです。「聴く」「話す」「読む」「書く」といった英語の 4 技能を総合的に高めることは、例えば英検合格には欠かせません。ただ、本校の目指す「国際コミュニケーション力」とは、単なる英語力よりも一回り大きい概念で、英語を学ぶ過程で育まれる「主体性」「自己決

定行動力」「共生力」というグローバル社会で生き抜くために必要な力を意味します。

　なぜ英語教育によってこうした力が養われるのか。さまざまな要因がありますが、表現力豊かでフレンドリーなネイティブ教員の影響はとても大きいと考えられます。1 年生から始まる本校の英語の授業は、ネイティブ教員 1 名と日本人教員 2 名の 3 名が協力して行うチームティーチングで展開。子どもたちは日本人教員の丁寧なサポートを受けつつ、ネイティブ教員からは発音や抑揚だけでなく、表情、身振り手振りといったボディランゲージも交えた、「伝えるための英語表現」を学んでいます。

## 国語力を基礎とした英語教育と<br>英語でのプログラミング教育

　本校の英語教育は、その基礎に国語教育を据えています。「聞く」「話す」「読

む」「書く」英語の４技能を発揮するには、まず日本語での読解力や文章構成力、表現力が必須だからです。

日本人の子どもたちは、十分な英語力を持っていても、英語での読み書きや討論に苦労するケースがよくあります。その理由は、母語である日本語での読み書きする力や考える力が十分に養われないうちに英語を話す環境に入れたからで、補習として国語の勉強を取り入れれば、子どもたちの英語での表現力も向上します。

一方、プログラミング教育では、英語力とプログラミングスキルの向上を図るため、英語科の教員によるオールイングリッシュでの授業も行っています。プログラミング言語が英語をもとにしていることや、直感的な操作も多いため、子どもたちも比較的スムーズに英語での授業に馴染んでいます。

## オーストラリア海外英語研修で英語学習意欲が高まる

授業で培った国際コミュニケーション力を大いに伸ばすことができるのが、夏休み期間中に３年生以上の希望者を対象に実施するオーストラリア海外英語研修です。現地でホームステイをしながら、英会話スクールに通って生きた英語を学ぶほか、地元の小学校を訪問して同じ年の子どもたちとも交流します。前校長の小林はオーストラリアの日本人学校に３年間赴任していたため、信頼できるホストファミリーや現地の小学校ともつながりがあり、本校の児童に最適なプログラムを作り上げています。

約１週間の滞在ですが、実際に英語を母語とする国での生活を体験することで、子どもたちは「英語を話せるようになりたい」「海外の子どもたちと友達になりたい」「いろいろな国に行ってみたい」といったさまざまな夢を持つようになり、英語を学ぶ意欲が一段と高まります。また、オーストラリアの雄大な自然環境を目の当たりにし、異文化に触れることが、子どもたちには非常によい経験になっているようで、グローバルな感覚を身につける第一歩となっています。

この海外英語研修ですが、小学校で海外研修を取り入れている学校は滅多にないため、保護者の方も「小学生にはまだ早いのでは」と思われていたのか、実施初年度の参加者は５名のみでした。ただ、参加した児童やその保護者からの評判はよく、２年目、３年目と少しずつ増えていき、手応えをつかんだところで残念ながらコロナ禍によって一時中断。３年ぶりの再開となった2024年度の募集には、なんと60名もの応募がありました。コロナ禍で海外渡航への心理的なハードルが上がっているのではないかという心配があったのですが、それ以上に保護者の方々に、この試みを評価していただけたことに感謝しています。

今年度も、現地での子どもたちの声や帰国後の保護者の方の声を参考に、今後、より充実したプログラムへとブラッシュアップしています。

## できないことをできるようにするのが教育

「英語の国本」という評価が定着したためか、学校説明会などで「英語の授業についていけるか心配です」や「入学前から英会話スクールに通ってなくても大丈夫ですか？」といったご相談をよく受けるように

なりました。答えは「まったく心配いりません」の一言です。英語はもちろん、環境学習や行事など、本校の取り組みに興味を持ち、本校で学びたいという意欲のある子どもたちであれば、ぜひ国本小学校にいらしてください。

入学前になんでもできる子どもはいません。誰でも、得意なことや苦手なことがあります。私たちは、そうした子どもたち一人ひとりと向き合い、できないことをできるように、教え、導き、支えていきます。保護者の方には、学校は子どもたちが日々成長していく場であり、私たち教職員はそれを全力でサポートする役割を担っているということを理解していただき、どうか安心して、そして期待して、子どもたちを送り出してください。

# 「独立自尊」の精神が今に生きる
# わが国最古の私立小学校

## 慶應義塾幼稚舎

慶應義塾幼稚舎の歴史は1874(明治7)年、福澤諭吉の高弟の一人、和田義郎により慶應義塾構内に開かれた私塾「和田塾」に始まります。わが国の近代化に多大な影響を及ぼした福澤諭吉の教えのもと、150年に及ぶ歴史を刻むわが国最古の私立小学校の一つ、慶應義塾幼稚舎の魅力をご紹介します。

大学通信　代表取締役社長
田所　浩志

「今日子供たる身の独立自尊法は
　　唯父母の教訓に従て進退す可きのみ」
——この言葉は、慶應義塾の創設者である福澤諭吉が1900（明治33）年に揮毫し、幼稚舎生に示したものです。慶應義塾幼稚舎では、この書を入学式や卒業式に掲げて、福澤諭吉の教訓を今日にまで伝えています。

創設以来、160年を超える歴史を刻む慶應義塾の起源は、1858（安政5）年、江戸築地鉄砲洲の中津藩中屋敷内（現在の東京都中央区明石町）に誕生した蘭学塾に遡ります。当時、福澤諭吉はまだ23歳という若さでした。こうして「全社会の先導者たらんことを欲するものなり」という熱い気概のもと、志高い幾多の人々を門下に集め、近代日本国家の建設をリードしていきました。

その後、慶應義塾は12歳から16歳までの生徒を預かる寄宿舎として「童子局（童子寮）」を設けます。しかし、自身も四男五女の子を持った福澤は、より年少の子どもたちの教育を任せる教員の必要性を感じ、全幅の信頼を寄せる高弟の一人、和田義郎に思いを託しました。これを受け、1874（明治7）年、和田が塾生の中でも最も幼い者数名を慶應義塾構内にある自宅に寄宿させ、夫婦で教育を行ったのが慶應義塾幼稚舎の始まりなのです。

### 「独立自尊」「社中協力」など
### 福澤精神を受け継ぐ幼稚舎の魅力

福澤諭吉がその歴史的著作『学問のすゝめ』において、人間の自由と平等、権利の尊さを説いたこと、あるいは

門下の高弟らとともに編纂した『修身要領』に、「独立自尊」の言葉を遺したことなどは周知の通りです。幼稚舎の教育理念は、校歌である『幼稚舎の歌』に歌われている、「みさとしを身に行なう」こと、即ちこの「独立自尊」の教えを実践できる人材を育成することにあります。

その福澤精神を受け継いだ幼稚舎の人気のほどは、少子化がこれほどまでに騒がれる中、多くの入学志願者を集めていることからも明らかでしょう。親子2代が同じ慶應義塾で学ぶ、あるいは3代、4代が「同窓生」であるという例も珍しくないのが慶應義塾の特色の一つです。

徹底した一貫教育制度をはじめ、前述の「独立自尊」に加え「社中協力」、さらには「半学半教」など卓越した独自の特色が、慶應義塾の出身者に「自らが体験した学生生活の充実感や感動の体験を、自分の子どもにも味わわせたい」と感じさせているのです。

## 強靭な身体と豊かな情操を培う
## 独自の行事とカリキュラム

福澤諭吉は「まず獣身を成して、のちに人心を養う」と唱えました。そこで、幼稚舎では昔から身体能力を鍛えることに力を入れています。夏は水泳一色に染まり、秋は運動会や体力測定、校内大会と、胸躍る行事が続きます。冬には全校で毎朝の駆け足が行われるほか、縄跳びの記録づくりも盛んで、記録への挑戦、そしてそこで得られた達成感は、元慶應義塾長である小泉信三の言葉「練習は不可能を可能にする」を体得する機会ともなっています。

また、文化行事では毎年9月下旬、1年生から6年生までの各教室に児童たちのさまざまな作品が展示され、さながら学校全体が美術館のようになる作品展をはじめ、音楽会、さらには2月下旬、幼稚舎最大の行事と言える学習発表会も開かれます。1年生が歌詞を6番まで覚える『福澤諭吉ここにあり』の大合唱は、一生忘れることのない大切な思い出となるでしょう。

毎年3月には、静岡県の修善寺にある「幼稚舎の杜」へ出かけ植林をする行事や、夏休みには福澤諭吉が生まれてから江戸に出るまでに過ごした場所である大阪・中津・長崎を訪問する「福澤先生のゆかりの地を訪ねる旅」などの特色ある活動を実施。さらに、希望者を対象として、英国オックスフォードのドラゴンスクールとの交流、米国ニューヨーク郊外のモホーク・デイ・キャンプに参加、英国サマースクール、米国ハワイのプナホウスクールとの交流という4つの国際交流プログラムも用意しています。

一方、授業面では、「6年間担任持ち上がり制」を採用しているのが大きな特徴です。6年間クラス替えがなく、担任は6年間を通してクラスの児童一人ひとりの成長を見守り、細やかに対応します。担任にはかなりの自由度が委ねられており、児童たちと深い信頼関係を築きながら、情熱をもって授業を展開しています。

一方で、理科や音楽、絵画、造形、体育、英語、情報などについては、1年生から専門性の高い教員が担当する「教科別専科制」を採用し、それぞれの教科を通じてさまざまな学びと成長を促すよう工夫が講じられています。

このように、以上の2つの制度を教育の両輪として、幼稚舎では子どもたちに豊かな学びと成長を促す機会を提供しているのです。

## 2024年の創立150周年を機に
## 学校改革をさらに推進

慶應義塾には、中学校として普通部（横浜市・男子）と中等部（港区・共学）のほか、湘南藤沢キャンパスに中高一貫の湘南藤沢中等部・高等部（共学）があり、幼稚舎の児童は3校（女子ならば2校）ある中学校のどこに進学するかを自由に選択することができます。高等学校としては慶應義塾高等学校（横浜市・男子）、慶應義塾志木高等学校（志木市・男子）、慶應義塾女子高等学校（港区・女子）に加え、米国ニューヨーク州に慶應義塾ニューヨーク学院（共学）が設置され、最終的には高校卒業者のほとんどが、内部推薦で慶應義塾大学に進学します。大学の各学部で学ぶにふさわしいかどうかは大学が判断するのではなく、各高校がそれぞれ独自の選考に基づいて推薦を行っています。

慶應義塾幼稚舎では、今年度2024年に迎える創立150周年を一つの契機として、将来を見据えた上での校内環境整備やカリキュラムの見直し、ICTに対応した教育の拡充、クラスを分割した少人数制授業の実施など、新たな学びの手立てを加えていきたいとしています。これまでの歴史や伝統、福澤諭吉の教えを大切に守りながらも、常に進取の精神を持ち、次代を切り拓く新たな学校づくりを意欲的に目指していこうとする姿にこそ、慶應義塾の尽きせぬ魅力が現れていると言えるでしょう。

# 「自立・連帯・創造」を根幹に20年後の世界に羽ばたく子どもを育成

## 成蹊小学校

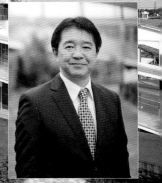

荻野 雅 校長

東京帝国大学在学中から人材育成の重要性に目覚め、親友・今村繁三と岩崎小弥太の援助のもと立ち上がった大正自由教育の旗手、中村春二により 1915 年に開設された成蹊小学校。『史記』の有名な一節「桃李不言下自成蹊」（桃李ものはいはざれども、下おのづから蹊（こみち）を成す」が由来の校名に、卓越した教育理念が深く刻み込まれている同校の魅力について、今年 4 月に就任した荻野 雅校長に語ってもらいました。

──2025 年に創立 110 周年を迎える成蹊小学校の目指す教育についてお教えください。

　成蹊学園は建学の精神として「個性の尊重」「品性の陶冶」「勤労の実践」を掲げ、小学校では創立者・中村春二先生の理念である「師弟の心の共鳴」と「自奮自発の精神の涵養」の考え方を大切に守っています。それらを基に、私たちは「ゆとりある学校生活の中で個性的な子どもを育てる」という教育目標を掲げ、自立と連帯と創造の三つを兼ね備えた子どもを育成しています。

　このうち、「自立」というのは「自分の考えを持ち表現できる子ども」。これを根本に考え、6 年間という時間をかけて少しずつ自立する力を伸ばしていきます。

　「連帯」とは、単に周りに合わせて行動するのではなく、「集団の中で自分を生かすことのできる子ども」のことです。私たちの考える「個性」も、この集団の中で生きる力のことなのですね。仲間の気持ちを考えながら、自分がしたいこと、すべきこ

とを見つけて行動する。それが本当の意味での連帯だと考えています。本校は、連帯する力を養う環境として、カリキュラム作りと学校行事に取り組んでいます。

　そして、「創造」とは「生活の中で創意工夫のできる子ども」のことです。何にでも興味を持つ好奇心は、知識を広げていく上でのエネルギーになります。知識の使い方を知ることは、自分を表現する手段を身に付けることにつながります。ゆとりのある学びの環境が、子どもたちの探究する力を導いていくのです。

## 本物に触れる授業で、子どもたちの個性を伸ばす

──貴校では教科担任制や専科制をいち早く採り入れるなど、子どもの興味や関心を引き立てる授業を展開しています。

　本校が教科担任制を導入したのは 1964 年で、60 年に及ぶ歴史があります。現在、本校は 4 学級編制となっており、5・6 年生では 4 人の学級担任が、国語、算数、社会、こみちの 4 教科をそれぞれ受け持っています。さらに、音楽、美術、体育、英語、読書については 1 年生から、理科は 3 年生から、漢字は 5 年生から、高い専門性を持つ教員が指導を行う専科制を採り入れ、質の高い授業を行っています。

　完全教科担任制のねらいは三つあります。一つは、教師一人ひとりが積み上げている教科研究の成果を生かすということ。成蹊の教員は本当に熱心で、学会に所属し、中心になって活動している先生も多く、教科担任制は理にかなっていると思います。

　二つ目は、4 人の担任が互いに連携し、情報交換を密にすることで、子どもたちの個性をしっかり育むこと。いくつもの目

で子どもたちを支えられることも大きなメリットだと考えます。

　三つめは、中学に進むとどの学校でも教科担任制になります。そのステップをいち早く踏むことで、どんな先生でも同じように授業が受けられる習慣を付けておくことも、ねらいの一つとなっています。

──貴校は実体験や表現活動など、子どもの個性や能力を育む貴校独自のプログラム「こみち科」を 2002 年に全学年でスタートさせました。その前身である「低学年こみち科」の実施は 1991 年、「生活学習」は 1954 年、さらに源流となる教科「園芸」は 1915 年の創立にまで遡ります。

　「こみち科」の主な目的の一つは、五感を使った直接的な体験を大切にし、身の回りのさまざまな現象に積極的に興味を向ける子どもを育てるということ。本物に触れる経験を大切にしよう、ということです。

　次に、個々の発想を生かした活動を通して、創造的で個性的な子どもを育てるということ。通常の教科ですと、どうしても発

凝念（ぎょうねん）の様子

こみち科での栽培の授業　　　　　　　　　　　　　　夏の学校での遠泳（6年生）

表の時間やそのために必要な準備の時間が取れませんが、「こみち科」では子どもたちにしっかりと時間を与え、プレゼンテーションできる機会を作っています。

三つ目が、課題に継続的かつ探究的に取り組む中で学んだことを、普段の生活の中でも生かしていこうということ。それは中村春二の思想の根底にある「自学自修」の考えにもつながっています。

四つ目が、図書室やコンピューターの使い方や情報を効果的に活用する術を学ぶこと。本校の図書室には3万冊の蔵書があるので、自分たちで本を探すことも大事ですが、司書に「こういうテーマで学習を進めます」と伝えると、関連する本をラックにまとめて各学級に届けてくれるのも、素晴らしい環境であると自負しています。

五つ目は、ものを作る活動を通して、集団で何かを創造することの楽しさに気付くということ。例えば算数や国語などの教科でも、低学年だとものづくりが課題に入って来ることもありますが、高学年になるとなかなかそういう機会はありません。しかし、高学年になればなるほど、互いに意見交換しながら物事をつくり上げていく機会は大切だと考えています。これら五つのねらいを大切にしながら「こみち科」の授業を実施しています。

**──貴校は戦前から帰国子女を受け入れてきた歴史を有し、1964年には全国に先駆け国際学級を設置するなど、グローバルな学習環境を整備してきました。**

帰国生（募集は4年生）は1カ月ほど国際学級で学び、その後一般学級に混入しますが、さまざまなバックボーンを持った子どもたちと学ぶことは、一般学級の子どもたちに素晴らしい影響を与えてくれています。

国際交流としては、6年生になると希望者がオーストラリアを訪れ、ホームステイをし、現地の学校に体験入学をする「オーストラリア体験学習」も行っており、およそ学年の半数の児童が参加しています。

一方で、5年生以下の児童も「グローバルスタディーズプログラム」として、ネイティブの方を何人か招き、ボディランゲー

ジも含めコミュニケーションの仕方を学ぶ体験学習の機会を順次整備しています。

**──子どもたちの成長の支援として、先生はサッカーの指導もされていましたね。**

本校では金曜日の6時間目に、5・6年生の正規の授業として「クラブ学習」を行っています。野球部やテニス部、バスケットボール部などのスポーツ系と、ブラスバンド部や美術部、科学部など文化系のクラブがありますが、子どもたちの興味も年々変わるので、アンケートに基づき新しいクラブも作っています。今春は棋士の藤井聡太さんの活躍で、将棋部が始まりました。

私が以前担当していたサッカー部では、武蔵野市のサッカー協会に所属し、大会などにも参加していました。本校の児童は広い地域から集まって来るので、学校の地域のことはあまり知りません。でも、クラブ学習などで大会に出ると、相手チームの選手と仲良くなったり、コーチの方に声をかけて頂き、地域とのつながりができるのがとても素晴らしいですね。

**──小学校から大学まで同じキャンパスで学ぶ素晴らしさについてお教えください。**

ワンキャンパスなので、豊富な施設が共有できるほか、異年齢の生徒や学生の協力も仰ぐことができる環境はとても恵まれていると思います。

例えば、英語の授業ではネイティブの先生とアシスタントがペアになって教えることがあるのですが、そのティーチングアシスタントを成蹊大学の学生が担当することもあります。また、6年生は千葉県の南房総岩井で実施する5泊6日の「夏の学校」に参加し、全員が2キロの遠泳に挑みますが、卒業生が師範という組織を組んで指導してくださったり、師範助手という立場で選抜された高校生がサポートに入ってくれたりするので、子どもたちも安心して泳ぐことができます。

また、成蹊大学の理工学部では武蔵野市と共同で「ロボット教室」を実施していますが、本校の児童も参加することで、理数教育への一つのきっかけになっています。

## 対話を重視し、将来に生きる「探究する力」を育成

**──新校長として、先生が目指される教育のビジョンについてお教えください。**

まずは成蹊教育、創立者である中村春二の考えをしっかり継承するということと、もう一つは20年後、子どもたちが社会に出た時に求められる資質を養う教育に取り組みたいと考えています。何よりも、子どもたちの「探究する力」と「対話」、英語も含めたコミュニケーション能力に力点を押さえていきたいと思います。

**──貴校では、すべての学びを「平和、共生、環境」に結び付け、理想的な人間を育成する「桃李科」など、優れたプログラムや学校行事を多数整備しています。**

本校では、教科や学校行事に取り組む子どもたちの様子を見ながら個性を見極め、頑張っている姿を後押しすることで、個性を伸ばす教育に取り組んでいます。

ただ、個性というのはなかなか難しく、小学校でしっかり伸びていく子どももいれ

ば、小学校時代は球根のように栄養を貯めて、それが何かのきっかけで中学になって花開く子どももいる。まさに、伸びるタイミングにも個性があるのですね。その意味では、保護者の方々も私たち教師と同じ目線で、じっくり時間をかけてお子様を見守っていただければと思っています。

さまざまな授業やプログラムを通じて、子どもたちにはたくさんの経験を積ませていきますが、その中で、子どもたちも失敗が多くなったり、子ども同士で衝突したりすることもあるでしょう。しかし、一見マイナスに見えるそうした失敗も含めて、すべて子どもの経験であり、「よーし、今度は頑張ってやろう」という心構えが、大きな成長のきっかけになるのです。

ぜひ私ども成蹊小学校の教育に賛同してくださるご家庭の方々に、本校の門を叩いていただければと願っています。

**──ありがとうございました。**

# "高き志"をもったグローバルな「トップエリート」を育成

## 西武学園文理小学校

古橋 敏志校長

　これまで実施されてきた大学入試センター試験に代わり、2021年1月からは「大学入学共通テスト」が導入されています。そこで問われているのは〈脱・暗記型〉の学力、すなわち思考力と判断力、表現力です。

　さらに、英語においては今後「読む」「書く」に加え、「聞く」「話す」能力、すなわちグローバル時代にふさわしいリテラシーが求められるようになることは間違いありません。

　こうした流れに先立って、「英語のシャワーで世界のトップエリートを育てる」をキャッチフレーズに、2004年の開学以来、先駆的な教育を展開し、優れた成果を収めているのが西武学園文理小学校です。

　「こころ」と「知性」「国際性」の3つを教育の柱に、未来を見据えた12年間一貫教育を実践する同校の魅力について、古橋敏志校長に伺いました。

　国際競争が激化し、本格的なグローバル時代を迎える中で、次世代を担う子どもたちが将来、あらゆる場面で世界の人々と対等に伍していくには、深い「思考力」と的確な「判断力」、そして相手を説得できる「表現力」が不可欠です。こうした中、最高の教学環境と学習効果の高いカリキュラムデザインで「こころ」と「知性」「国際性」を培い、注目を集めているのが西武学園文理小学校（以下、文理小学校）です。

### 小・中・高12年間一貫教育による洗練されたカリキュラムデザイン

　「本校は西武学園文理中学・高等学校とともに、12年間一貫教育で21世紀を担う『世界のトップエリート』を育成することを教育の目標としています。そのため、イートン校をはじめとする英国のパブリックスクールを模範として、真のエリートに相応しい品性と豊かな知性・教養、自由と規律の精神を培うことを教育の理念としています」と古橋敏志校長は説明します。

　これまでも、上級学校の西武学園文理中学・高等学校は東大をはじめ、早慶など難関大学に多数の合格者を輩出する東京圏屈指の進学校として人気を集めてきました。

　こうした中、2024年度入試においても小学校卒業生1名が東京大学に合格という実績を残しました。小中高12年間一貫生が2017年度以降、毎年東京大学に合格しています。

　古橋校長は「児童・生徒の一人ひとりの夢を叶えたいという、小・中・高等学校12年間にわたる一貫教育が結実し、花開いたため」と語ります。

　その原動力の一つが、文理小学校の代名詞とも言える「英語のシャワーによるBUNRIイマージョン教育」です。

　小学校から高校まで12年間一貫の系統的カリキュラ

6年生アメリカ研修〜国連本部前での記念撮影（上）／現地校の生徒たちに、英語で日本文化を伝える（右）

ムのもと教えられる英語は、無理なく、無駄なく実践的な実力を養成します。授業は日本人の英語教員と外国人英語講師によるティームティーチングによって進められますが、1年生から外国人英語講師が話す自然な英語に親しむことで、耳と目、口、身体の全体を使って語学力を習得することができるのです。

また、音楽・図工・体育・情報といった教科においても英語が使われるほか、登校時の挨拶や休み時間、お昼清掃時の放送、そして児童集会やイベント時の司会なども英語を使用するなど、1日中英語に触れる環境を用意しています。

「BUNRI イマージョン教育の狙いは、英語に対する抵抗感を小さくすること。そうすると、自分の英語でコミュニケートすることができるようになります。パティオ（中庭）を使っての朝会や、終業時の連絡事項なども英語で行うので、集中して聞かざるを得ないわけです」と古橋校長。その成果は、小学校在学中に英検3級以上を全員が取得、準2級、さらには2級までをも取得している児童が中学年にも数多くいることにも表れています。

さらに特筆されるのが、高学年で実施される文理小学校ならではの「海外研修」です。5年生にはイギリスの名門イートン校やケンブリッジ大学、オックスフォード大学などを訪れ、16日間にわたって、世界中の児童と英語で交流しながら共に学びます。また、6年生のアメリカ研修では、国連本部を訪問したり、ハーバード大学やMITでレクチャーを受けるなど、小学生の域をはるかに超えた活動を展開しています。この費用も基本的に学費に含まれています。

「海外での体験を通して、子どもたちは初めて英語が世界中の人々とのコミュニケーションを取るためのツールであることに感動します。それが学びへのモチベー

5年生イギリス短期留学〜イートン・カレッジを訪問

ションにつながっているのです」と古橋校長は語ります。

もう一つ魅力的な取り組みとして、1年生から学校に隣接した研修センターで1泊2日の宿泊研修を体験させ、4年生では北海道旅行で初めての飛行機やホテル泊になじませるなど、心と体の成長に合わせた宿泊研修を行い、自立と協調の姿勢を身につけさせていることです。常に集団で行動することで、リーダーシップの重要性に気づかせるとともに、その力を引き出し育んでいるのです。

## 自ら学び考える習慣を身につける 豊富な体験学習・校外学習

AI（人工知能）やICTが社会のさまざまなシーンで活用される時代においては、知識をいかに多く身につけるかではなく、「課題を発見し、問題解決のための知識を選択する力」と、「その知識を活用し、自らの頭脳で考え、行動に移す力」がより求められています。

本校では低学年において、まず学ぶことの「楽しさ」を体感させるために田植え、稲刈り、サツマイモやジャガイモの収穫体験、工場や商店街見学などの、フィールドワークに基づいたアクティブラーニングを多く取り入れています。そして、子どもたちには体験したことについて必ず記録としてまとめたり、感じたことを書かせたりして、体系的な知識になるよう指導しています。また、本物にふれる教育を目指し、さまざまな分野のプロを学校にお招きしてお話し等をしていただく特別講義も実施しています。

教室ではタブレット端末（iPad）、プロジェクターを使用した独自の教材による授業も実施し、基礎事項の100％理解を目指しています。英語、情報の授業は1年生から6年生まで継続し、大きな成果を挙げています。

**農作業体験**

本校では、学校から歩いて5分ほどのところに田んぼや畑があり、地元の農家の皆様のご協力のもと、様々な農作業体験を行っています。ジャガイモ、サツマイモ、落花生、大根、お米（田植え〜稲刈り〜奉納）などを収穫するために、年間を通して畑に出かけます。自然の恵みやたくさんの人々への感謝の心を養います。

さらに、例えば算数では3年生から単元別に得意・不得意を考慮してクラスを編成した授業を実施するなど、全教科にわたって児童のモチベーションの向上に細心の注意を払っています。

また、5年生から2年間かけて行う「卒業研究」も文理小学校の特色の一つです。『蓄えた知識を活用しつつ、課題を発見し、問題解決のための情報を選択する力と、自らの頭で考え、行動に移す力が必要』と古橋校長は言います。「卒業研究」では、研究内容をスライドにまとめ、スクリーンに映しだし、子どもたち自らが解説します。その際、自分が何に興味を持ち、どう調べ、何を考えたのかについて、わかりやすく伝えるための高度な表現力を修得します。子どもたちは、これらの学び方（図式を参照）を通じて、次の時代を生き抜く力を身につけていきます。

**◆卒業研究の流れ**

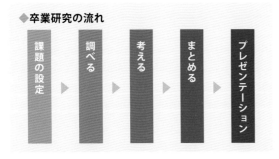

課題の設定 ▶ 調べる ▶ 考える ▶ まとめる ▶ プレゼンテーション

## 日本人のアイデンティティを養い教養ある「真の国際人」を育成

　国際社会でリーダーシップを発揮できる人材となるためには、まず日本人としてのアイデンティティを確立させることが必要です。そのために、西武学園文理小学校では日本の伝統的な文化を正しく理解させることを重視し、礼儀・作法、マナーのほか、日本人として本来身につけるべきことの教育を実践しています。安心・安全に最大限に心を配り、廊下を通ってすべての教室が見渡せるなど学校の「見える化」にも留意しています。

　小学校卒業後は、一定の基準を満たしていれば文理中学校に進学することができます。中学校では、難関国公立大学や医学部進学をめざす「アカデミックチャレンジクラス」と、高度な英語力と知的土台をベースに、グローバル・シチズンシップを備えた人材の育成をめざす「クリエイティブクラス」の2クラスに加えて、2025年度からクラブ活動やスポーツ・アートの国内外の大会出場など、活動と教科学習を両立する「スペシャルアビリティクラス（仮称）」がスタートします。そして、12年間の締めくくりとなる高校では、生徒自らが最適なクラスを選択できるよう2学科6クラスを設置し、生徒一人ひとりの志望大学現役合格に向けて、きめ細かな指導を徹底しています。

　「本学では具体的な教育の目標を、『こころを育てる』『知性を育てる』『国際性を育てる』の3点に設定し、日々の教育活動の中で実践しています。『世界のトップエリート』の育成を目指す本学の教育方針に賛同される皆様のお子様の入学を心よりお待ちしています」と古橋校長はメッセージを送っています。

理事長
**安達原 文彦**

　平成16年4月に開校して以来、「英語のシャワーで世界のトップエリートを育てる」教育を続け、世界に向かって着実に歩んでまいりました。

　西武学園文理小学校の教育方針は「すべてに誠をつくし、最後までやり抜く強い意志を養う」のもと、「こころを育てる」「知性を育てる」「国際性を育てる」ことを重点目標として教育実践を行っています。

　人としての豊かな心、先人の知恵に学び創造する知性、日本人としてのアイデンティティをもって国際社会で活躍する力、これらすべてを身に付けて未来をリードすることができる人材＝世界のトップエリートの育成を目指しているのです。

　子どもたちが将来、自分の能力を活かす場を世界に求め、グローバルに活躍できる力を身につけられるよう、学ぶ力を習慣化し、常に自らを進化させる意欲をもつよう指導し、保護者の期待や社会的要請に応えていくのが、西武学園文理小学校の使命です。

# 教育機関とともに半世紀。そして未来へ──

皆様からの温かいご支援により、おかげさまで大学通信は2024年12月、創業58年を迎えます。18歳人口が250万人を数えた1966年当時から、団塊ジュニア世代による"ミリオン入試"を経て今日の人口減少時代に突入したわが国の教育機関にとって、この年月はまさに「飛躍と変革の半世紀」でした。

そして未来へ──。大学入試改革が2020年に始動し、グローバル化が進展する中、「知識・技能」だけでなく、「思考力・判断力・表現力」が問われる新しい入試がスタートしました。国際政治・経済はもとより、環境・エネルギー、平和問題など世界共通の課題が山積する一方、ロボットや人工知能など劇的なイノベーションの波も加速し続ける現代。人間としての在り方が根本的に問い直されつつある世紀にあって、未来を担う子どもたちに、真の世界人、地球人としての意識を高める教育を提供することは、私たち先行世代に課せられた責務であると大学通信は考えます。

未来に生きるすべての人々のために。私たちはこれからも教育機関とともに歩んでまいります。

株式会社 大学通信　代表取締役社長
田所 浩志

## UP Univ.Press

**株式会社大学通信**
〒101-0051
東京都千代田区神田神保町3-2-3
https://www.univpress.co.jp/
TEL.03-3515-3591(代表)
FAX.03-3515-3558

## 自社刊行物

**国公私立大・短大受験年鑑
君はどの大学を選ぶべきか**
〈3月発行〉

**オープンキャンパス
完全NAVI**
〈6月発行 非売品〉

**私立中学校・高等学校
受験年鑑(東京圏版)**
〈8月発行〉

**卓越する大学**
〈9月発行〉

**医療系データブック**
〈10月発行〉

**大学探しランキングブック**
〈12月発行〉

## 共同企画＆共同編集

**サンデー毎日増刊
大学入試全記録**
〈6月発行〉

**サンデー毎日増刊
大学入試に勝つ!**
〈9月発行〉

---

- 出版物　君はどの大学を選ぶべきか／大学探しランキングブック／私立中学校高等学校受験年鑑／名門小学校　など
- WEB　教育進学ニュースサイト「大学通信オンライン」／ニュースリリースサイト「大学プレスセンター」など

# いま注目の「英語教育」を探訪する

2020年度から小学校でも英語教育が正式にスタートしました。小学校3・4年生で実施される「外国語活動」では「音声を中心に外国語に慣れ親しませる活動を通じて、言語や文化について体験的に理解を深めるとともに、積極的にコミュニケーションを図ろうとする態度を育成し、コミュニケーション能力の素地を養うこと」が期待されているほか、5・6年生では会話を中心としたより実践的なプログラムが行われています。半面、小学校教員に英語のスペシャリストは不足していることから、不安の声も高まっているのが現状です。

こうした中、早くから小学校教育に外国語科目を採り入れ、豊かな成果を収めているのが私立小学校です。それぞれの学校では、どのような観点から英語教育に取り組んでいるのでしょうか。魅力あふれる授業の一端をご紹介します。

## 東京女学館小学校

学校紹介記事は p.55 を参照

### 低学年から英語に親しむ授業
### 高学年では海外研修も実施

世界という舞台に積極的に関わろうとする女性にとって、英語の能力は不可欠です。東京女学館小学校では、最先端の教育技術を駆使したカリキュラムを導入するとともに、国内と海外で英語研修を実施しています。

東京女学館小学校ではグローバル化の進む国際社会で活躍できる女性リーダーの育成を目指し、コミュニケーションの手段としての英語を身に付ける英語教育を実施しています。また、語学だけでなく、国際性を養うための体験学習を低学年から導入し、高学年では国内や海外での研修を行っています。

●**低学年** 歌やリズム遊びなどを通じて英語の音声や基本的な表現に慣れ親しみます。また、ブリティッシュスクールと交流活動を行い、外国のお友達と仲良く遊びます。

●**中学年** ゲームや寸劇など様々な体験活動を通じて、楽しみながら英語を習得していきます。話す・聞く力に重点をおき、英語能力の基礎を育てます。また近隣の大使館を訪問し、その国の文化や産業、特色について学ぶなど異文化への興味・関心を高めます。

●**高学年** 寸劇、プレゼンテーション、英語劇などの活動を行い、文法や語彙の知識を高めます。読む・書く能力を養う活動も取り入れ、中学校の英語学習への準備をします。また、夏休みには海外や国内で英語研修を実施して児童の英語に対する意欲を高め、実践的な英語能力の育成を図ります。

# 品川翔英小学校
しょうえい

学校紹介記事は p.44 を参照

## 感性を育て、思考力を伸ばす言語教育

英語を学ぶことで、学ぶ力（思考力・判断力・表現力）を育て、世界中の人と繋がりをもてるように基礎を築きます。

### 1．言葉の教育の一環
英語を科目・知識として学ぶのではなく、意思疎通の手段として実際に使うことを念頭においています。母国語形成の過程に準じた方式で、初期英語力の習得を目指します。そのため、小学1年生から英語の音声や構文に触れ、日本語との違いに気づくよう促します。さらに、国語力の発達や他教科の学習との相乗効果を目指し、学びを豊かにします。

### 2．文化と多様性を学ぶ
英語を語学としてのみならず、子どもたちの身近なものと関連づけて文化や習慣の違いに気づくよう促し、多様性を学び、世界中の人と繋がりをもてるように育成します。

### 3．ジョリー・フォニックス指導を導入
「フォニックス」は、一つひとつの文字にどの「音」があるのかを学び、アルファベットの一文字と「音」の関係を学びます。視覚・聴覚・触覚などを用い、文字の音や形を連携認識するので、読む・書く・話す・聞く、の4技能をバランスよく学習できます。従来のローマ字先行教育による弊害からの脱却を目指します。英語学習を楽しく、効果的で、達成感のあるものにします。

**Stage 1** ● 1・2年生 ●

◆「フォニックス」と歌や絵本で触れる英語の音声

楽しみながら英語の音声に触れることを目的に、歌や絵本に加えて「フォニックス」を導入しております。アルファベットを a, b, c の順序ではなく、よく使う文字の順から習得させます。そうすることで、初期の段階から多くの言葉を読むことができます。

**Stage 2** ● 3 年 生 ●

◆ フォニックス学習の発展

1・2年生時の学習をさらに発展させます。ルールに沿わない例外的単語や同音異綴りの単語も出てきます。これまでに習得した音と文字で読むことができる本を用いて、自立して読むことができるようにします。また、詞の暗唱により、繰り返し音を聴き、声に出す練習を通して、楽しみながらリズムやイントネーションを身につけます。

**Stage 3** ● 4 年生 ●

◆ 文法の導入

小学生のための基礎的な英文法を学び始め、読み書きの理解力が向上することを目指します。体験的な活動の中で、文法、綴り、句読点の使い方などの技能を習得し、英語と日本語の言語としての違いを学びます。さらに、文化や、習慣の違いに気づくよう促し、英語を語学としてのみならず、子どもたちの身近なものと関連づけて学ぶ姿勢を育て、技能を習得させます。

**Stage 4** ● 5・6年生 ●

◆他教科の知識をもとに英語で学ぶ

子どもたちが主体的に取り組む活動を取り入れ、さらに積極的に英語を学ぶ動機になるよう、知的好奇心を刺激し、興味を持つ内容を学びます。そして、国語力の発達や他教科の学習との相乗効果を目指します。
例えば、算数（数、長さ）、理科（天気、天体、植物の成長）、社会（国名や国旗、地図記号）家庭科（調理器具、カレーの作り方）など、他教科の知識を基に英語を学びます。

# 子どもを大きく育てる 「特色ある授業」の魅力

私立小学校の授業が"進化"しています。

基礎学力の強化という面では、国語や算数など主要教科の充実がまず挙げられるでしょう。教科ごとに専任の教師を配置したり、子どもたちの理解をより深めるために、IT機器などをフル活用した授業づくりが行われています。また、時には子どもたち自身で考え、意見を発表できるように、「主体的・対話的で深い学び（アクティブ・ラーニング）」を取り入れる学校も増えています。

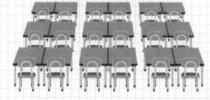

もちろん、授業は教室の中だけで行われるのではありません。校外に飛び出しての体験学習では、学年に応じて宿泊行事を工夫し、6年間で50泊以上もの宿泊行事を用意している小学校もあります。こうした機会に自然に親しむことはもちろん、農村や漁村で人々の暮らしぶりを学んだり、自然観察や天体観測を行ったりと、生きた学びの機会が広がっています。

ほかにも、建学精神やポリシーによって、各学校ではさまざまな特色ある授業を展開しています。ここでは、そうした私立学校独自の取り組みについて紹介します。

# サレジアン国際学園 目黒星美小学校

学校紹介記事は p.43 を参照

## サレジアン国際学園目黒星美小学校の「国際教育」

### 目黒星美小学校の目指す「グローバルな視野」

- ・自分が世界と繋がっていることを実感できる。
- ・言語（日本語・英語）を使って、様々な人とコミュニケーションが取れる。
- ・多様性を受け入れ、認める心を持っている。

　将来、世界市民として他者のために力を使うには、自らの心を世界に向けて開かせていくことが大切です。そのためには、未知なるものへの興味関心を持ち、積極的に挑戦していく能動的態度と、出会ったものに心を寄せて受け入れていく素直な受動的態度の育成が不可欠です。
　目黒星美小学校では両方の態度を養うために、国際教育に2本の柱を設けています。

### 言語教育 ●●●●●●●●●●●●●●●●

- ・日本で生活する者として、日本語を大切にする。
- ・より広い世界でのコミュニケーションを可能にするために、英語力の向上を目指す。
- ・言語能力の基礎基本を確実に定着させる。
- ・自分で考えたことを積極的に表現する。

### 心の教育 ●●●●●●●●●●●●●●●●

- ・キリスト教の価値観に基づき他者を受け入れる心を育む。
- ・自分だけではなく他者にとっても善いものを発信する態度を育む。
- ・多文化に触れ、様々な環境の中で生活する人々に心を寄せる。
- ・国際的なマナーを身に付ける。

## 多様性を受け入れ、品性を備えた誠実な社会人となるために、心を養い、言語力を鍛える教育が、本校の国際教育です。

### 【国際教育に関わる学習活動】

#### 英語の授業

　英語の授業は週2回、少人数クラスで行います。1回は日本人教員と1回はネイティブ教員と行うことで、インプットとアウトプットの機会を設け、安心して学びを積み重ねるサイクルを作ります。
　教材は私立小学校の現場教員が研究編集を行っている「Smile」(㈱DreMagic) を導入しています。

#### 朗読劇

　4年次にはクラス全員で一つの物語を英語で読み上げる朗読発表会を行います。慣れ親しんだ物語を英語で読み合い、表現することへの自信を高めます。

#### 英語朝学習

　授業とは別に毎朝10分、英語学習の時間を設けています。曜日によってメニューが変わり、担任と一緒に音読、ゲーム、単語テスト等を行います。日々の積み重ねが子ども達の自信に繋がります。担任も一緒に学ぶことで、それぞれの学習の歩みを把握することができます。

#### インターナショナルウィーク

　支援先のカンボジアについてよく知るカンボジアウィーク、修道会の本部のあるイタリアについて学ぶイタリーウィークなど、英語だけではなく様々な視野で多文化社会を経験します。

#### オンライン英会話レッスン

　2年生以上の希望者を対象に(株)ネイティブキャンプのオンライン英会話に申し込むことができます。　　　　　　　　　　　※特別価格

#### 国際交流プログラム

　4年生以上の希望者を対象にホームステイプログラムを実施しています。ブリスベン郊外のカトリック学校で9日間を過ごします。本校の教員が引率するため、児童も安心して過ごすことができます。

### 【その他にも・・・】

- ・オーストラリアとのオンライン交流会
- ・Tokyo Global Gateway 研修
- ・英語検定の実施（希望者） など

# 魅力あふれる 私立小学校の 世界、その歴史

日本私立小学校連合会　会長
東京私立初等学校協会　会長
東京都市大学付属小学校　元校長

## 重永　睦夫

　2024年は元日に能登半島地震、翌2日に羽田空港衝突事故というように不安な年の始まりとなりました。私立小学校は、昨年5月に感染症5類に引き下げられた新型コロナウイルスに対しても、オンライン学習をはじめ的確な対応によって乗り越えてきましたが、この厳しい時代状況のなかで、私立小学校が展開する学びの魅力とは何か、日本私立小学校連合会会長の重永睦夫先生にお話を伺いました。
　　　　（聞き手：大学通信代表取締役社長・田所浩志）

---

**──今年は年初から能登半島地震や航空機事故など痛ましい年の始まりとなりました。**

　能登半島地震や航空機事故の犠牲者の皆様に哀悼の意を表したいと存じます。石川県には私立の北陸学院小学校がありますが、不安のなかでも1月の始業式から全児童が登校できました。感謝しかありません。しかしながら今も多くの被災者の皆様が苦労していらっしゃいます。震災地域の復旧復興に私どもも応援してまいりたいと思っております。

**──厳しい時代が続く予感に襲われますね。私立小学校としてどう取り組まれますか。**

　厳しい時代状況ですが、私どもは必ずや困難な時代を乗り越え、新しい時代を切り開く児童を育てる確信を持っております。なぜなら百年以上も前から、私立小学校の先達は、困難の中で輝かしい希望を切り開いてきているからです。

　すこし長くなりますが、時代を切り開く私立小学校物語として聞いてもらえればと思います。明治時代の学制発布（小学校の義務教育）に当たって、全国津々浦々にできたのは、多くが寺子屋から発展した私立小学校でした。その後、それらが公立に切り替えられても、福沢諭吉先生が作られた慶應義塾幼稚舎は現代まで私立を貫き、今年150周年を迎えます。明治の夜明けをリードする多くの人材を育てられました。

また関東大震災の前後には澤柳政太郎先生の成城学園、小原國芳先生の玉川学園、キリスト教ミッション系の学園をはじめ多くの私立小学校が誕生し、震災復興をになう人材を輩出しました。それなのに、このような私立小学校が全廃されそうになった危機もあるのです。太平洋戦争が始まる前のことです。全国の小学校を「国民学校」に切り替える。私立小学校は全廃と閣議決定されました。直ちに先達は日本私立小学校連合会を結成して立ち上がり決定を撤回させることができました。このように歴史の苦難を乗り越えて私立小学校は星の如く輝いていることを知ってもらえたらと思います。

　時代が私立小学校の特色ある教育を求めていると思っておりますので、磨きをかけたいと思います。

**──コロナ禍も大変だったでしょう。「アフターコロナ」の現状を含めてお話しください。**

　2008年のリーマンショックや2011年の東日本大震災のあと、小さい子どもを遠距離通学させる私立小学校は一時敬遠されました。ところが、コロナ禍では、反対に私立小学校受験が増えました。公立にはできない私立小学校のきめ細かな対応が信頼を集めたのですね。

　コロナ禍というピンチをチャンスに切り替えて、オンラインを含むICT技術の進化、感染症対策のノウハウを蓄積しました。コロナ禍で日本全国の小学校が戸惑っているときに、私立小学校はいちはやくICTやオンラインをつかった家庭学習支援をおこなったため、「やっぱり私立小学校は素晴らしい」という評価を得られました。

## コロナ禍で発揮された私立小学校の真価、教員の意識も大きく飛躍

**──コロナ禍において、児童と保護者に寄り添う意識、ICT環境など私立小学校の真価が発揮されたのではないでしょうか。**

　もう今は落ち着いておりますので安心していただきたいと思いますが、コロナ禍の経験は百年に一度という大きなことかもし

れないので大切に語り継ぎたいと思っています。

　第一に、今年の五年生から二年生までは小学校入学以来、マスク姿の友達しか知らない生活を送りました。学校行事も感染対策優先というような極めて制限された小学

校生活しか経験していません。これは、児童の成長発達を損なう事態でしたので、児童の学びを止めてはならない、どう児童の成長を保障できるかを強く意識しました。もちろん自分たち教職員の健康も守る。教職員の意識が鍛えられました。

第二に、ICT環境はコロナ禍の前から着々と進めていましたが、一斉休校というピンチを、オンライン学習を飛躍的に進めるチャンスに切り替えたのが私立小学校でした。教員研修会もオンラインで旺盛に進めましたのでICTスキルは飛躍的にアップしました。

第三に、家庭に閉じ込められて、どこにも出かけられない子どもたちに寄り添うにはどうしたらよいのか、ということに心をくだきました。「コロナ禍だから我慢してよ」という気持ちになれないのは公立の先生も同じですが、私立小学校が公立と違うところは、教育委員会による画一的な規制がないこと。私立小学校は臨機応変に取り組む力を持っています。

第四に、消毒体制や換気、検温体制など考えられる限りの感染予防対策はもちろん、授業、学校行事の教育プログラムを直ちにコロナ対応に切り替えました。

第五に、児童の貴重な体験学習を危機の中においてどう保障するかということです。修学旅行が中止を余儀なくされても、工夫を凝らして代替の日帰り遠足を複数回実施するなど、一生の思い出に残るものにしたり、学芸発表会や音楽発表会、運動会などについても密にならない工夫をして実施したり、コロナ禍に負けずに児童の思い出作りに知恵を絞りました。

私たち東初協(東京私立初等学校協会)、また日私小連(日本私立小学校連合会)では、将来に備えて、各校のコロナ対応について「知の蓄積」をする取り組みを行っています。

──児童や保護者の方々にはどのように対応されましたか。

その点が第六となります。保護者の方々も、通常の年度より学校に出かけるチャンスがめっきり減りました。学校における、わが子の姿を直接確認できる機会がなく、生身で得ることのできる学校情報が極めて少なくなりました。仕方がないでは済まされず、ストレスが溜まります。コロナ禍の保護者対応は通常よりもいっそう大事に取り組みました。

保護者面談を対面で行うか、Zoomなどのオンラインで行うかは各校それぞれだとしても、保護者の方々に寄り添って綿密な計画で進めてきました。

コロナ禍は、学校と保護者というだけの関係から「危機からこどもを共に守る仲間」という意識に進んだと思います。

### 重永　睦夫先生

日本私立小学校連合会会長、東京私立初等学校協会会長(2023年4月インタビュー時点)。東横学園大倉山高校校長退任後、学校法人五島育英会主幹として東京都市大学グループ発足にあたる。その後、21年3月まで東京都市大学付属小学校の校長を務める。

が、児童の脳の活動に好影響をもたらしているということも考えなければなりません。時間を要すること、思考過程それ自体をきちんとノートに残すことは、低学年になるほど考慮に入れられるべきことでしょう。

──小学校教育の根幹にあるアクティブラーニングなどはまさに、私立学校の歴史における新しい教育のムーブメントの中で実践されてきた教育のあり方と言えますね。

そうですね。私立小学校の歴史は、児童にどのように寄り添って発達を保障するか考え抜いて、それぞれ特色ある教育を作り上げてきた歴史です。

ここでわが国の初等教育の歴史を振り返りますと、明治に入り、西欧列強に伍するため近代的な学制を整備するに当たって、当時の寺子屋を小学校に移したため、最初は3分の1が私立小学校でした。その後、ほとんどが官製の公立小学校として組み込まれていく過程で、富国強兵の動きとも重なりますが、全国の教育が画一化されていくわけです。そうした中で、子どもたちを中心に進める教育という、欧米でも活発化していた「新教育」の思想から生まれてきたのが大正自由教育運動なのですね。

1921年には「八大教育主張」という有名な講演会が開かれましたが、その中で小原國芳先生が「全人教育」論を主張されました。小原先生は澤柳政太郎先生が成城学園を創設した際に同校に赴任し、のちに玉

# デジタル時代における「新しい教育」とは

──2020年度から小学校のカリキュラムは新学習指導要領に全面移行しましたが、私立小学校はそのテーマである「主体的・対話的で深い学び」を先取りしてきました。理数教育や外国語教育、情報教育、体験活動など、私学ならではの教育の特徴についてお教えください。

今は公立も進めている「アクティブラーニング」は私立小学校が始めたものです。双方向の授業でなければ、子どもたちは心を動かしません。教師が問いを投げかけることで子どもたちに考えさせ、グループで互いに討議させたりして、それをまた教師に戻すというダイナミックな学びが、むかしから私立の教育なのです。

また、理数教育や外国語教育などについても、多くの私立小学校が長い歴史の中で教育の実践を培ってきた分野で、それぞれ独自の成果を上げて今日に至っています。

今回の改訂で特に新しい教育課題として出されているのがプログラミング教育ですが、私立小学校の中にはすでに集中講義という形でプログラミング教室を開いたり、アフタースクールでも、希望制で子どもたちに教えています。新学習指導要領では最終的に、プログラミング教育を全教科の中に落としこんで、論理的思考を養うということになっていますが、私立小ではこれまでの実績を基礎に、新しい実践的な教育プログラムが開発されていくと思います。

──2024年度からは、小学校でデジタル教科書が本格導入されました。

デジタル教科書の問題は、学校教育の根幹に関わることなので、私たちも文部科学省の部会に意見書という形で現場の考えを提出しました。

例えば、デジタル教科書では児童が画面に直接書き込みができ、消去もやり直しも簡単に行えるので、作業が容易になるでしょう。しかし、その簡単さが本当に「考える」力を養うかどうか、十分な研究を待つ必要があるのではないでしょうか。言い換えれば、やり直す、書き直す、消去するということを手間暇を惜しまずやること

リキュラムを開発しています。

**──デジタル教科書のメリットとして、動画や音声などが組み込めるため、疑似体験ができることも謳われています。**

私立小学校は、実物教育や体験学習、本物に触れる教育を重視しています。子どもの学びや発達にとって最も大切なのは体全体、五感をフルに使って感じ取ることだと考えているからです。その観点からすれば、デジタル教材による疑似体験しても尚且つ実体験で裏打ちするということが大切でしょう。

また、動画は情報量がとても大きいわけですが、これも小学校教育にとって一長一短があります。情報量をあえて限定することによって、児童に能動的な思考を促すことも必要だからです。その観点に立てば、従来の静止画像や文字資料、表やグラフの方が有効な場面が多いというのが私たちの実感です。

確かに、実験・観察における仮説・予想を十分行った上で、実際の様子を見て、その後に補助的に動画で確認したり、その場では実物を見ることができないものを見せたりすることに動画は便利です。しかし、動画観察の安易な環境に甘んじて、デジタル教科書とデジタル教材の中に安住するならば、本物の学習にはなりません。例えば理科教育において、理科に精通していない教員が安易に動画の視聴だけで学習を進めても良いと勘違いすることがあるならば、危険だと言わざるを得ません。✓

提携した教育プログラムを導入している学校など、特色ある教育が綺羅星のようにあるのが私立小学校なのです。

ただし、私立小学校は授業料を納めなければなりません。国や都道府県から助成金がありますが、それでも高いのが現実です。もっと授業料を低く抑えられるよう、日本私立小学校連合会として国や都道府県に働きかけています。

**──私立小学校に入学するには、各学校が実施する入学試験に合格しなければなりません。**

ペーパーテストのほか、行動観察や保護者面接、保護者作文の提出など、学校によってさまざまな形態があります。そのうちの一つの分野で及第点が取れなかったら、ほかのテストがよくても不合格となる学校もあります。ですから、その学校の入試スタイルをしっかり調べておく必要があるでしょう。

合格のあかつきには、誓約書の提出を求める私立小学校もあることにも注意しておいてください。学校の名誉を傷つけない、校外の活動を重視して学業をおろそかにしないなどの内容です。

**──私立小学校には、大きく分けてどのような種類があるのでしょうか。**

まずは、宗教系の学校か無宗教系かということで分かれますが、誤解して欲しくないのは、宗教系であっても、その宗教が大事にしていることは教えますが、入信を強制する学校ではないということです。宗教系でも仏教やキリスト教で違いますし、キリスト教系の学校にはカトリック系とプロテスタント系があります。仏教系でも宗派の違いがあります。

次に、中高や大学など上級の付属校があるかどうか。付属中に内部推薦制度があっても、成績によっては上級学校に推薦してもらえない学校もあります。

また、学校が強制しているわけではありませんが、6年生全員が中学受験をするので、中学受験準備の指導を取り入れている学校もあります。

私立小学校のほとんどは学校法人立ですが、株式会社立の小学校もあります。株式会社立は公費助成が受けられませんので、授業料がたいへん高くなります。

**──私立小学校を選ぶポイントをお教えください。**

一つ目は、建学の精神や教育方針が家庭の教育方針に照らし合わせて魅力的であるかどうか。

二つ目は、校風や児童の様子がわが子の性格や興味関心に合致しているかどうか。

川学園を創設するのですが、その全人教育論は今では当たり前のように教育界で語られます。文部科学省の中央教育審議会答申にも「全人教育」という言葉が使われていますが、日本をリードする教育観の提唱者が私立小学校の先達だということを強調しておきます。

**──近代教育草創のころ私立学校を興した多くの教育者たちは、今日に至る教育の本質を見通しておられたのですね。**

ですから、中学受験の学校と思われている私立小学校でも、小学校の6年間を勉強だけさせるというような学校はまずありません。すべての私立小学校が「楽しい学校生活で心豊かに成長すること」を第一にカ

## 「多様性」にこそ私立学校の魅力がある

**──私立学校は公立校とは異なり、一貫教育校などさまざまな形態の学校があります。教員の転勤もほとんどなく、創意工夫に満ちた教育と、アットホームな校風が魅力です。私立学校の多様性についてお教えください。**

二年前、東京都立立川国際中等教育学校附属小学校が開設されました。これはまるで私立小学校です。公立が私立小学校を模倣したと思っています。しかしながら真似できないのは、私立学校の最も大きな特徴である「創立者がいる」という点でしょう。

その上で「建学の精神」があります。創立者が学校を開いた志です。日々の教育は学校ごとに定められた教育目標とカリキュラムによって進められますが、そのバックボーンとして貫かれているのが建学の精神なのです。

だからこそ、私立では公立にはできない特色ある教育が展開されています。男子は全員ラグビーを行うという学校もありますし、1年から宿泊学習を行う学校もあります。修学旅行も日光とは限りません。豪華クルーザーの修学旅行さえあります。

英語学習や国際化教育も早くから取り組んだのが私立小学校です。一流の専門家と

三つ目は、通学時間の問題。混雑した電車やバスの場合、通学時間は考慮した方が良い。通学時間に制限を設けている学校もあります。

とにかく、私立小学校には「偏差値」というものはありません。すべての学校が特色を持って、これからの世界で活躍する宝を育てています。

もちろん、学校教育法に定められた小学校ですから、基本は日本の学習指導要領に従って教育を行っています。その点でも安心してお子様を預けていただければと思います。

田所　浩志

## 地域と連携し、危機管理意識を強める

──「安心・安全」に対する保護者の関心が高まっています。地域との連携や震災、感染症への対策など、私学ならではの危機管理の取り組みについてお教えください。

東日本大震災の発生からもう13年になるのですね。新型コロナウイルスによるパンデミックは3年余りも続きました。

大震災の後は、小さい子どもを遠距離通学させるのは心配だといって、私立小学校受験が減少しました。

しかし、新型コロナにおいては先述の通り、全国一斉休校が政府によって実施される中、私学の家庭学習支援やICT環境などが優れていると評判をとり、私立小学校の応募者が増えました。

Zoomによる双方向授業や、YouTubeの動画配信を活用したオンデマンド（繰り返し視聴が可能な）授業、多様なスタイルの分散登校や時差登校など、私立小学校ではさまざまな工夫が講じられました。その理念は「子どもの学びを止めない」ことに尽きます。

学校行事なども、できる限り可能性を追求し、中止を余儀なくされた行事についても、代替の企画を工夫しました。

教員研修も、対面集合形式を追求しつつ、オンラインと対面の両方、ハイブリッド形式で実施し、教育の質の保証を維持してきました。

──私立学校はどんな困難も乗り越え、優れた教育システムを構築してきたのですね。

私立小学校に通わせる上で一番の心配は、交通機関を使って登下校しているときです。学校にいるときは教職員が児童の安全を確保する訓練を重ねていますので、公立小学校に負けません。大事なところは、災害が登下校時に発生したときです。

そこで、大震災の教訓から、私立中学高等学校協会と連携して「避難校ネットワーク」を作り上げています。今後は、何か大きな災害で交通機関が一斉に止まり、子どもたちが自宅に帰れないことが起こっても、駅構内で子どもたちが安全に確保され、最寄りの私立学校の教職員が他校の児童でも迎え入れます。そして、ネットを通じて私立小同士が相互に保護している児童について連絡し合います。実際に機能しないと意味がありませんので、毎年1回、すべての学校が参加する訓練をしています。

さらに、津波の心配のない学校を含めて、東日本大震災における「釜石の奇跡」などを学び、危機管理意識を強めています。

──私立小学校において、地域との連携も欠かせない課題ですね。

児童は登下校時をはじめ、何かにつけて地域の皆さんに守っていただいておりますし、迷惑をかけることもあります。公共交通機関の中でマナーを守らずに叱られることもあります。従って、地域の皆さんへの挨拶活動や御礼の活動はとても大事です。

地域の交番、駅、バス営業所、病院をはじめ、お世話になっている皆様への感謝の活動をするのはもちろんのこと、日頃の学習活動においても、地域の皆様にご協力をいただいております。スーパーでのお買い物体験や消防署や郵便局の見学、その他いろいろな地域の学びがあるからです。

このように、私立小学校は公立小学校に負けず劣らず、地域の皆さんとの連携を大切にしています。

──私立学校では親子二代、三代続けて同窓生、といったご家庭も珍しくありません。私立学校の魅力につきまして、メッセージをお願いいたします。

昨年、「私立学校法」が改正されました。これは、私立学校において不祥事や法令違反が起きないよう自浄作用が働く体制をつくるというものです。

私もヒアリングを受けたり、特別委員会の一員として議論に加わりました。その中で痛切に感じたのは、創立者と建学の精神、伝統を重んじ、時代の先端を走る特色ある教育づくりに燃えている学校こそが不祥事を起こさない学校だということです。

大事なことなので何度も申しますが、私立小学校には必ず創立者がいます。創立者は自分の教育の理想を「建学の精神」として表します。他の学校に飽き足らないがゆえに自分の理想の学校をつくるわけですから、当然ながら「先取の精神」があり、「先駆的教育を行うぞ」という情熱があります。

そして何十年、百年という歳月を超えて、建学の精神をそのときどきの時代の要請に応えて教育プログラムに反映させます。建学の精神をどう発展させるかを常に考えているのが私立小学校なのです。ですから、私立小学校は常に新しいことにチャレンジしていると言って過言ではないのです。

そういう私立小学校だからこそ、祖父母、親、子供、孫、曾孫と何代にもわたって同じ私立小学校に通わせようという家庭がたくさんあるわけです。そしてまた教職員も、創立者や建学の精神にほれ込んで教育をしますので、退職まで働き続ける人がほとんどです。そうしたことから、丁寧で濃密な人間関係のもとで教育が引き継がれ、実施される。これが私立小学校の何よりの魅力でしょうね。

──本日はどうもありがとうございました。

## 日程一覧

　これからお子様を預けようとする小学校がどんな雰囲気のところなのか。それを体感できるのが、学校説明会です。学校によっては公開授業をしており、普段どのように授業が行われているのか、児童たちの様子ともども知ることができます。ぜひご参加ください。

★本表は東京圏の主な私立小学校の、6月以降に予定している学校説明会、および入学を希望しているご家族に公開している主な学校行事を紹介したものです（24年3月末現在判明分）。なお、日程および内容は変更、中止・延期となる場合があります。また、下記以外にも、学校により学校見学や各種説明会等を随時実施しています。各学校の公式ホームページにアクセスして、最新の情報をご確認ください。

「(W)」はオンラインで実施、「☆」は公開授業、「予」は事前に予約が必要なことを表します。

日程・内容等は変更となる場合があります。お出かけの際は必ず事前に各学校のHP等でご確認ください。

## ◆ 東 京 都 ◆

### 青山学院初等部
6/29（土）　オープンスクール［予］
9/7（土）　第2回学校説明会［予］

### 学習院初等科
(W) 9/2（月）〜 9/13（金）　Web入試説明会
9/7（土）　学校見学会［予］

### 川村小学校
6/7（金）・10（月）・11（火）　公開授業☆［予］
6/28（金）　イブニング説明会［予］
7/6（土）・7（日）　オープンスクール（体験学習）［予］
7/19（金）　イブニング説明会［予］
8/25（日）・26（月）　オープンスクール（体験学習）［予］
9/7（土）　プレ入試［予］
9/22（日・祝）　第2回学校説明会［予］
11/9（土）・10（日）　鶴友祭（学園祭）［予］
※自己推薦個別審査を希望する年長児を対象に、予約制の個別相談を実施

### 暁星小学校
6/22（土）　学校説明会［予］
10/19（土）　運動会［予］

### 国立音楽大学附属小学校
6/4（火）　学校説明会、公開授業☆、個別相談［予］
6/20（木）　音楽・リトミック体験［予］
7/21（日）　学校説明会、プレスクール、個別相談［予］
8/24（土）　サマーコンサート［予］
9/5（木）・12（木）　音楽・リトミック体験［予］
9/8（日）　学校説明会、個別相談［予］
12/14（土）　ウインターコンサート、造形作品展［予］

### 国立学園小学校
7/27（土）　夏休み学校体験会［予］
9/14（土）　第2回学校説明会・体験授業［予］
10/12（土）　運動会［予］
2025/2/22（土）　しらかば祭［予］

### 国本小学校
6/15（土）・27（木）　公開授業☆［予］
6/20（木）　運動会（武蔵の森総合スポーツプラザ）［予］
6/29（土）　第1回学校説明会［予］
9/28（土）　第2回学校説明会［予］
10/26（土）・27（日）　記念祭（本校学園祭）［予］
12/7（土）　音楽発表会［予］
2025/2/23（日・祝）　学芸会［予］
※上記以外にも2学期以降、学校見学、授業参観、入試明を個人単位で実施（要電話予約）

### 慶應義塾幼稚舎
(W) 6/28（金）〜 7/5（金）　学校説明会（オンライン）［予］
7/6（土）　学校見学会［予］

### 啓明学園初等学校
6/5（水）　第2回学校説明会☆［予］
6/25（火）　第3回学校説明会☆［予］
9/7（土）　第4回学校説明会☆［予］
9/21（土）　啓明祭（文化祭）［予］
9/27（金）　第5回学校説明会☆［予］
11/30（土）　学芸会［予］

### 光塩女子学院初等科
6/8（土）　第1回学校説明会☆［予］
7/19（金）・22（月）　体験授業・校内見学会［予］
9/7（土）　第2回学校説明会☆［予］

「(W)」はオンラインで実施、「☆」は公開授業、「予」は事前に予約が必要なことを表します。
※6月1日以降開催予定の主な学校説明会・公開行事等の日程（24年3月末現在判明分）を紹介していますが、諸般の事情により、内容の変更、または中止・延期となる場合があります。

> 日程・内容等は変更となる場合があります。お出かけの際は必ず事前に各学校のHP等でご確認ください。

## サレジアン国際学園目黒星美小学校
6/10（月）　第3回学校説明会［予］
6/13（木）　第4回学校説明会［予］
6/21（金）　運動会［予］
7/20（土）　入試体験会［予］
9/2（月）　入学試験説明会［予］

## 品川翔英小学校
6/21（金）　ナイト説明会［予］
6/28（金）　第3回学校説明会☆［予］
9/7（土）　入試説明会［予］

## 昭和女子大学附属昭和小学校
6/15（土）　第3回学校説明会［予］
9/7（土）　第4回学校説明会［予］

## 白百合学園小学校
6/29（土）　学校説明会［予］
9/7（土）　学校見学会［予］
2025/2/8（土）・9（日）　展覧会［予］

## 聖学院小学校
6/1（土）　学校見学会1［予］
6/7（金）　イブニング説明会［予］
6/27（木）　第2回学校説明会☆［予］
7/13（土）　体験授業［予］
8/24（土）　学校見学会2［予］
9/6（金）　第3回学校説明会☆［予］
9/21（土）　聖学院フェア［予］
※上記のほか7月、9月にオンライン個別相談週間を予定（要予約、詳細は学校HPを参照）

## 成蹊小学校
6/15（土）　学校説明会［予］
6/20（木）　オープン・スクール☆［予］
9/2（月）　学校説明会［予］
10/13（日）　文化祭［予］
※詳細は各行事の1か月ほど前に学校HPに掲載

## 成城学園初等学校
6/3（月）〜28（金）　授業見学［予］
6/4・11・18・25（いずれも火）　グループ相談会［予］、遊び場開放［予］
7/8（月）・11（木）　グループ相談会［予］
9/10（火）〜27（金）　授業見学［予］
9/14（土）　入試説明会［予］
2025/2/12（水）〜28（金）　授業見学［予］
※上記のほか、公開行事として劇の会（9/7）、秋の運動会（10/5）、文化祭（11/3）を実施（詳細はHPを参照）

## 聖心女子学院初等科
6/8（土）　第1回学校説明会、年長児対象お遊び会［予］
8/24（土）・25（日）　オープンスクール［予］
9/7（土）　第2回学校説明会［予］
10/12（土）　みこころ祭（中・高等科文化祭）［予は未定］
2025/1/31（金）　学習発表会特別観覧［予］
※9、12、1月に初等科1年対象授業公開☆を実施［予］

## 星美学園小学校
6/1（土）　第2回学校説明会※［予］
6/11（火）・12（水）　学校見学会☆［予］
7/6（土）　七夕集会［予］
9/7（土）　第3回学校説明会※［予］
9/10（火）・11（水）　学校見学会☆［予］
12/7（土）　せいびのクリスマス［予］
※説明会に並行して、年長児対象の体験活動を実施

## 玉川学園小学部
(W) 6/8（土）　オンライン学校説明会［予］
(W) 9/13（金）　オンライン学校説明会☆［予］
(W) 2025/1/23（木）　オンラインオープンスクール［予］
※その他の入試広報行事（学校見学等）については、随時学校HPを更新

## 帝京大学小学校
6/6（木）・21（金）　授業見学会☆［予］
6/22（土）　学校説明会［予］※対面とWebの選択制
7/8（月）　授業見学会☆［予］
7/13（土）　学校説明会［予］※対面とWebの選択制
7/27（土）　オープンスクール、体験授業［予］
8/25（日）・28（水）　オープンスクール、体験授業［予］
(W) 9/14（土）　オンライン入試説明会［予］

## 田園調布雙葉小学校
6/1（土）　第1回学校説明会［予］
6/29（土）　ふれあい見学会［予］
9/14（土）　第2回学校説明会［予］

## 東京女学館小学校
7/6（土）　学校説明会［予］
9/1（日）　入試説明会［予］
2025/2/16（日）　展覧会［予］

## 東京都市大学付属小学校
6/8（土）　学校公開☆［予］
7/23（火）・24（水）　進学相談会［予］
(W) 8/28（水）　入試説明会（オンライン）［予］
9/10（火）　学校公開☆［予］

## 桐朋小学校
6/15（土）　学校説明会（仮）［予］
8/31（土）　学校説明会、学校体験会＊（仮）［予］
＊年長児のみ

## 桐朋学園小学校
6/15（土）　校舎見学会［予］
9/5（木）　学校説明会［予］

## 東洋英和女学院小学部
6/13（木）　学校説明会☆［予］
6/19（水）　オープンスクール［予］
9/7（土）　入試説明会［予］
2025/2/8（土）　美術展

## 新渡戸文化小学校
6/15（土）　学校説明会＆校内見学［予］
6/20（木）　授業公開［予］
7/3（水）　アフタースクール公開［予］
9/14（土）　学校説明会＆プレ小学校体験［予］
11/23（土・祝）　好きなこと入試説明会［予］

## 日本女子大学附属豊明小学校
6/19（水）　授業見学会☆［予］
7/20（土）　オープンスクール［予］
(W) 8/26（月）～9/6（金）　入試説明会（Web）［予］
9/7（土）　個別相談会［予］
9/28（土）　豊明秋の運動会［予］
2025/1/18（土）オープンスクール、書き初め展示会［予］

## 雙葉小学校
7/19（金）・20（土）　学校説明会［予］
※詳細は学校HPを参照

## 文教大学付属小学校
6/15（土）　第2回学校説明会［予］
6/26（水）　第3回学校説明会［予］
9/14（土）　第4回学校説明会［予］
10/2（水）　第5回学校説明会［予］

## 宝仙学園小学校
6/4（火）・6（木）　公開授業☆、学校説明会［予］
9/6（金）・10（火）　公開授業☆、学校説明会［予］
10/19（土）・20（日）　宝仙祭

## 立教小学校
6/6（木）　学校説明会①☆　学校の施設見学および授業参観、本校の教育・入試について［予は未定］
6/29（土）　学校説明会②　各教科の特徴について［予は未定］
9/7（土）　学校説明会③　立教学院一貫教育・入試について［予は未定］

## 立教女学院小学校
6/1（土）・14（金）　学校説明会（6/14は☆）［予］
9/7（土）　校舎見学会［予］

## 早稲田大学系属早稲田実業学校初等部
6/9（日）　学校説明会［予は未定］
7/20（土）　学校見学会・相談会［予は未定］

# ◆ 神 奈 川 県 ◆

## 慶應義塾横浜初等部
※詳細は学校HPを参照

## 精華小学校
6/29（土）　学校説明会（学校生活や入学考査について）［予］
7/9（火）～12（金）　校内見学［予］
※予約の申し込み開始（広報特設サイト）は約1か月前からを予定

## 桐蔭学園小学校
6/6（木）・7（金）　公開授業☆、個別相談会［予］
6/15（土）　学校説明会、個別相談会［予］
(W) 6/24・26・28、7/1・3・5・8・10　先生と話そう（Zoomによる個別相談）［予］
7/13（土）　オープンスクール［予］
(W) 9/5（木）　オンライン入試説明会（Zoomによる入試説明）［予］

# ◆ 埼 玉 県 ◆

## 西武学園文理小学校
6/2（日）　学校説明会［予］
6/16（日）　歩く説明会 "Bunri Walk Day"［予］
6/29（土）　学校説明会☆［予］
7/13（土）　歩く説明会 "Bunri Walk Day"［予］

# PRESENT

## 2025東京圏私立小学校試験日一覧を『名門小学校』読者の皆様にプレゼントします！

（7月末完成予定）

募集人数、試験日、願書受付期間、試験内容、検定料、入学金、授業料を一覧で掲載。
入試情報チェックや併願作戦に便利です！

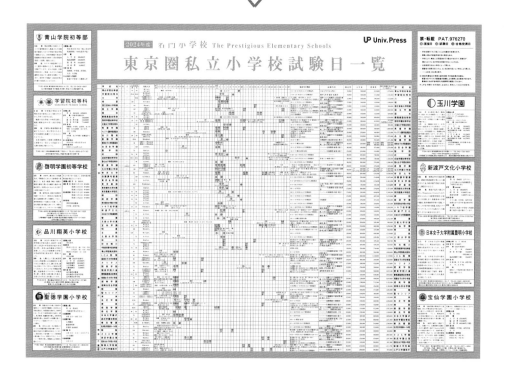

※画像は2024年度版です

**Web** からは無料でダウンロードできます ▶ https://www.univpress.co.jp/

●ご希望の方ははがきに応募券を貼り付け、
郵便番号、住所、氏名、電話番号を明記の上、下記宛先にお送りください。

応募先 〒101-0051　東京都千代田区神田神保町 3-2-3
大学通信　情報企画部　小学校試験日一覧プレゼント係

# 東大・国公立医学部に強い北嶺
# 注目集める「青雲寮コース」で現役合格

北嶺中・高等学校

北海道札幌市にある北嶺中・高等学校は、東大や国公立医学部医学科をはじめ、難関大学に現役で多数の合格者を輩出する完全中高一貫の男子校です。北海道では屈指の進学校として人気を集め、2023年度・2024年度の北嶺中入試では志願者倍率が約11倍となりました。人気の要因は、2013年度からスタートした「青雲寮コース」での完全学習サポートシステム、生徒の進路を応援する北嶺独自の「9つの探究型プロジェクト」があげられます。

## 北嶺の強さ「めざすなら高い嶺」を合言葉に全員で挑戦！

札幌市郊外の自然豊かな環境下にある北嶺中・高等学校は、1986年に北海道で最初に開校した完全中高一貫校（男子校）です。「文武両道」を体現するため、授業では「柔道」と「ラグビー」を必修とする他、北海道の山々を登頂する「全校登山」を実施し、強くてたくましい精神をもつ男子を育成します。2015年からは、好奇心・探求心をもつ生徒の進路を応援する「9つの探究型プロジェクト」をスタート。生徒全員が専門家の指導によるさまざまな学習プログラム（「英語・国際理解」、「サイエンス教育」、「医療理解」、「法律理解」、「ビジネスへの関心」、「ファイナンシャル」、「プログラミング」、「北海道理解」、「HOKUREIカルチェラタン［音楽・芸術との触れ合い］」）を通じて、自己適性を理解するとともに将来の進路選択を考えます。北嶺の強みは「全員で同じプログラムに挑戦」すること。北嶺の6か年のカリキュラムから、協調性や共働することの大切さを学び取り、仲間どうしの深い信頼関係を築き上げます。これが大きな原動力となり、最終的には多くの生徒が現役で難関大学に合格していきます。

## 2022年度・2024年度大学入試では国公立医学科現役合格率全国1位

中学入学時から徹底した進路指導が行われ、中学生では「職業・大学調べ」、OBが大学生活を紹介する「東大プロジェクト」を実施。高校生では職業体験として、弁護士の指導による「模擬裁判」、医師による「メディカル講演会」や「医療探検」を行います。放課後や長期休みの講習を中学生から実施し、高校3年生になると「東大英語」や「医学部英語」など、志望校に合った講習も展開します。このような進路指導をもとに、生徒は着実に力をつけ、2024年度の大学入試では、1学年120名と少数ながらも、東京大学に7名（理三1名、文一2名）、京都大学に3名、国公立医学部医学科に40名（現役31名）が合格。また、2022年度・2024年度の大学入試では、国公立医学部医学科現役合格率で全国1位となりました。

## 学習サポートが充実した「青雲寮コース」

北嶺には、学校に併設された「青雲寮」があり、現在、約390名の寮生（全校生徒の52％）が寝食をともにしています。青雲寮のメリットの1つは、通学時間がかからないこと（徒歩0分）です。寮生は部活動などの学校活動に

---

### 2024年度大学入試 合格結果　卒業生117名（33期生）

開校から33年連続で東京大学合格者輩出。東大・京大・医学部医学科に72名合格

| | |
|---|---|
| 東京大学 7名（現役5名、理三1名） | 一橋大学 5名 |
| 京都大学 3名（現役3名） | 大阪大学 4名（医学科1名） |
| | 名古屋大学 1名 |
| 国公立医学部医学科 40名（現役31名） | 東北大学 8名（医学科2名） |
| | 北海道大学 15名（医学科7名） |
| 私立医学部医学科 22名 | 国公立大学 108名（現役81名） |

▲自然豊かな環境に囲まれた校舎（右）と併設の青雲寮（左）　　▲世界自然遺産 知床探訪研修（中1）

▲医学部志望者対象の医療研修　　▲ニュージーランド語学研修・ホームステイ　　▲サイエンスプロジェクト NASA 研修

▲高1では、グローバルプロジェクトの集大成「ハーバード大学・マサチューセッツ工科大学（ボストン）特別研修」を実施。
研修終了後はニューヨークへ移動し、国連本部・メトロポリタン美術館・アメリカ自然史博物館等を訪問。

も熱心に取り組みながら、夜間の学習時間もしっかりと確保することができます。もう1つのメリットは、手厚い学習サポートがあることです。学習時間には、学校でも授業を受け持っている寮教諭、北海道大学医学部や札幌医科大学医学部に進学したOBチューターが常駐し、寮生の質問にいつでも対応しています。また、学校の先生による「夜間講習」が午後7時から毎日行われ、授業の復習や大学入試問題演習などに取り組みます。高校3年生になると、入試科目すべてに対応した講習が行われます。このようなサポートを受け、2024年度大学入試では、青雲寮生から難関国立10大学・医学部医学科に42名が合格（卒寮生49名）。まさに、全国から注目を集める寮へと成長しました。

## 9つの探究型プロジェクト
## 生徒の進路探索をサポート

「9つの探究型プロジェクト」では、専門家による実践的な学習プログラムを実施し、グループワークやプレゼンテーションを通じて、大学入試で求められる「思考力・判断力・表現力」を育成します。一例として、2015年より始動した「グローバルプロジェクト」では、ハーバード大学の学生が来校し、英語を使ったコミュニケーション・プレゼンテーションを中心とした授業に取り組みます。高校1年生の終わりには、ハーバード大学・マサチューセッツ工科大学（アメリカ・ボストン）を訪問し、大学教授・大学院生・学生とワークショップを行う「未来のグローバルリーダー育成プログラム」を受講します。また、ニュージーランド語学研修では、現地の学校の授業に参加するとともにホームステイも実施します。生徒は主体的に活動するプログラムを多数経験することで、学びへの意欲を高めることができます。

# 名門私立小学校案内

本書に掲載している試験日程や選考内容などは 2024 年 3 月末現在判明分のデータ（予定、または前年度参考を含む）です。内容は変更になる場合がありますので、正式な情報は必ず各学校の募集要項や公式ホームページなどでご確認ください。

東京都渋谷区

# 青山学院初等部

[理事長] 堀田　宣彌
[部　長] 小澤　淳一

〒150-8366　東京都渋谷区渋谷 4-4-25　TEL 03-3409-6897　https://www.age.aoyama.ed.jp/
【交通】ＪＲ山手線・東急線・京王井の頭線・東京メトロ副都心線「渋谷駅」、東京メトロ銀座線・千代田線・半蔵門線「表参道駅」

## 「かけがえのないひとり」である子どもたちを
## 人と社会のために尽くすサーバント・リーダーに

▼　　▼　　▼

### キリスト教信仰にもとづく教育を目指す

青山学院教育方針にもとづいて、神さまから与えられた賜物を生かし、感謝の心をもって祈り、神と人に仕える人間を育てることを理念としています。学校生活では5つのおやくそく、「しんせつにします」「しょうじきにします」「れいぎただしくします」「よくかんがえてします」「じぶんのことはじぶんでします」を生かせるよう心がけています。キリスト教信仰をからだで享受してもらうため、毎朝の礼拝や宗教の授業のほかに、宗教行事を大切にしています。

### 個を生かす教育と豊かな宿泊行事

**成長の記録●**通信簿の代わりに日常の評価を大切にし、PDCA サイクルの『成長の記録』を採用しています。児童・保護者・教員の三者面談をしながら個の自己肯定感を高めることを大切にした、個に合った指導をしています。
**授業の充実●**担任教員が担当する国語・算数・社会・生活の各教科では、児童の個性・適性に配慮し、学級を少人数のグループに分けた活動も行っています。理科・音楽・図工・体育・英語などの専門教科は、戦後間もない時期からその教科に卓越した専科教員が担当しています。特に英語は青山学院独自の教科書『SEED BOOK』を使用して一貫教育を実践しています。また、プログラミング教育などの ICT 教育（活用）についても先駆的な取り組みを行っています。
**体験学習●**6 年間で 50 泊以上の宿泊行事が設定されています。1 年生の「なかよしキャンプ」はキリスト教オリエンテーションキャンプ、2 年生の「農漁村の生活」は生活科のプログラム、3・4 年生の「山の生活」は登山に親しむ生活キャンプ、5 年生の「平戸 海の生活」は 2km の遠泳に挑戦、6 年生の「洋上小学校」は小さな乗組員として航海体験、3 ～ 6 年生の「雪の学校」は雪を教材とした学年縦割りの生活キャンプです。このような体験、経験の中で感動を覚え、子どもたちの心も身体も大きく成長していきます。
**食育●**日々の食事を生活の中の教材としてとらえて、昼食時間には「心のこもった、手作りの温かくおいしい食事」をいただいています。木曜ランチョンとよばれる学年毎に交替でいただく特別給食もあります。食育は、児童の生活力をつけることにもつながります。

| 上級学校に進むには | 初等部長の推薦により、青山学院中等部へ入学することができます。 |
|---|---|

## かけがえのない「賜物」を伸ばし、生かす

初等部部長　小澤　淳一

　青山学院初等部の教育は、「神から与えられた賜物を生かす」を根底においています。「賜物」って何でしょう。私たちは、それを、神から与えられたその人の持つ力、と考えます。自分の持つ力を他の人のために使うこと、それが「神から与えられた賜物を生かす」ことです。「個を生かす教育」と言うこともできます。教育は学校だけでおこなえるものではありません。学校とご家庭との協力の中で、お子さんのかけがえのない「賜物」を伸ばし、生かしています。

### 沿　革

明治初期に、米国のメソジスト監督教会から派遣された宣教師が創設した 3 つの学校が青山学院の源流となる。1937 年開校の青山学院緑岡小学校を 1946 年「青山学院初等部」に改称。

### 2024年度募集要項［前年度］

募集人員：男子 44 人、女子 44 人
願書販売期間：初等部ウェブサイト参照
出願：インターネット出願後に郵送出願
　ネット出願：9 月 1 日～ 10 月 3 日
　郵送出願：10 月 1 日～ 10 月 3 日
　○出願サイトにアクセスし、必要事項を入力の上、検定料を支払う。その後出願書類を郵送する。
入学検定料：30,000 円
試験日：11 月 1 日～ 7 日
合格発表：11 月 9 日 午後 3 時（WEB）
【必要な費用】
入学金：300,000 円
授業料：810,000 円
施設設備費：250,000 円
諸経費：16,000 円

### 併設中学進学状況

◆青山学院中等部
※推薦により進学可能

### データパック

◆児童数 768 人／教員数 59 人
◆ 24 年度応募者数：男子 266 人、女子 309 人
◆合格者数：88 人（内部進学者を除く）

【併設校】
○青山学院幼稚園
○青山学院中等部
○青山学院高等部
○青山学院大学
○青山学院大学大学院

# 学習院初等科

[院　長] 耀　英一
[科　長] 梅本　恵美

〒160-0011　東京都新宿区若葉 1-23-1　TEL 03-3355-2171（代）　https://www.gakushuin.ac.jp/prim/
【交通】JR中央線・東京メトロ丸ノ内線・南北線四ツ谷駅

## ひろい視野　たくましい創造力
## ゆたかな感受性

▼　　　▼　　　▼

### 真実を見分け、自分の考えを持つ子ども

○進んで工夫し、努力する子ども　　○真心を持って人や物に接する子ども
○美しさを感じとる心の豊かな子ども　○健康や安全に心がけ、進んで体を鍛える子ども

### 創造性を育む教育と、全人間的な基礎づくり

　初等科の教育は、基礎となる本質を見極め、自主性を大切にしつつ、全人間的な基礎づくりをねらいとしています。150年近くに及ぶ伝統と校風を尊重しながらも、形式的因習にとらわれず、いたずらに新奇に走らず、未来を展望して国家と国際社会に奉仕する一員としての自覚をもつ人間の育成に努めています。

◎**学級担任制と教科担任制のよいところを取り入れています**
・どの学年でも専門の教科を指導する専科教員の配置
・高学年では学級担任が国語、社会、算数の専科として学年全員を指導する完全専科制の導入

◎**自分の担当する学級だけではなく、学年の子ども全員を把握して指導しています**
・学級相互の徹底した情報交換による公平な指導
・同一進度、同一教員・教材使用による学習展開
・学級担任に加え、学年付き教員の配置

### 知育・徳育・体育の調和がとれた教育

　すべての教科の指導を大切にするために、学級担任のほかに、理科、音楽、図工、家庭、体育、英語は専科教員が担当し、5・6年では、国語、社会、算数も専科的に指導しています。

　また、クラブ活動・児童会活動の時間を設け、教科や学年の枠を超えた多目的活動により、自主性・社会性を養っています。

| 上級学校に進むには | 初等科から中等科・女子中等科へは、原則として全員進学できます。 |

### 伝統を自らの礎とし、国際社会に貢献できる人を育てる

初等科長　梅本　恵美

　本校は、伝統的に、「正直と思いやり」を大切にしています。正直は、嘘を言わないだけでなく、自分をごまかさない心、正しいことをやりきる力でもあります。思いやる気持ちは、相手を重んじ尊敬することにつながります。また、本校の国際交流は、単なる異文化理解や英語力増進にとどまらず、自分自身や日本と向き合い、さらに視野を広げることを目指しています。品格があり、確かな見識を持ち、たくましい創造力を備えた、国際社会に貢献できる人を育てることに、力を尽くしてまいります。

### 沿革

　弘化4年、公家の子弟のための教育機関として開講。嘉永2年孝明天皇より、「学習院」の勅額が下賜され正式名称となる。明治10年、華族の学校として東京に開校され、明治天皇により現在の学習院が創立される。昭和22年に宮内省の手を離れ、私立小学校となり、現在に至る。

### 2025年度募集要項

募集人員：男子約40人、女子約40人
出願期間：ホームページ、入試要項でお知らせします（Web＋郵送必着）
出願手続き：Webで申し込みをし、所定の書類を簡易書留で郵送すること。入学願書（所定の用紙）、写真票など
考査料：30,000円
選考日：11月1日〜11月5日のいずれか1日
選考内容：簡単な考査、保護者面接
合格発表：11月7日　10:00〜12:00
【費用（2024年度参考）】
入学金：300,000円
維持費：312,000円（年額）
授業料：774,000円（年額）
その他：6,000円（父母会費と輔仁会費、年額）

### 学校説明会／学校見学会

○**学校説明会**（四谷キャンパス）5月11日（土）
4月下旬から初等科HPより申し込み
○**学校見学会**（四谷キャンパス）9月7日（土）
初等科HPより申し込み。
お子様も一緒に見学していただけます。
※いずれも詳細は初等科ホームページを参照

### 入試説明会　Web

○9月2日（月）〜13日（金）
※詳細は初等科ホームページを参照

### データパック

◆児童数780人／教員数50人
◆24年度応募者数：約740人
◆募集人員：男女各約40人（学習院幼稚園からの内部進学者、男子26人・女子26人）
【併設校】
○学習院幼稚園　○学習院中・高等科
○学習院女子中・高等科　○学習院女子大学
○学習院大学

# 川村小学校

[理事長] 川村　正澄
[校　長] 川村　正澄

〒171-0031　東京都豊島区目白2-22-3　TEL 03-3984-8321（代）・7707（入試広報室）　https://www.kawamura.ac.jp/syougaku/
【交通】ＪＲ山手線目白駅徒歩２分、東京メトロ副都心線雑司が谷駅徒歩７分

## こころの教育を重視して

▼　　　▼　　　▼

### 川村学園の教育

創立以来、「感謝の心」を基盤として「女性の自覚」「社会への奉仕」を建学の精神とし、100年の歴史を通して今も脈々として継承されています。また、知育・徳育・体育の調和のとれた、品性に満ち国際感覚豊かな未来に輝いて生きる女性の育成を理想に掲げ、その実現に向かって邁進しています。

### 教育目標

伸びやかなやさしい心と、健やかな体を育て、自ら学び、自ら行動する力が生き生きと芽吹くような土台作りを教育目標にしています。

### 基礎学力の充実と英語学習、水泳授業、情報教育

**英語学習●**１年生から始まる週２時間の英語授業では、音声面を重視したネイティブスピーカーとのチームティーチングを行い、もう１時間は少人数制で多くのやりとりを楽しみます。３年生になるとネイティブスピーカーによる授業を含め、英語授業は週３時間に増加します。小学校卒業までに英検３級取得が目標です。
**水泳授業●**温水プールを利用し、年間を通した水泳教育にあたります。各学年の達成目標を定め、６年間で４泳法を身につけます。
**情報教育●**課題解決のために必要な論理的な思考を身につけていくよう指導しています。メディアルーム、情報処理室での授業に加え、４学年から一人１台のiPadを持ち、各教科にてICTを効果的に活用しています。
**蓼科学習●**６年間を通じ、自然観察やスキーを含む学年に応じた体験学習を長野県蓼科高原の本学園山荘を拠点に行っています。
**放課後活動●**放課後も、学内で安全安心を保ち、多彩なプログラムを用意しています。

**上級学校に進むには**　小学校から中学校へは、原則として小学校の推薦により全員が進学できます。

### 豊かな人間性と個性の伸長をはかり、こころの教育を重視

学校長　川村　正澄

学園の創立者川村文子の教育理念を基盤とし、豊かな人間性と個性の伸長をはかることを教育の指針としております。

小学校は、学園の一貫教育体系の第一歩として、基礎基本の徹底とともに複雑化する現代社会の中で、もっとも重視しなければならない『こころ』の教育を行っています。子どもは子どもらしく、生き生きと元気に過ごし、輝きながら育つ中からいたわりや思いやりを育て、めぐり合う諸問題に対応できる正しい判断力と勇気を兼ね備えた人間を育てたいと思っております。

### 沿　革

1924（大正13）年、川村文子によって川村女学院創立。1927（昭和２）年幼稚園を、1932（昭和７）年に小学校開設。以来、教育内容や施設の充実に努め、現在では、幼稚園から大学・大学院までの一貫した教育体系を整えている。

### 2025年度募集要項

募集人員（女子）：[自己推薦個別審査]約25人
　[一般個別審査]前期約40人、後期約15人
出願書類提出：10月１日〜10月28日（WEB出願後郵送・消印有効）後期のみ11月５日持参
受験料：25,000円
選考日：[自己推薦個別審査]11月１日午前
　[一般個別審査]前期11月１日午後、11月２日午前・午後
　後期11月５日午前
選考内容：
　[自己推薦個別審査]行動観察、運動機能、親子面接
　[一般個別審査]行動観察、運動機能、保護者面接
合格発表：[自己推薦個別審査]11月１日
　[一般個別審査]前期11月１日、11月２日
　後期11月５日
【かかる費用】
入学金：300,000円
授業料（年額）：420,000円
その他（年額）：441,600円
※給食費140,400円（年額）を含む
※鶴友会入会金（初年度のみ）3,000円を含む

### 併設中学進学状況

◆川村中学校（70%）
※成績等が基準に達した者は全員が進学可能

### データパック

◆児童数476人／教員数33人
◆24年度応募者数：女子自己推薦53人、第１回162人、第２回162人、第３回202人
◆合格者数：女子自己推薦47人、第１回38人、第２回32人、第３回23人
【併設校】
○川村学園女子大学付属保育園
○川村幼稚園
○川村中学校・高等学校
○川村学園女子大学・大学院

# 暁星小学校

[理事長] 柿山　隆
[校　長] 吉川　直剛

〒 102-0071　東京都千代田区富士見 1-1-13　TEL 03-3261-1510　https://www.gyosei-e.ed.jp/
【交通】JR中央・総武線飯田橋駅、東京メトロ東西線・有楽町線・南北線・都営大江戸線飯田橋駅、東西線・半蔵門線・都営新宿線九段下駅

## 家庭的な雰囲気で、"子どもの心を豊かにする" 教育を実践

▼　　　　▼　　　　▼

### 「感じる心」「考える力」「実行する力」を養う

　暁星小学校が明治 21 年の創立以来一貫して掲げてきた教育理念は、キリスト教の精神を基礎として、「自分を大切にする」「他者を大切にする」「神を大切にする」心を育て、十全な人格を形成することです。

　これからの社会は、さまざまな考え方や個性・能力をもった人たちが、ともに学び合い、支え合い、協力し合いながら共生していく考え方、生き方が大切です。それを支える「感じる心」（想像力と感性）、「考える力」（思考力と創造性）、「実行する力」（活力と実践力）を育てること、基盤となる基礎学力をしっかりとつけること、それが暁星の目指す教育です。

　本校には「困苦と欠乏に耐え、進んで鍛錬の道を選ぶ、気力のある少年以外はこの門をくぐってはならない」という言葉が伝えられています。この精神を現代にふさわしい形でとらえ、望ましい形での「鍛える教育」を大切にしていきます。そして、次世代を担うリーダーにふさわしい「精神性と社会性」を培っていきます。

### キリスト教精神を基礎に、十全な人格を形成

　本校は、キリスト教精神をその教育信念の根底に置き、家庭的な雰囲気作り、児童の人格を尊重、賢明なる時代への適応を建学の精神として、児童の人間形成に力を注ぎます。

### 国際的視野を養い、児童の人格を高める教育

**宗教教育●**宗教的情操と道徳性を育成するため、カトリック精神に基づく宗教教育を施し、正課としての宗教の授業と課外での宗教活動を行っています。
**外国語教育●**外国語の早期教育を図ることによって、外国語に対しての親しみと共に楽しみながら学べるようにしています。それにより、国際的視野と感覚を養うことを目標としています。
**生活指導●**集団生活を通して社会性を培い、児童の人格を高めるために、生活指導を行っています。

**上級学校に進むには**　進学テストを含め、総合的な評価で、系列中学校への進学者が決定されます。

---

**生活指導と合宿教育を通して児童の人格の形成に努めています**

校長　吉川　直剛

　本校は、知的教育のみに偏ることなく、キリスト教精神に基づいた生活面での指導にも心がけています。そのため、宗教教育、外国語教育と並行して、那須の施設を利用して自然と触れ合う合宿教育、宗教的情操を培うのに役立つ聖歌隊、心身を鍛えるサッカーなどに力を入れています。これらすべての教育活動を通して、調和ある人格の形成に努めています。

### 沿革

　明治 21 年、G・J・シャミナード神父によって創立されたカトリック修道会「マリア会」会員 5 名が来日。小規模な学校を開き、暁星学校と名づける。明治 23 年、暁星小学校と改称。明治 32 年に中学校、昭和 23 年に高等学校、昭和 44 年には幼稚園の設立が認可され、幼・小・中・高一貫教育体制が整う。平成 11 年、小学校校舎の新築工事竣工。令和 5 年、創立 135 周年を迎える。

### 2024年度募集要項 [前年度]

募集人員：男子 120 人（含内部進学 40 人）
出願期間：10 月 1 ～ 2 日（オンライン出願）
考査料：25,000 円
選考日：一次　11 月 2 日
　　　　二次　11 月 4 日
　　（二次試験は、一次試験合格者のみ受験し、保護者の面接も実施）
選考内容：ペーパー試験・実技・面接ほか
合格発表：一次　11 月 3 日（Web）
　　　　　二次　11 月 5 日（Web）

【かかる費用】
入学金：300,000 円
施設費：125,000 円
維持費：204,000 円
授業料：約 480,000 円
※ほかに、後援会・校友会費などがある。
初年度納入金総計：約 1,266,000 円

### 併設中学進学状況

◆暁星中学校
※成績等が基準に達した者は全員が進学可能

### データパック

◆児童 711 人／教員 46 人
◆ 24 年度応募者数：544 人
◆合格者数：120 人

【併設校】
○暁星幼稚園
○暁星中学校・高等学校

# 国立音楽大学附属小学校

[理事長] 重盛　次正
[校　長] 松本　絵美子

〒186-0005　東京都国立市西 1-15-12　TEL 042-572-3531　http://www.onsho.ed.jp/
【交通】JR中央線国立駅より徒歩 13 分　JR南武線矢川駅よりバス約 5 分、「音高」下車 5 分

## 豊かな感性・知性を土台とする人間形成

▼　　　▼　　　▼

〇一人ひとりの子どもを尊重する教育
〇非認知能力の育成に重きを置く教育
〇音楽を学びのエンジンとする教育

## 特色ある音小の教育

●音楽に関わる学習（音楽、器楽、リトミック、コーラス）を豊富に取り入れ、豊かな情操を育成します。
●入学時から歌やゲームを通して、耳から覚える英語教育を実践します。
●全学年少人数教育をすすめ、基礎的な学習を徹底します。
●自然体験を豊富に取り入れた学校行事を推進します。
音小教育●本校は音楽活動や造形活動など芸術活動を情操教育の中心に据えて、豊かな感性を育むとともに、基礎・基本の学習に力点を置いて全人教育を目指しています。平成 19 年度からは全学年少人数学級を編制し、基礎的な学習にじっくり取り組んでいます。
　宿泊行事では、「防災泊」「森の学校」「星の学校」「夏の学校」「山の学校」「冬の学校」の宿泊の内容を工夫・改善して、人と人との関わりの中で、実り多きものを獲得し、「生きる力」を身に付けていきます。

## 独自の教科カリキュラムを編成

　理科、英語、音楽、造形等、独自の教科カリキュラムを編成して学力向上に努めています。

| 上級学校に進むには | （1）日常の学習状況や生活の様子、音楽的能力を勘案し、附属小学校の推薦により附属中学校へ進学できます。附属中学校には「演奏創作コース」「総合表現コース」があります。（2）附属中学校では、事前に本校全学年の保護者向け説明会を実施しています。 |
|---|---|

### すべての子どもが居場所を見つけ、自己実現ができる学校

学校長　松本　絵美子

　国立音楽大学附属小学校は、一人ひとりの考えや答えを出すまでのプロセスを大切にしています。また、小学生の時期に非認知能力を育成することが大変重要であると考え、本物に触れる体験学習を積極的に取り入れています。
　さらには、音大附属小学校としての強みを生かした多彩な音楽カリキュラムにより、表現力、創造力、技能、協調性、根気強さなどを育んでいます。

### 沿　革

昭和 28 年（1953）、国立音楽大学内に開校。
昭和 39 年（1964）、低学年少人数による 3 クラス編制。
昭和 59 年（1984）、30 周年記念式典。
平成 18 年（2006）8 月、新校舎完成。
平成 19 年（2007）、全学年少人数クラス編制。

### 2025年度募集要項

募集人員：第 1 回 男女 60 人
　　　　　第 2 回・第 3 回・第 4 回 若干名
出願期間（Web）：第 1 回 10 月 4 日〜 10 月 30 日、第 2 回 10 月 4 日〜 11 月 12 日、第 3 回 10 月 4 日〜 12 月 4 日、第 4 回 10 月 4 日〜 1 月 9 日
入学検定料：23,000 円（未定）
選考日：第 1 回 11 月 2 日　第 2 回 11 月 15 日
　　　　第 3 回 12 月 7 日　第 4 回 1 月 15 日
選考方法：お話を聞いて問いに答える、歌を歌う、音楽に合わせて体を動かす、基本的な運動、みんなでなかよく遊ぶ、保護者面接
合格発表日：第 1 回 11 月 3 日　第 2 回 11 月 15 日
　　　（発送）　第 3 回 12 月 7 日　第 4 回 1 月 15 日
【かかる費用（2024年度参考）】
入学金：210,000 円
授業料：459,000 円
ほかに施設設備費、維持運営費など

### 併設中学進学状況

◆国立音楽大学附属中学校（一）
※成績等が基準に達した者は全員が進学可能

### 2024年春の合格実績

（公立）立川国際中等教育学校、都立武蔵高附など　（私立共学）青山学院、成城学園、中央大附、開智、西武学園文理など　（私立男子校）立教新座など　（私立女子校）富士見など

### データパック

児童数 284 名 / 教員数 29 名
【併設校】
〇国立音楽大学附属幼稚園
〇国立音楽大学附属中学校
〇国立音楽大学附属高等学校（普通科、音楽科）
〇国立音楽大学
〇国立音楽大学大学院

# 国立学園小学校

[理事長] 永井多惠子
[校長] 佐藤 純一

〒186-0004　東京都国立市中2-6　TEL 042-575-0010　https://www.kunigaku.ac.jp/elementary/
【交通】ＪＲ中央線国立駅徒歩10分

## 美しい樹木に囲まれた環境で 豊かな人間性を培う

▼　　　▼　　　▼

## 国立学園の教育目標

◎豊かな人間性を培う
自分の人生を創り上げていくことのできる子どもを育てます。

◎自ら考え、自ら学び、自ら行動する子ども
自ら考えて学習する子ども
友と助け合って活動する子ども
心も体も健康な子ども

## 教師・児童・保護者の一体化を目指す

　教師・児童・保護者の一体化をめざしています。学級担任を中心に各教師は相互連絡、連携を密にするよう努力を払っています。そして、児童一人ひとりをよく理解することを基盤に、その子の良さを認め、励ますことによって指導効果をいっそう高めます。さらに、保護者との面談を随時行うなど、連携協力も密に行っています。

## 児童の特性を伸ばす教育と進学指導

**教科担任による専科制**●低学年では音楽、図工、体育、読書、英語が、3年生からは全教科が専任教師によって指導されます。さらに5、6年生の算数と6年生の国語は、二人の教師が指導にあたります。
**5日制**●7年間に渡り児童の実態の分析・検討、そして、教育の内容・方法の改善、充実を図り、1992年4月より完全週5日制を採用しています。
**習熟度別編成**●6年生の11月から習熟度別編成のきめ細かな指導によって、より自分にふさわしい学習を進め、わかる喜びと学習への励みをいっそう持たせることにより、さらに力を伸ばします。
**進学指導**●それぞれ異なった成長をしている一人ひとりの子どもについて、関係教師全員による連絡会議を持ち、児童の特性を伸ばす指導に努めています。また、児童の進学先中学校を訪問し、進学後の生徒の状況や学校の特色などの把握に努め、分析・検討して進学指導に役立てています。

### 沿　革

　1926年4月、樹林の美しい国立の地に模範的な学園都市の建設を企画した堤康次郎により、その企画の一環として開校された。1951年に学校法人となり、1954年4月には幼児教育の重要性をかんがみ、附属かたばみ幼稚園を開園。新しい時代の教育にふさわしい環境をめざして、1986年には教室の全面改築、2005年末には新しい体育館とプールが完成。2026年に創立100周年を迎えます。

### 2025年度募集要項

募集人員：男女105人（内部進学者を含む）
出願期間：Ⅰ日程10/1～10/8
　Ⅱ日程10/1～11/7　Ⅲ日程10/1～11/21
出願手続き：Web（学校HPへアクセスの上、
　ミライコンパスでの出願）
入学検定料：25,000円
面接日：未定（10月中旬）
考査日：Ⅰ日程11/1・2　Ⅱ日程11/9
　Ⅲ日程11/23
選考内容：考査、保護者同伴面接 ほか
合格発表：Ⅰ日程11/3（11/2夜　HP有）
　Ⅱ日程11/9　Ⅲ日程11/23
【かかる費用（2024年度参考）】
入学金：360,000円
授業料その他：650,400円

### 2024年春の合格実績

【国立】筑波大附駒場、東京学芸大附小金井各2、都立武蔵高附1 など
【共学】栄東22、西武学園文理16、開智所沢14、国学院大久我山7、三田国際学園、渋谷教育学園幕張各3、渋谷教育学園渋谷2 など
【男子】世田谷学園、桐朋各6、立教新座5、海城巣鴨各3、麻布、開成、城北、東京都市大付、武蔵、早稲田各2、駒場東邦、芝、栄光学園各1 など
【女子】晃華学園、浦和明の星女子4、桜蔭、立教女学院各2、吉祥女子、共立女子、豊島岡女子学園、洗足学園、日本女子大附各1 など

### データパック

◆児童数560人／教員数43人、カウンセラー1人
◆24年度応募者数：—
◆合格者数：105人（かたばみ幼稚園からの内部進学者約17人）
【併設校】〇国立学園附属かたばみ幼稚園

## 中学受験が自ら考えて行動する力を育てる

　これからの時代を生き抜いていくには、どうしても「自ら考えて行動する力」が必要です。それには、子どもにやる気を起こさせる機会、選択する機会がないといけません。そうしないとチャンスは生まれてきません。
　本校は、6年生のほぼ全員が自由募集の中学受験をする進学校です。
　自分を見つめ直し、自分の道を切り拓くことができる中学受験という選択は、お子さんにとって、自分の力をぐんと伸ばし、自分の力を試す大きなチャンスになります。

# 国本小学校

［理事長］辻　さくら
［校　長］白井　智子

〒157-0067　東京都世田谷区喜多見8丁目15-33　TEL 03-3416-4721　https://kunimoto.ac.jp/primary/
【交通】小田急線喜多見駅から徒歩約2分

## ぼくも私もみんなが主役!!
## 少人数制を生かして一人一人を大切に育てます。
2025年度より20名1クラス（3クラス体制）となります。

▼　　　▼　　　▼

## 7つの教育の特色

　心身ともに大きく成長する小学校の6年間、知育と同様に徳育や体育にも目を向け、明るく元気な児童を育てるため、特色あるカリキュラムを組んでいます。
**命のカリキュラム**●命の尊厳を知るための学習を教科や学校生活の中に取り入れ、友達やあらゆる生き物をいたわる気持ちを育てます。
**少人数制教育**●児童一人ひとりの状態を正確に把握し、十分な配慮が行き届くよう1クラス25名前後の少人数制教育を実施しています。
**教師の熱意**●「よき授業・面白くて実のある授業」を研究課題として、全教員が熱意をもって教育に取り組んでいます。研究授業も随時行い、教授力アップを心がけています。
**土曜授業**●土曜日は隔週で普通授業を実施。また、学習につまずいた児童には放課後に補習時間を設けるなど、支援体制も整えています。
**基礎学力の徹底**●学習を長い目で捉え、基礎学力の徹底を図るため、高学年の算数の授業は習熟度別クラス（4クラス編成）で行っています。
**文化活動・スポーツの充実**●情操教育や健康なからだづくりを目的に、音楽発表会や学芸会といった学内行事をはじめ、金管クラブや課外のサッカー部、ミニバスケットボール部といったクラブ活動にも力を入れています。
**心を育てる**●「感謝のできる子」「明るく元気な子」「素直な子」「思いやりのある子・物を大切にする子」を育てます。

## 心を豊かにする情操教育

　音楽や美術、劇などの芸術活動に積極的に取り組み、児童の感性を高める教育を推進しています。音楽発表会では全校で合唱を行い、300人が心を一つにしてベートーヴェンの第九をドイツ語で披露します。学芸会では、1～5年生が学年ごとに劇を発表。「みんなで考えみんなでつくりあげる」という喜びを経験することで、思いやりや規律を身に付けていきます。また美術面では教室や廊下に児童の図工作品や習字を常時飾り、高学年は美術館を見学します。

## 英語によるプログラミング学習

　プログラミング言語は英語です。1年生から全学年とも学齢に応じて外国人スタッフが英語で授業します。プログラミング技術をマスターするために子どもたちは真剣にネイティブ講師の説明を聴き、英語力も向上します。英語教師と担任教師が学習支援していきます。

## 放課後プログラム（アフタースクール）開校

　お仕事を頑張るお父様お母様にも寄り添い、7時30分から登校することができます。2024年9月からは学校内でアフタースクールを開校し、19時まで学校で生活することができるようになります。

| 上級学校に進むには | 女子は小学校長の推薦を受け内部進学制度を利用するか、一般受験生と同様に試験を行い、合格すれば国本女子中学校への進学が可能です。 |
| --- | --- |

### 沿　革

　創立者有木春来。1942（昭和17）年に國本高等女學校が開校。その後、1947（昭和22）年の学制改革により国本女子中学校と、国本女子高等学校に移行した。小学校は男女共学校として1954（昭和29）年に設立した。2024年度で創立70周年を迎える。

### 2025年度募集要項

募集人員：1次男女60人（20名3クラス編制）
　　　　　2次男女若干名
出願期間：1次10月4日～11月4日11:30まで
　　　　　2次10月4日～11月15日11:30まで
　　　　　※本校ホームページよりWeb出願
面接日：出願後に日時を予約
試験日：1次11月6日　2次11月18日
　　　　〈親子面接は事前にあり〉
発表日：1次11月7日　2次11月19日
　　　　※本校ホームページ合格発表サイトにて
選考料：20,000円
【かかる費用（2024年度参考）】
入学金：160,000円　施設費：100,000円
授業料（月額）：36,000円　維持費（月額）：6,000円
教材費：30,000円　ICT関連：6,000円
給食費：1食600円

### 2024年春の合格実績

【男子】栄東、国学院大久我山、東京都市大付、暁星、早稲田、東京都市大等々力、渋谷教育学園幕張、芝、立教新座、海陽中等教育学校、桜修館中等教育学校、開智日本橋学園、青稜、三田国際学園、大宮開成、麻布、高輪、本郷、明大付中野、西大和学園、愛光、開智所沢など
【女子】東京農大一高中等部、栄東、共立女子、専修大松戸、鷗友学園女子、淑徳与野、カリタス女子、国学院大久我山、成城学園、玉川学園、三田国際学園、西武学園文理、吉祥女子、恵泉女学園、女子学院、普連土学園、日本女子大附、浦和明の星女子、明治学院、国本女子など

### データパック

◆児童数／教員数：301人／32人
◆24年度応募者数：男子63人、女子54人
◆合格者数：男子26人、女子28人
【併設校】
○国本幼稚園
○国本女子中学校
○国本女子高等学校

東京都渋谷区

# 慶應義塾幼稚舎

[塾　長] 伊藤　公平
[舎　長] 杉浦　重成

〒 150-0013　東京都渋谷区恵比寿 2-35-1　TEL 03-3441-7221　http://www.yochisha.keio.ac.jp/
【交通】東京メトロ日比谷線広尾駅下車徒歩 5 分

## 「独立自尊」の教えのもと、
## 「独立」とともに「共生」を、「自尊」に加えて「他尊」を目指す

▼　　　▼　　　▼

### わが国最古の伝統を誇る学舎

　慶應義塾幼稚舎は、1874（明治 7）年に福澤諭吉の委嘱を受けた門下生の和田義郎が、年少者の塾生を集めて教育を行ったのが始まりです。幼稚舎はわが国で最も古い私立小学校の一つで、2024（令和 6）年には創立 150 年を迎えました。

　社会全体の枠組みが大きく変化している今、古いものをただそのまま守るのではなく、合わなくなったものを改め、進取の精神をもってよいことを採り入れる、慶應義塾の伝統とは、そのようなダイナミックな過程を指しています。

　幼稚舎では、福澤諭吉の教育理念である「独立自尊」の教えを重視します。また、「独立」とともに「共生」を、「自尊」に加えて「他尊」を大切にする子どもたちの育成を目指しています。

### 6 年間担任持ち上がり制と教科別専科制

　特色としてまず挙げられるのが、6 年間担任持ち上がり制です。このシステムは 1898（明治 31）年、幼稚舎が純然たる小学校になってから続いているものです。6 年間クラス替えがなく、基本的に担任も代わりません。担任は長い目で、児童の成長と発達を見守ります。児童同士は、6 年間の共通体験をもとに友情を育みます。担任は国語や社会、算数などを受け持ちますが、それ以外の科目は、それぞれ専門性の高い専科教員が受け持ち、担任と同様に多くの専科教員が児童を見守ります。

### 厚みのある、慶應義塾ならではの教育

**健康とスポーツ●**「先ず獣身を成して、後に人心を養う」という福澤諭吉の言葉が示すように、体力育成と健康増進は幼稚舎教育の基本です。海浜学校や高原学校では、海や山に出かけ、大自然の環境に親しみ、集団生活のルールを学び、心身を鍛えます。

　身体の鍛練の一つとして「幼稚舎生皆泳」を目標に、卒業までには全員が 1000m を泳げるように努めています。

**国際交流●**イギリスのドラゴンスクールと長年にわたって交流しており、毎年 12 名程度の児童が互いの学校を訪問して一緒に授業やスポーツを行っています。教員スタッフの相互交流も推進しています。このほか、夏休みにはイギリスで行われるサマースクールや、慶應義塾ニューヨーク学院（高等部）の寮に宿泊し、ニューヨーク郊外でサマーキャンプに参加するプログラムなどがあります。また、ハワイのプナホウスクールとの交流プログラムもあります。

**豊富に用意された学校行事●**教室等における日々の授業が楽しくわかりやすく行われることは重要なことです。しかし、教育は単に教室等だけで行われるのではなく、全人格的な教育を行うには多様な場が必要だと考えています。そのため幼稚舎では様々な行事が用意されています。そして得意なもの、興味あるものを、この中から一つでも見付けて、自分から物事に働きかけていく姿勢を身につけてほしいと願っています。

**最先端の ICT 環境と情報教育●**教室には大型液晶ディスプレイと無線 LAN 環境が整備されているとともに、児童が 1 人 1 台のタブレット端末を使用できる ICT 環境を構築しています。情報の専任教員による最先端の教育のみならず、普段の授業から文房具の一つとして学習活動に採り入れています。

| 上級学校に進むには | 幼稚舎から中学校（普通部・中等部・湘南藤沢中等部）への進学は、幼稚舎長の推薦に基づいて行われますが、三つの中学のいずれに進学するかは、本人が自由に選択できます。 |

### 沿　革

　1874（明治 7）年、福澤諭吉の門人の一人、和田義郎の私塾が前身。当初は、和田塾と称していたが、1880（明治 13）年に、幼稚舎と称するようになった。1898（明治 31）年の全塾の学事改革により、幼稚舎は純然たる小学校になった。

### 2025年度募集要項

募集人員：男子 96 人、女子 48 人
志願書受付期間：10 月 1 ～ 2 日（郵送に限る）
受験料：30,000 円
選考日：11 月 1 日～ 11 月 10 日（予定）
合格発表：11 月中旬
【かかる費用】
入学金：340,000 円
授業料：960,000 円
教育充実費その他：330,000 円
初年度納入金総計：1,630,000 円

### 併設中学進学状況（2024年度）

◆慶應義塾普通部（男子 61 人）
◆慶應義塾中等部（男子 32 人、女子 47 人）
◆慶應義塾湘南藤沢中等部（男子 1 人、女子 0 人）
　※原則として希望者全員が進学可能

### データパック

◆児童数 864 人／教員数：専任 49 人、非常勤講師 25 人
◆2024 年度志願者数：男子 934 人、女子 598 人
◆合格者数：男子 96 人、女子 48 人

【併設校】
○慶應義塾横浜初等部
○慶應義塾普通部
○慶應義塾中等部
○慶應義塾湘南藤沢中等部・高等部
○慶應義塾高等学校
○慶應義塾志木高等学校
○慶應義塾女子高等学校
○慶應義塾ニューヨーク学院（高等部）
○慶應義塾大学
○慶應義塾大学大学院

# 啓明学園初等学校

[理事長] 夏坂　真澄
[校　長] 佐川　康博

〒196-0002　東京都昭島市拝島町5-11-15　TEL042-541-1003　https://www.keimei.ac.jp/primary/　【交通】京王線京王八王子駅よりスクールバス20分、JR中央線八王子駅よりスクールバス30分、JR青梅線・八高線・五日市線・西武拝島線拝島駅よりスクールバス6分、JR中央線立川駅よりバス25分

## 啓明学園の四つの標語

### 正直・純潔・無私・敬愛

創立者三井高維氏が、学園創立にあたり人格形成の基盤としてこの標語を採用しました。初等学校では、毎日の始まりに礼拝で四つの標語を唱えています。

## 豊かな人間性と独自の見識を持ち、世界を心に入れた人を育てる

▼　　　▼　　　▼

## 学園の教育方針

（1）キリストの教えから人間としての生き方、在り方を学ぶ。
（2）民族・人種の違いを越え、互いの人権と、一人ひとりの特性を尊重する。
（3）体験を通し、創造性を豊かにする。
（4）世界市民としての品性を身につける。

## 初等学校教育目標

「一人ひとりの特性を認め合い、しなやかに共に生きることのできる力を育み、個々の可能性を最大限に伸ばす」

友人と考え合い、伝え合い、聴き合う「学び合い」の中で、より奥行きのある「学び」の追究を教育活動の中に位置づけています。日々、つながり合い、学び合うことは、子どもが多種多様な事象にぶつかっても、先の見通しを持って、主体的に課題を考察し、他者と共に支え合いながら、新しい価値観を生み出し、立ち向かっていくことができる力につながっていきます。

## 世界につながる啓明の生活

1940年、啓明学園は、帰国生のための教育の場としてスタートしました。今も、初等学校の45％の子どもが「国際生（多様な言語経験を持つ子ども）」で、日本で生まれ育った子どもたちと、様々な生活背景を持つ国際生が共に学び合うことによって、異文化を尊重し合う気持ちが育まれていきます。そして、多様な人々と共に生きていく力、一緒に地球的課題に取り組む意識や行動力を身につけたグローバルな人間に成長していきます。

## 様々な経験を通して豊かな心を育てる

五感のすべてを使って、様々な人や物と出会い、触れ合うことで生まれる感動を大切にしています。人は感動すると、自分でできることを探ったり、行動しようという気持ちが生まれます。その気持ちを日々の学習につなげていくことで豊かな心が育まれます。

### 上級学校に進むには

啓明学園中学校への内部進学を受け、入学が許可された児童は啓明学園中学校に進学できます。

### 自らの創造性で人生を開拓できる人に

理事長・学園長　夏坂　真澄

1940年、軍靴の足音が響くなか、帰国子女を受け入れ、「広い視野のもと、豊かな人間性と独自の見識を持ち、世界を心に入れた人を育てる」ため、啓明学園はスタートしました。

現在もなお、在校児童の3割は国際生（帰国生や外国籍の児童）であり、さまざまな文化背景を持つ児童がいる環境は、広い視野でものごとを考えることを可能にしてくれます。また、上級生は外国語スピーチコンテストに参加するなど、英語教育も充実しています。3万坪の自然に満ちた環境のなか、1学年2クラスの少人数の学校だからこそできる、児童一人一人を見つめ、個性を伸ばす教育を実践しています。

## 特色

建学以来、帰国子女教育を実践してきました。45％の児童が多様な言語経験を持つ「国際生」であり、海外姉妹校との交流などを通して、英語を実際に使う機会も多いです。多彩なゲストを招いたり、クラスメートの国際生徒の学び合いを通して日常生活が国際交流の場となっています。

## 2025年度募集要項

募集人員（学び創造コース、英語特進コース）：
第1回男女約50人　第2～4回男女若干名
出願期間（Web出願）：
　第1回 10/2（水）～10/26（土）
　第2回 11/3（日・祝）～11/7（木）
　第3回 11/10（日）～12/5（木）
　第4回 12/8（日）～2025/1/9（木）
考査料：25,000円
考査内容：面接（児童・保護者別）、個人作業・集団行動
考査日：
　第1回 11/1（金）　第2回 11/9（土）
　第3回 12/7（土）　第4回 2025/1/11（土）
合格発表：
　第1回 11/2（土）　第2回 11/9（土）
　第3回 12/7（土）　第4回 2025/1/11（土）
【かかる費用（2024年度参考）】
入学金：320,000円
授業料：549,600円
施設費：151,800円
教育充実費：148,200円
冷暖房費：30,000円
児童会費：6,000円
親の会会費：18,000円
初年度納入金合計：1,223,600円（入学金を除く）

## 併設中学進学状況

◆啓明学園中学校
※全体の80～90%が進学

## データパック

◆児童数226人／教員数35人

【併設校】
○啓明学園幼稚園
○啓明学園中学校・高等学校

41

# 光塩女子学院初等科

[理事長] 西岡　まゆみ
[校　長] 影森　一裕

〒 166-0003　東京都杉並区高円寺南 2-33-28　TEL 03-3315-1911　https://shotouka.koen-ejh.ed.jp/
【交通】ＪＲ中央線高円寺駅、東京メトロ丸ノ内線東高円寺駅・新高円寺駅

## あなたがたは、世の光、地の塩である

▼　　　▼　　　▼

### 光塩女子学院の教育方針

　カトリックの精神に基づき、一人ひとりが世の光、地の塩であることを自覚させています。すなわちローソクが自らは燃えて他を照らし、塩が自らは溶けて味を付けるように、他者のために喜んで生きるよう努力する女性を育てることを教育方針に掲げています。

### 愛と奉仕の精神を実行する

　一人ひとりがかけがえのない大切な存在であることに気づき、自分自身を受け入れ、互いに支え合って生きていくこと。常に感謝の気持ちを持ち、愛と奉仕の精神を日常生活の中で体験し、実行するよう心がけています。

### 心の通った、きめ細やかな授業

　カトリックの価値観に基づき、学習指導や生活指導を行います。また、基礎学力の充実と応用力の向上を目指し、独自のカリキュラムを編成しています。
**共同担任制**●学年を 3 〜 4 人の担任が協力して受け持ちます。また、教科を専科で受け持つ教科専科制をとり、教科内容の充実と教科技術の向上を図り、きめ細かい指導を行います。
**ICT** ● 1 年生 4 月から個人持ち iPad を活用し、卒業までにデジタルとアナログの使い分けが上手にできる子どもを育てます。ご家庭と学校間の連携も ICT を活用し、密に行います。
**語学**●外国人教師と専任教師のティーム・ティーチングによる英語学習が 1 年生より週 2 時間あります。また、3 年生から 6 年生の希望者を対象に、週 1 回放課後スペイン語教室を開講しています。
**注文弁当**●お昼ご飯は学校からお弁当を注文するか、ご家庭からお弁当をお持ちいただくかの選択制です。
**日記指導**● 1 年生から日記指導を行うことで、文章表現の心と技術だけでなく、児童と教師の心の交流の場として生活指導にも役立てています。
**学校行事**●小・中・高合同の親睦会（バザー）などにより、和やかな雰囲気の中で総合学園としての奉仕と一致の精神を強めています。また、長野県四阿高原の光塩山荘で 4・5 年生が学年ごとに共同生活を行い、人と自然への愛と理解を深めます。その他に、年に 2 回全校ミサ、運動会、クリスマス会などがあります。

**上級学校に進むには**
　一貫教育を原則としているので、初等科からの推薦で中等科に進学できます。

### 学院の創立者　マドレ・マルガリタ

　学院の設立母体は、スペインを発祥の地とし、世界の各地に広がるカトリック、ベリス・メルセス宣教修道女会です。この会の歴史は古く、13 世紀ペトロ・ノラスコによって創立され、マドレ・マルガリタによって、宣教会に改められました。
　つねに、社会の必要に対応して貢献するための活動を続けてきましたが、光塩女子学院は日本における活動の場として、高円寺の地に設立されたものです。
　設立当時は、5 年制の高等女学校でしたが、変遷を経た後、幼稚園、初等科、中等科、高等科となりました。

### 沿革

　1931（昭和 6）年、光塩高等女学校開校。1947（昭和 22）年、学制改革により光塩女子学院と改称、高等科と中等科、初等科、幼稚園を置く。その後、山口県に姉妹校として萩光塩学院、広島県廿日市市に聖母マリア幼稚園、東京に日野幼稚園などを開設する。

### 2025年度募集要項

募集人員：女子 80 人
出願期間：10 月 1 日〜 10 月 11 日（必着）
受験料：23,000 円
試験日（児童テスト）：11 月 4 日
　（保護者同伴面接）：10 月 23 日、26 日、11 月 5 日
合格発表：11 月 6 日※ Web 発表
【かかる費用（2024年度参考）】
入学金：300,000 円
施設設備資金：60,000 円
授業料：38,000 円（月額）
教育充実費：11,000 円（月額）
初年度納入金：948,000 円
他に、学校債（任意）1 口 50,000 円（2 口以上）など

### 併設中学進学状況

◆光塩女子学院中等科

### データパック

◆児童数 490 人／教員数 34 人
◆ 24 年度応募者数：女子 284 人
◆合格者数：女子 80 人（光塩幼稚園、光塩日野幼稚園からの内部進学者を含む）

【併設校】
○光塩幼稚園
○光塩日野幼稚園
○光塩女子学院中等科・高等科

東京都目黒区

# サレジアン国際学園 目黒星美小学校

[理事長] 鈴木　裕子
[校　長] 小島　理恵

〒152-0003　東京都目黒区碑文谷2-17-6　TEL 03-3711-7571（代）　https://www.meguroseibisho.ed.jp/
【交通】東急東横線 学芸大学駅　JR目黒駅よりバス（大岡山小学校行き「サレジオ教会」下車）

## 神様から与えられた一人ひとりを
## 大切に育てます

▼　　　▼　　　▼

### 聖ヨハネ・ボスコの教育

　私たちの教育は、一人ひとりをかけがえのない存在として大切にされる神の愛に基づいた教育です。児童・保護者・学校が一つとなり、家庭的雰囲気の中で教育共同体を築きます。「愛情から信頼が生まれ、信頼から教育が生まれる」という聖ヨハネ・ボスコの言葉を大切に、子ども達との関わりの中で知性を磨き、心を鍛え、正しい判断力と自由な選択能力を養えるよう導き、社会と人々に積極的に貢献できる自立した人間を目指します。

### いつも子どもと共に

　授業だけではなく休み時間も子ども達と共に過ごすことで、親しみの中で信頼関係を築いていきます。教師が共に喜びを体験することが子ども達の満足感にも繋がり、一人ひとりが神様からいただいた力を他者のために使う素地をつくっていきます。

### 特色あるサレジアン国際学園目黒星美小学校の授業

**国際教育●**将来、世界に向けて他者のために力を使うには、自らの心を世界に向けて開かせていくことが大切です。そのためには、未知なるものへの興味関心を持ち、積極的に挑戦していく能動的態度と、出会ったものに心を寄せて受け入れていく素直な受動的態度の育成が不可欠です。本校では両方の態度を養うために、国際教育に【言語教育】と【心の教育】2本の柱を設けています。（21ページ参照）
**フィールドワーク学習●**2年生から6年生まで、宿泊を伴ったフィールドワークを系統的に行っています。2年生の山中湖での秋の自然教室から始まり、3年生の菅平高原学校、4年生の志賀高原学校、5年生の尾瀬高原学校と夏の合宿、6年生の美ら島学校（沖縄）とスキースクール（白樺高原）と、計7回の合宿を実施しています。自然の中で寝食を共にし、神様の存在を感じることで、豊かな心が育まれます。
**1年生からの専科教育●**英語をより身近なものに感じられるよう、英語は少人数での授業を取り入れたり、オールイングリッシュで行ったりと、子ども達が主体的に参加できるよう工夫して行っています。英語だけではなく、豊かな心を育むための宗教教育、音楽、図画工作、体育等も、低学年から専科教員による授業を導入しています。

**上級学校に進むには**　サレジアン国際学園世田谷中学高等学校への内部進学制度あり。

### 聖ヨハネ・ボスコ（ドン・ボスコ）

　設立母体であるサレジアン・シスターズは、1872年に聖ヨハネ・ボスコにより創設され、共創立者聖マリア・ドメニカ・マザレロを初代の総長として、教育事業と社会福祉事業の面で活動してきました。
　聖ヨハネ・ボスコは19世紀、北イタリアのトリノで生まれ、産業革命後の激動の社会の中で、すさんでいく子ども達を見かね、キリストの愛と、常に子どもとともにという考えの上に立って、理性・宗教・慈愛を柱とする予防教育法をもって、青少年の健全な育成のために一生を捧げました。
　聖ヨハネ・ボスコの唱えた教育の精神こそ、Walk with Children ～いつも子どもとともに～ という本学園の精神の基盤になっています。

### 沿　革

　明治5年、サレジオ会の創立者、聖ヨハネ・ボスコ（ドン・ボスコ）が学校の設立母体である扶助者聖母会（サレジアンシスターズ）を創設。昭和29年、目黒区碑文谷に学校法人星美学園第二小学校を開校。昭和31年、学校法人目黒星美学園と改称。昭和35年に中学校、昭和38年には高等学校を開設。平成28年度より学校法人星美学園と合併。令和5年4月よりサレジアン国際学園目黒星美小学校に校名変更。令和6年、小学校創立70周年を迎える。

### 2025年度募集要項

募集人員：男女AB計102人　定員120人
出願期間：
　A日程9月21日～10月6日（インターネット）
　　　　10月1日～10月7日（郵送、消印有効）
　B日程11月3日～11月10日（インターネット）
　　　　11月5日～11月11日（郵送、消印有効）
受験料：20,000円
面接日：
　A日程10月19日または10月26日
　B日程11月16日
考査日：
　A日程11月1日、B日程11月21日
合格発表：
　A日程11月2日、B日程11月22日

【かかる費用（2024年度参考）】
入学金：250,000円
施設設備費：150,000円
授業料：42,000円（月額）
教育充実費：7,000円（月額）
ほかに預り金35,000円（年額）、後援会費、合宿積立金、ICT関連費など
初年度納入金総計：1,161,000円

### データパック

◆ 児童数 624人（男子290人、女子334人）／教員数 42人＋非常勤4人
◆ 24年度受験者数：男子190人、女子131人
◆ 合格者数：—

【併設校】
○サレジアン国際学園世田谷中学高等学校

| 男子 | 女子 | | 中 | 高 |
|---|---|---|---|---|

# 品川翔英小学校
しょうえい

[理事長] 小野　時英
[校　長] 小野　時英

〒140-0015　東京都品川区西大井1-6-13　TEL 03-3774-1151（代）、1157（小学校直通）　https://shinagawa-shouei.ac.jp/primaryschool/
【交通】JR・東急・りんかい線大井町駅、相鉄線・JR西大井駅、東急バス・大井本通り、スクールバス5系統

## 頭と心と体のバランスの良い教育が人を創る

▼　　　　▼　　　　▼

### 建学の精神

頭―低学年は体験学習を通して基礎学力をつける。
　　中学年は調べ学習を通して自学自習の精神を養い発展学習をする習慣をつける。
　　高学年は小野時間の学習を通して先取りの授業をし、問題集を使う事で応用力をつける。
　　（※小野時間―30分の7時間目の授業で先取り授業を行っている）
心―各学年を縦割りにして行事や奉仕活動をする事で協力性や協調性や責任感を養い社会
　　性を育てている。
体―体力づくりのために縄とび大会などを行っている。また春秋2回の運動会をやる事で
　　継続した指導を授業の中に取り入れ、体が頭と心を支えるようにしている。

### 校訓

○自主…自主的に未来を切り拓く力
○創造…新たな価値を創造する英知
○貢献…未来へ飛翔し、貢献する心

### 笑顔身近に　夢間近に

　児童一人ひとりの性格や個性を、その顔や名前と同じように、すべての教師が把握して
いる学校。それが品川翔英小学校です。学園全体が家庭や近隣社会と同じような、温かい
人間関係で築かれています。児童それぞれの疑問や直面する課題に、常に適切な対応がで
きるように、そして心通う指導や励ましができるように、私たちはいつでも真剣に児童と
向かい合っています。

### 一人ひとりの学習ニーズに合わせたきめ細かな指導

**オリジナルテキスト**●四教科中学受験への対応として、算数と理科の授業を品川翔英小学
校オリジナルテキストを併用し、発展学習や複合問題にも対処しています。
**学級担任制と教科担任制**●学級担任制により教師が児童一人ひとりをよく把握し、多面的
な視点から指導するとともに、音楽・図工・体育・生活科・家庭・書道、そして英語（1
年生から日本人、外国人講師による）、理科（学年によって）は専科教諭が指導に当たり、
小学校の範囲を越えた指導など大きな成果を上げています。
**発育過程に応じた教育**●4年生から6年生は授業の中で応用力をつけるために、中学受験
用の4教科の問題集を併用し、実践的な力を養っています。また5・6年生は模擬テストを
行い、結果を進路指導に適用しています。
　なお、英語では国際社会に対応できるよう、早期語学教育を実践しています。また、希
望者には7月の下旬に8泊10日のオーストラリア海外研修も実施しています。

**上級学校に進むには**　12月に推薦入試を行う予定です。

### 6年後に広がる未来を創ります

理事長・校長　小野　時英

　本小学校は人間の基礎をつくる大切な児童期に、明るく豊かな人格の形成を図り、
児童一人ひとりの個性を伸ばし、知能を開発して、能力に応じた高度な教育を施すこ
とを目標に、昭和23年学校法人小野学園により設立されました。幼稚園、小学校、中
学・高等学校を併設する総合学園です。以来、その目標達成に向けて男女共学校として、
きめ細かな徹底した教育を実施しています。すでに卒業生の多くは有能な社会人とし
て活躍し、医学・教育、その他あらゆる分野でその能力を発揮しています。

### 沿革

　昭和7年10月、品川区倉田町に京南家政女
学校設立。同27年大井小学校開校（校長　小
野時男）、同32年小野学園小学校に校名変更。
平成19年4月、小野時英小学校校長就任。同
21年、校舎を全面天然芝化する。同24年創立
80周年を迎え、新講堂・新第1体育館・大井
町自然再生観察園が完成。2020年4月、品川
翔英小学校に校名変更。

### 2025年度募集要項

【第1回入試】募集人員：男女40人
出願期間：10月1日〜10月18日※
選考日：11月1日（午前・午後）
　　　　11月2日（午前・午後）
合格発表：11月3日　インターネット
【第2回入試】募集人員：若干名
出願期間：11月3日〜11月20日※
選考日：11月23日
合格発表：11月23日
※第1、2回ともWeb出願。第1回のみ10月
に事前面接有。
　考査料は25,000円
【かかる費用（2024年度）】
入学金：250,000円
授業料：876,000円（積立金含む）〔年額〕
施設費：200,000円〔年額〕
初年度納入金：1,376,000円

### 2023〜24年春の合格実績

【男子】東京学芸大附世田谷、桜修館中等教育
学校、青山学院、早稲田実業、渋谷教育学園幕張、
東邦大付東邦、麻布、海城、巣鴨、早稲田、浅
野、栄光学園、慶應義塾普通部、星光学院など
【女子】桜蔭、大妻、吉祥女子、共立女子、頌
栄女子学院、白百合学園、東京女学館、豊島岡
女子学園、普連土学園、浦和明の星女子など

### データパック

◆児童数274人／教員数28人
◆24年度志願者数：男女117人
◆合格者数：男女76人
◆入学者数：38人
【併設校】
○品川翔英幼稚園
○品川翔英中学・高等学校
○品川翔英高等学校

# 昭和女子大学附属昭和小学校

[理事長] 山崎日出男
[校 長] 前田 崇司

〒154-8533 東京都世田谷区太子堂 1-7-57 TEL 03-3411-5114（直） https://es.swu.ac.jp/
【交通】東急田園都市線三軒茶屋駅下車、徒歩 7 分

## 「世の光となろう」を Global に発展させる
## 2030 年以降も選ばれ続ける学校創り改革が進行中

▼　　　▼　　　▼

### *2024年春、始動。*

　昭和小学校が創立以来 70 年間大切にしてきた、資質・能力を育成する教育基盤の上に、国語・道徳・社会以外の教科を英語で学ぶ「国際コース」と、STEAMS 教育の充実を図りながら、従来の昭和小学校の教育をブラッシュアップさせた「探究コース」を開設しました。それぞれに価値ある学びを重ねていきます。

### さらなる高みへ子どもたちを導きます。

　昭和小学校は、建学の精神『世の光となろう』と 3 つの目標『目あてをさして進む人』『まごころを尽くす人』『からだを丈夫にする人』のもと、創立以来子どもたちの確かで豊かな成長を支え続けてきました。加えて、変化がさらに加速する未来社会を見据え、目指す資質・能力の柱に『Lead yourself ～自分リーダーシップの発揮～』を掲げ、5 つのコンピテンシー「自分づくり・コミュニケーション・思考力・表現力・持続チャレンジ」を重点に教育の営みをすすめています。

　昭和小学校は Society 5.0 時代を見据え、これからも教育の価値創造に真摯に取り組み、未来に生きる子どもたちのために積極果敢な挑戦を続けてまいります。

### *Lead yourself ～自分リーダーシップの発揮*

**「自分づくり」主体的に知る・見つめる●**何事にも主体的に関わり、自分の良さや可能性を見つめ、豊かな自己理解につなげていくことが大切です。教科学習や宿泊行事、多彩なプログラム（ブリティッシュ・スクールとの交流、希望者参加のボストンフレンドシップツアー）などあらゆる活動で、自ら感じ取る「体験」を大切に探究的に学ぶ教育を進めています。

**「コミュニケーション」主体的に関わる●**近年重視されている非認知能力は、昭和小学校が長年「豊かな人間力」として育成してきた能力そのものです。多彩な異学年交流、周りのためを考える心の教育を通じて、積極的に他者と関わり、さまざまな価値観を認め合いながら、協働的に活動できる児童を育てます。敷地内には子ども園から大学院まで揃い、ブリティッシュ・スクールもあります。隣接するペンシルベニア州立テンプル大学の学生が英語の学習サポートをしてくれることもあります。

**「思考力」主体的に考える●**考える楽しさ、答えにたどり着いた達成感など「学ぶ喜び」を大切にしてこそ、学習への意欲・探求心を高め、主体的に学ぶ姿勢が身に付きます。どんな課題に対しても論理的かつ柔軟に考え、進んで解決策を見出すことができる児童を育てます。

**「表現力」主体的に使う・表す●**価値観が多様化する時代に大切なのは、自分が伝えたいことを魅力的に表現し、共感を得る力です。言葉を学び、言葉で表す機会が豊富にあります。習得した知識や技能を活用し、言語表現だけでなく身体表現や芸術表現なども取り入れながら、気持ちや考えを伝えあうことができる児童を育てます。

**「持続チャレンジ」主体的に動く・続ける●**自ら目標を見出し、それに向かってチャレンジし続ける児童を育てます。また、学び続けるために必要な気力や体力の増進を図る取り組みや学びの環境を整えています。

**上級学校に進むには**　昭和中学校への進学については推薦制度があり、小学校長の推薦を受けた者は進学できます。男子児童の進学については深い配慮がなされます。

### 沿 革

　大正 9 年、日本女子高等学院が発足。学制改革を経て、昭和女子大学、同短期大学、同附属高等学校および中学校となる。わが国の女子教育において、学徳兼備の校風を以て知られる。昭和 26 年には幼稚園（現・こども園）、同 28 年には小学校を設立し、教育体系を一本化。その後大学院（修士・博士課程）、アメリカ・ボストンには初の海外校として昭和ボストン、生涯教育の場としてオープン・カレッジを設立。平成 14 年、英語教育で「読売教育賞」受賞。

### 2025年度募集要項

募集人員：男女 96 人（内部進学者を含む）
　国際コース：36 人
　探究コース：60 人
出願期間：10 月 1 日～5 日（郵送のみ／必着）
選考料：30,000 円
選考日：国際コース 11 月 1 日
　　　　探究コース 11 月 1 日～3 日
選考内容：ペーパーテスト、運動、行動観察、親子面接
合格発表：選考日当日
【かかる費用】
入学金：250,000 円
授業料：国際コース 1,152,000 円（年間）
　　　　探究コース　 660,000 円（年額）
施設設備金：156,000 円（国際・探究 年間）
教育充実費：162,000 円（国際・探究 年間）
給食費：実費
※上記のほか研修行事費・諸経費の別途徴収あり

### 併設中学進学状況

◆昭和女子大学附属昭和中学校（女子約 80%）
※成績等が基準に達した者は全員が進学可能

### データパック

◆児童数 538 人／教員数 44 人
◆24 年度志願者数：862 人
◆合格者数：—
○コースごとの受験倍率：
　国際約 35 倍、探究約 9 倍
【併設校】
○昭和女子大学附属昭和こども園
○昭和女子大学附属昭和中学校・高等学校
○昭和女子大学
○昭和女子大学大学院

# 白百合学園小学校

[理事長] 荻原　禮子
[校長] 保倉　啓子

〒102-8185　東京都千代田区九段北2-4-1　TEL03-3234-6662　https://www.shirayuri-e.ed.jp/
【交通】JR・東京メトロ・都営地下鉄飯田橋駅、東京メトロ・都営地下鉄九段下駅

## キリスト教的価値観に基づき 思いやりと感謝の心を育成する

▼　　　▼　　　▼

### 校訓─従順、勤勉、愛徳

キリスト教精神に基づく一貫した教育理念をもって、人間性豊かな子どもの育成を目指し、教育にあたっています。

人として、神の前に誠実に生きることの大切さを教え、思いやりと感謝の心を持った子どもの育成に努めます。

|  | 従順─すすんでみがこう正しい心 |
| 校訓 | 勤勉─すすんでなんでもいっしょうけんめいに |
|  | 愛徳─すすんで親切よろこんで |

### 前向きに生きる心と体を養う

キリスト教精神に基づく宗教教育は、学園全体の教育活動の根底をなしています。毎日の朝礼・終礼、宗教の授業、学校行事などの学園生活のさまざまな体験の中で祈りを通して神の愛を知り、前向きに生きる心と体を養います。

また、創立当初から、外国語教育には特に力を入れてきました。全学年がフランス語を、3年生〜6年生が英語を学習しています。二つの外国語を通じて、外国の生活や文化に興味・関心を持つよう、楽しく授業を行っています。

### 特色ある授業と充実の語学・情報教育

児童一人ひとりの個性と可能性を伸ばし、自主的・意欲的な学習態度により、確実な学力が身につくように教師も研鑽を重ねています。特に、本校では国語・算数の基礎基本を重視しながら学年間、教科間の連携を図り、また年間を通して語学教育（3年生以上の英語・全学年のフランス語）を行っています。

フランス語・音楽・図工・体育・ダンスでは1年次より、社会科・理科でも中学年より専科教諭を配しているのも大きな特徴です。多くの教師のかかわりにより、児童の良い面を引き出すとともに、授業の一層の充実を図っています。また、日記・作文・読書指導にも力を入れ、豊かな心情と表現力を高めるように工夫しています。

各教科において常に自分の考えを持ち、人の意見もよく聞いてさらに思考を深めていけるように働きかけています。

**視聴覚機器を整備し、情報教育を推進●**体育館や理科室を含むほぼ全ての教室にWi-Fiが整備され、学内のファイルサーバーやインターネットにアクセスできます。教室にはプロジェクターと大型スクリーンを設置し、タブレット端末からのミラーリングや、提示装置を使った資料の投影など、学習形態に応じて様々な発表や共有に活用しています。

3年次から学ぶ情報の授業では、「プログラミング的思考」「メディアリテラシー（情報モラルを含む）」「基本的な情報技術」の3つの力を育てることを目的とし、専門的な知識をもつ中学高等学校の教諭が指導にあたっています。情報以外の授業でもiPadの活用を推進し、児童がより主体的、協働的に学習に取り組めるように研究を重ねています。2021年度から、3年生以上はiPadを個人で所有するようになり、より多様な場面での活用、多様な学習形態の展開を見込んでいます。

| 上級学校に進むには | 成績等が基準に達した者は、全員が白百合学園中学校に進学できます。 |

### 沿革

学園はフランスから来日したシャルトル聖パウロ修道女会を設立母体とし、140余年に及ぶ歴史と伝統を持つ。明治14(1881)年8月、東京神田猿楽町に学校を新設、小学校は明治43年に、仏英和高等女学校付属小となる。昭和57(1982)年12月、創立百周年記念式典を挙行。平成19(2007)年6月、創立125周年記念式典を挙行。キリスト教的精神に基づく一貫した教育理念をもって、幼児から大学生までの成長過程にある人々の教育に当たっている。

### 2025年度募集要項

募集人員：女子約60人
出願期間：
　Web登録9月24日〜10月2日
　入学願書送付10月1日〜10月3日
選考料：30,000円
面接日：10月17日〜10月19日のいずれか1日
試験日：11月1日
選考内容：面接、試験
合格発表：11月2日　Web発表
【かかる費用（2024年度参考）】
入学金：400,000円
授業料（年額）：474,000円
施設維持費：336,000円
学年費等：60,000円
初年度納入金合計：約1,270,000円

### 併設中学進学状況

◆白百合学園中学校
※成績等が基準に達した者は全員が進学可能

### データパック

◆児童数700人／教員数55人
◆24年度応募者数：─
◆合格者数：─

【併設校】
○白百合学園幼稚園
○白百合学園中学校・高等学校
○白百合女子大学

# 聖学院小学校

[理事長] 小池　茂子
[校　長] 佐藤　慎

〒 114-8574　東京都北区中里 3-13-1　TEL 03-3917-1555　https://primary.seigakuin.ed.jp
【交通】ＪＲ山手線・東京メトロ南北線駒込駅より徒歩 6 分

## すべてのことに感謝し
## 　　　他者のために奉仕できる人に

▼　　　　　▼　　　　　▼

### 神を仰ぎ 人に仕う "Love God and Serve His People"

　幼稚園から大学、大学院までを有する聖学院は、今年創立 121 年目を迎えます。「神を仰ぎ 人に仕う」を教育理念として、他者のために奉仕できる人を目指します。

　小学校は「よく学ぶ よく遊ぶ よく祈る」という教育目標のもと、一人ひとりに与えられている才能や能力をそれぞれにのばすことができる場所です。 英語や表現活動、ワークショップ型授業などを通して新しい可能性に挑戦します。

### こどもの成長に合わせた さまざまな「学び」

　聖学院小学校では、こどもたちがバランスの取れた豊かな学びが進められるようにさまざまな取り組みを行っています。

**授業での学び●**全クラスがオープンスペースになっていて、ワークショップ型の授業を多く取り入れています。活動を通した学習により、自分で考え、友だちの考えに耳を傾け、より深い学びへとつながるように授業を進めています。また「表現」や「ハンドベル」「宗教」など特色のある授業も行っています。

**宿泊行事での学び●**こどもたちの成長に合わせた宿泊行事を系統的に行っています。災害時も想定して学校に泊まる 1 年生「なかよしキャンプ」、自然の恵みに感謝し、さまざまな体験を通して学ぶ 2 年生「自然学校」3 年生「清里自然学校」、雪国でのクロスカントリースキー体験をする 4 年生「冬の学校」、アクティビティを通し英語と向き合う 5 年生「イングリッシュキャンプ」と続きます。そして 6 年生では小学校生活のまとめとして、長崎を中心に歴史や宗教、そして平和について考え学ぶ「修学旅行」を経験します。

**国際交流での学び●**英語の授業は 1 年生から週に 2 時間行っています。4 技能（話す、聞く、読む、書く）に加え、CLIL と呼ばれる他教科と統合させた生きた英語学習を進めています。また、希望者には海外プログラムとして「ニュージーランド親子ショートステイプログラム」「オーストラリアホームステイプログラム」を実施しています。

| 上級学校に進むには | 在学中の成績その他が基準に達すれば、男子は聖学院中学校へ、女子は女子聖学院中学校への推薦入学の道が開かれています。 |
|---|---|

---

### よく学ぶ　よく遊ぶ　よく祈る

校長　佐藤　慎

　聖学院小学校は「神を仰ぎ 人に仕う」を建学の精神とし、1960 年の創立以来一貫してキリスト教に基づく教育を行っている小学校です。

　この建学の精神を実践してゆくために、聖学院小学校は「よく学ぶ よく遊ぶ よく祈る」という教育目標を設定しています。この教育目標で大切なのは「よく」という言葉です。「よく」には「たくさん」という意味もありますが、それ以上に「全身全霊を傾けて」という意味があります。

　「学び」においては習得した知識や技能を己のためだけではなく、他者への奉仕のためにも用いるとの目的を持ち、一生懸命学びます。

　「遊び」においては自分だけ楽しければよいという思いではなく、自分も含めた皆がより楽しく遊ぶために心と体を用います。

　「祈り」においては自分のためだけではなく、他者のため、とりわけ病やけがの中にいる友人のために、被災された方々のために、悲しみや困難の中にいる方のために祈ります。

　聖学院小学校は子ども達が学校という社会で、共に学び、遊び、祈ることによって真に人を愛すること、そして愛を行動に結びつけるために必要な感性、知恵、技能などを身につけ、将来どのような仕事についても、それらを自己のためだけではなく、他者のためにも用いることのできる人となることを願い、教育活動を行っています。

### 沿革

　学校法人聖学院は、今年創立 121 年目を迎える幼稚園から大学、大学院まで備わっている教育機関です。聖学院小学校は女子聖学院中高を母体として、1960 年（昭和 35 年）女子聖学院小学部として創立され、1966 年（昭和 41 年）、法人組織の変更に伴い聖学院小学校となりました。創立以来一貫してキリスト教の信仰に基づく教育を続けています。

### 2025年度募集要項

募集人員：男女 72 人（内部進学者含む）
出願期間：10 月 1 日～ 10 月 7 日
入学検定料：25,000 円
入試面接日：10 月 19 日
入試日：11 月 4 日
選考内容：ペーパーテスト、面接、行動観察
合格発表：11 月 4 日

**[かかる費用]**
入学金：250,000 円　施設拡充費：100,000 円
授業料：522,000 円（年間）
施設費：90,000 円（年間）※このほか教材費など

### 併設中学進学状況

◆聖学院中学校（男子 18 人）
◆女子聖学院中学校（女子 25 人）
※成績等が基準に達した者は進学可能

### 併設中学以外の進学先（2024年春）

【男子】武蔵、城北、麻布、栄光学園、海城、暁星、昭和学院秀英、成立学園、筑波大学附属、帝京、立教新座など
【女子】浦和明の星女子、大妻、共立女子、光塩女子学院、淑徳与野、頌栄女子学院、東洋大京北、豊島岡女子学園、普連土学園など

### データパック

◆児童数 421 人（男子 206 人、女子 215 人）／教員数 30 人
◆ 24 年度応募者数：159 人
◆合格者数：男女 76 人
【併設校】○聖学院幼稚園　○聖学院みどり幼稚園　○聖学院中学校・高等学校　○女子聖学院中学校・高等学校　○聖学院大学　○聖学院大学大学院

# 成蹊小学校

[理事長] 小林　健
[校　長] 荻野　雅

〒180-8633　東京都武蔵野市吉祥寺北町 3-3-1　TEL 0422-37-3839（代）　https://elementary.seikei.ac.jp/
【交通】JR中央線・総武線・京王井の頭線吉祥寺駅

## ゆとりの教育で自主性、創造性、実践力をはぐくむ学園

▼　　　▼　　　▼

### たくましい実践力を持った人間の育成

　不言実行、実践力重視の人物教育による、人間性豊かで "たくましい実践力をもった人間の育成" を教育方針の基本に掲げています。

### 創立110周年を見据えて

**成蹊小学校創立110周年を見据えて●**本校は、2025年に創立110周年を迎えます。110周年を小学校のさらなる飛躍の機会にすべく、教職員が一丸となって培ってきた伝統の理解を深めるとともに、より良い発展につながる新たな教育の創造をめざしていきます。子どもと教師の真剣な学びあいの中で身についていく「たしかな力」と、創立以来追求し続けている「たくましい心」が両輪となり、成蹊の新しい一歩がここから始まります。
**学級編制●**東組、西組、南組、北組の4学級、男女同数編制で、1年生と3年生終了時に組み替えを行い、学級担任がかわるシステムで教育を行っています。

### 少人数による充実した授業を展開

**専科制と教科担任制●**音楽、美術、体育、英語は1年生から、理科は3年生から、その教科専任の教師による授業を行っています。5年生からは学年内完全教科担任制になり、各学級担任が国語、社会、算数、こみちのうち1教科を担当して授業を行います。
**少人数教育●**全学年が少人数教育（1学級低学年28人・高学年32人）に移行しました。
**クラブ学習・学校桃の会●**5、6年生と専任教員が各々の部に属し、正課の授業としてクラブ学習と学校桃の会を行っています。
**日記指導●**1年生から6年生までの全学級にわたって日記指導を行っています。これは、学校創立当時の日記指導が伝統となって、ごく自然に受け継がれてきたものです。日記指導をとおして子どもと教師の心の交流を深め、また、書くことによって現実から学び取っていく姿勢なども育っていきます。

| 上級学校に進むには | 日常の学習状況や生活態度などを勘案して、成蹊中学校へ推薦入学することができます。 |
|---|---|

### 沿　革

　明治39年、中村春二が私塾「成蹊園」を本郷に創立。同45年、岩崎小弥太、今村繁三らの協力を得て「成蹊実務学校」を池袋に開校。大正3年に成蹊中学校、翌4年に成蹊小学校を開校。同8年、財団法人成蹊学園を設立。同13年学園を吉祥寺に移転した。

### 2025年度募集要項

募集人員：男子56人、女子56人
出願期間：9月28日～10月1日（ネット出願）
考査料：30,000円
保護者面接：男女とも11月2日～11月4日のうち1日
選考日（素質検査）：
　男子　11月1日午前と11月2日～11月4日のうち1日
　女子　11月1日午後と11月2日～11月4日のうち1日
選考内容：素質検査、保護者面接
合格発表：11月5日
【かかる費用（2024年度参考）】
入学金：300,000円
授業料：730,000円
施設費：240,000円
その他諸経費等を必要とする。
初年度納入金総計：1,415,840円

### 併設中学進学状況

◆成蹊中学校（男子、女子約90%）
※成績等が基準に達した者は全員が進学可能

### データパック

◆児童数703人／教員数48人（うち専任40人、講師8人）
◆24年度応募者数：男子336人、女子274人
◆合格者数：男子66人、女子66人

【併設校】
○成蹊中学校・高等学校
○成蹊大学

## 8つの教育の力点のもと教師一丸になって教育に当たっています

　本校では、幼児期に一方的に偏った指導をせず、友だちと遊んだり話したりすることのできる子どもを育てるように努めています。そのため、次のような点に教育の力点を置いています。
　①集団と個の関係を深く考える活動の重視、②自主的に学習に取り組み生活を高める意欲の育成、③創作活動の重視、④意志と体の鍛練、実践力の育成、⑤生きた現実や実物から学ぶ意欲の育成、⑥人間的なふれあいの重視、⑦能力に応じた適切な指導、⑧望ましい環境づくり

# 成城学園初等学校

[理事長] 宮島　和美
[学園長] 戸部　順一
[校　長] 高橋　丈夫

〒157-8522　東京都世田谷区祖師谷 3-52-38　TEL 03-3482-2106　https://www.seijogakuen.ed.jp/shoto/
【交通】小田急小田原線成城学園前駅下車徒歩 10 分

## 個性を伸ばし、情操豊かな真の人間育成をめざす教育

### 「子どもを中心に考えた」学校づくり

**基本方針**　「子ども達は、それぞれに違った天分や能力を持っている。それらを学校生活の中で発見し、遺憾なく発揮せしめること。」この教育の基本方針を基に、創立以来一貫して「子どもを中心に考えた学校づくり」をめざし、「文学・劇・映像・遊び・散歩」など、多彩なカリキュラムを用意しています。

**第 2 世紀の教育改革 "3 本柱"**　創立 100 年を超えた今、本校の四綱領―◇個性尊重の教育 ◇自然と親しむ教育 ◇心情の教育 ◇科学的研究を基とする教育―に加えて、さらに「第 2 世紀の教育」として次の 3 本柱を掲げました。

☆国際教育 ―世界の文化を深く知る教育の実践―

☆理数系教育 ―観察する力と論理的思考力を養う―

☆情操・教養教育の深化

### 幼稚園から大学までの一貫教育

　創立の精神に則り、幼稚園から大学まで、19 年間にわたる一貫教育を行っています。現在、情報一貫教育と英語一貫教育それぞれに CanDo リストを作って指導にあたっています。継続的な指導を行うことにより、一人ひとりの伸びを見守っていきます。

### わが国の教育改革を牽引する

　"本物に触れる" ことこそ大事であるとの考えから、音楽鑑賞会・観劇会等を開催。教科教育は、1 年生からの教科専科制を実施。1 年生から 6 年生までが一緒にグループを作って活動する「つながり」という異年齢活動を取り入れています。国語の学習では辞書の引き方を徹底し自ら調べ学んでいく基礎を育んでいます。どの教科もこれからの時代に活躍する「自主自立」「独立独行」の高い人間教育をめざしています。

　大正時代から英語教育を開始。加えて、小学校で初めての、こども図書館設立・本格的なスキー学校実施・子どもによる劇の上演。1 年生から「本物に触れる」機会を作っています。このように、常により良い教育を研究、カリキュラム化して実践しています。これからも社会を「変えていく力」を持つ逞しいリーダー育成をめざし研究を続けていきます。

**上級学校に進むには**　初等学校の推薦により、成城学園中学校へ進学できます。

### 一人ひとりの個性を伸ばす

初等学校 校長　高橋　丈夫

　「学校は子どもたちのためにあるべき」と言う考え方のもと、児童一人ひとりに、感じる心と、考え、想像し、表現する力を持ってほしいと願っています。子ども・保護者・先生の「三位一体」の教育を実践し、子どもたちは緑豊かな環境で、だんだんと視野を広げ、自信を身に付けていきます。

　昨年秋、子どもたちの「つながり」と「学び」を豊かにする新校舎に移転しました。木の温もりを常に感じる居心地の良い教育環境です。ぜひ本校にお越しいただき、子どもたちの毎日の授業や生活の様子を参観ください。

### 沿革

　大正 6 年、日本の小学校教育革新のために、澤柳政太郎博士によって創設された。大正 11 年に中学校、同 14 年に幼稚園、同 15 年旧制 7 年制高等学校、昭和 2 年高等女学校と次々に開校。その後、成城大学（昭和 25 年）、大学院と設けられ、ここに幼稚園から大学院までの一貫した総合学園ができあがった。

　2017 年に創立 100 周年を迎えた。

### 2025年度募集要項

募集人員：男女各約 34 人

出願期間：Web 出願後、10 月 1 日～4 日（消印有効）に書類を郵送

出願手続：Web 出願後、所定の書類に必要事項を記入し、健康調査書（所定の用紙に医療機関の診断結果を記入）等を同封して郵送

考査料：30,000 円

選考日：
[面接・考査①] 男子 11 月 7 日・女子 11 月 8 日
[考査②] 男子 11 月 9 日・女子 11 月 10 日
受験児は面接・考査①、考査②の 2 日間来校

合格発表：11 月 12 日 Web で発表

【諸費用（2024年度参考）】

入学金：300,000 円

授業料：730,000 円〔年額〕（3 期に分納可）

その他：施設維持費、空調費、教材費等

### 併設中学進学状況

希望者は推薦により成城学園中学校に進学

### 主な他校進学先

【私立】駒場東邦中学校、三田国際学園中学校、高輪中学校など

### データパック

◆児童数 643 人／教員数 42 人（非常勤 5 人を含む）（2023 年 12 月 1 日時点）

◆24 年度志願者倍率：
男子約 5.7 倍、女子約 5.4 倍

◆合格者数：男子 54 人、女子 54 人
（成城幼稚園からの内部進学者を含む）

【併設校】
○成城幼稚園
○成城学園中学校高等学校
○成城大学・成城大学大学院

女子 ｜ 中 ｜ 高 ｜ 大

# 聖心女子学院初等科

[理事長] 宇野 三惠子
[校 長] 大山 江理子

〒108-0072　東京都港区白金 4-11-1　TEL 03-3444-7671　https://www.tky-sacred-heart.ed.jp/　【交通】東京メトロ南北線・都営三田線白金台駅下車、または都バス 87 番（渋谷―恵比寿―田町）「北里研究所前」、JR 目黒駅より都バス大井競馬場行・東京駅南口行「白金台駅前」下車

## 「魂を育てる」「知性を磨く」「実行力を養う」を教育の 3 本柱に

▼　　　▼　　　▼

聖心女子学院は
　　一人ひとりが神の愛を受けた　かけがえのない存在であることを知り、
　　世界の一員としての連帯感と使命感を持って、
　　より良い社会を築くことに貢献する
　　　　　　賢明な女性の育成を目指します。

## 聖心女子学院の教育方針

― 祈るこころを大切にし、キリスト教の価値観に基づいて愛と希望を持って生きる姿勢を育てる。
― 謙虚に自己を見つめ、現実に静かに向かい合い、自らを深め、高めていくように導く。
― みずみずしい感性と、他と共感できる豊かな人間性を育む。
― 知的価値を重んじ、喜びを持って自ら学ぶ力を育てる。
― 創造性に富む堅実な思考力と、正しく判断する力を育てる。
― 広い視野で物事をとらえ、自分の考えを明確に表現する力を育てる。
― 人や社会と積極的に関わる力を育てる。
― 骨惜しみせず働く習慣と、誠実に他者に尽くす行動力を育てる。
― 責任感と謙虚な心を備えたリーダーシップを養う。

この教育方針は、豊かな自然のなか、イエスの聖心のもとに互いにひとつに結ばれた「家庭」の信頼関係のうちに実現されています。

## 基礎学力の充実と、個性伸長の教育

○初・中・高等科 12 年間の一貫教育をより充実させるため、4－4－4制のステージ制を取り入れています。その一つとして、中・高等科教員が 5、6 年生のいくつかの教科を担当し、より専門的な指導と教育課程の系統化を図っています。
○個に応じた指導を行い、基礎学力の充実と個性伸長の教育を進めています。
○全学年で宗教と英語の授業を行い、豊かな情操と国際性の基礎を養っています。
○奉仕的な活動に骨惜しみせず、積極的に頭も心も体も使えるよう取り組んでいます。
○祈りに始まり祈りに終わる毎日を通して、神様に守られている安心感のもと心の力、生きる力を養っています。
**授業「みこころ」（総合的な学習の時間）●** 5、6 年生は清里で、4 年生は御殿場で宿泊をしながら自然と親しみます。また、3 年生からの調べ学習の集大成として、6 年生では一人一人が自ら課題を見つけ 1 年を通して卒業研究に取り組みます。
**授業「英語科」●** 1 年生から英語のみでの授業を週 2 回、ネイティブスピーカーと専科担当者のティームで行っています。よく見て、聴いて、解ろうとする力、きれいな英語が話せるよう粘り強く練習に取り組む力を育てています。5、6 年生では、海外姉妹校（アイルランド、英国、米国等）の児童たちとオンラインやペンフレンドとして交流を楽しむなど、学びを実体験として味わい、国際性を身につけていきます。

**上級学校に進むには**
原則としては、同一キャンパス内にある中等科へ進学します。

### 沿　革

聖心女子学院は、1800 年フランスに創立されたカトリック修道会「聖心会」を母体としています。
創立者・聖マグダレナ・ソフィア・バラは、革命の嵐吹く当時のフランス社会にあって、荒廃した人の心を救うために、キリストの精神に基づく「全人教育」を実践したいと願って、1801 年にフランスに聖心女子学院を創立しました。
その後、ヨーロッパ各地、南北アメリカ、オーストラリア、アジア、アフリカに広がりました。
日本では、1908 年、4 人の修道女がオーストラリアより来日して以来、一貫した教育のもとに、100 年以上にわたって、聖心としての教育の歩みを続けてきました。

### 2025年度募集要項

募集人員：女子 96 人
Web 登録：9 月 1 日～10 月 2 日
願書受付（郵送）：10 月 1 日～2 日
考査料：30,000 円
面接日：10 月 19 日、10 月 26 日
選考日：11 月 1 日
合格発表：11 月 3 日
【かかる費用】
入学金　300,000 円
学校設備費　160,000 円
授業料　576,000 円
維持費　82,000 円
教材費（預り金）　50,000 円
保護者後援会費　50,000 円
ICT 機器購入費（管理費含む）約 80,000 円
※入学手続後、教育環境の改善・整備のため寄付金（任意）を募集しております。1 口 10 万円、5 口以上をお願いしております。

### 併設中学進学状況

◆聖心女子学院中等科（女子 118 人）
※原則として希望者全員が進学可能

### データパック

◆児童数約 627 人／教員数 53 人
◆ 24 年度応募者数：419 人
◆合格者数：―
【系列校】
○聖心女子学院中等科・高等科
○聖心女子大学

# 星美学園小学校

[理事長] Sr.鈴木　裕子
[校　長] 星野　和江

〒115-8524　東京都北区赤羽台4-2-14　TEL 03-3906-0053　FAX03-3906-7305　https://www.el.seibi.ac.jp/
【交通】ＪＲ京浜東北・宇都宮・高崎・埼京線赤羽駅、東京メトロ南北線・埼玉高速鉄道線赤羽岩淵駅

## 国際的な
## カトリック・ミッションスクール

▼　　　　▼　　　　▼

### 建学の精神

　星美学園は、キリスト教的な人間観・世界観により、創立者聖ヨハネ・ボスコと聖マリア・マザレロが実践した理性・宗教・慈愛に基づく「予防教育法による全人間教育」を行うために創設されたカトリック・ミッション・スクールです。

### 教育理念

　私たちの教育は、一人ひとりをかけがえのない存在として大切にされる神の愛に基づいた教育です。青少年・保護者・教育者が一つになって教育共同体を築きます。その中で青少年自らが知性を磨き、心を鍛え、正しい判断力と自由な選択能力を養うよう、尊敬と慈しみ、親しみの態度のうちに、青少年を導きます。こうして社会と人々に積極的に貢献できる自立した人間を育成します。

### 特色ある星美学園の教育

**宗教教育**●宗教の時間では、1、2、3、5年生はイエス様の話された言葉、行われたことを聖書から読み取り、イエス様のお心を学びます。4年生は旧約聖書を用いて、神の呼びかけに応えたイスラエルの人々の生き方を学びます。6年生は小学校の集大成として、平和の担い手となるためにイエス様の説く平和について学びます。宗教担当者の授業の他にも、担任がクラスの実態と聖書のみことばを合わせて行う「からし種」の授業や宗教行事を通して、正しい心、善を選ぶ心、思いやりの心、奉仕する心を育てます。

**英語教育**●全学年、週2時間の授業があります。2～4年生は、外国人講師と日本人教師によるティームティーチングを行っており、4年生では英語劇、5年生ではオーストラリアの小学校とのオンライン交流、6年生ではスピーチコンテストに取り組んでいます。4～6年生の希望者はオーストラリアの姉妹校で9日間のホームステイに参加することもできます。

**音楽教育**●星美の音楽は、基礎を学ぶだけではなく教育全体の中でどのように音楽をからめていくかを大切にしています。これは創立者聖ドン・ボスコが教育において音楽が重要であると考えていたからです。星美で行われる行事の多くに音楽が取り入れられているのは、そういった星美の教育と音楽が密接につながっていることを象徴しています。音楽の授業はもちろん、金管バンド・聖歌隊の専門的指導を通して豊かな感性を育み、コンクールなどで数々の実績を残しています（NHK全国合唱コンクール金賞受賞2回）。

**総合学習**●3年生は環境をテーマに、山梨県の富士の裾野で行われる宿泊体験を通じて、富士周辺の植物や樹々、地質等の自然体系を観察します。4年生は尾瀬ヶ原を散策し、水芭蕉や大自然の姿から、神様がお造りになった様々な命について考えます。5年生は冬の尾瀬で雪国の文化や厳しい寒さの中で生活するたくましい生きざまにふれる体験、6年生は広島で原爆資料館や原爆ドーム等を訪れ、原爆の恐ろしさを学び、平和への誓いと祈りを捧げる体験を実施しています。

| 上級学校に進むには | 2022年度より、併設の星美学園中学校高等学校が「サレジアン国際学園中学校高等学校」（共学）となりました。内部生においては内部生特別入試を受けていただきます。 |

### 沿革

　1929年、イタリアより扶助者聖母会のシスターレティツィァ・ベリァッティを頭に6人の宣教女が来日したことに端を発する。昭和6年、九州宮崎に幼稚園を設立、同15年に三河島に星美幼稚園、同20年には静岡城内高等女学校を譲渡され、日本における教育事業の一歩を踏み出した。星美学園小学校は昭和22年当地に開設され、現在、短大1、中・高等学校4、小学校4および幼稚園を擁する総合学園となっている。

### 2025年度募集要項

募集人員：[一次]男女105人（内部幼稚園からの進学者を含む）[二次]若干名
出願期間：[一次]A日程 10月1日～10月5日（郵送のみ）B日程 11月11日～11月15日（郵送のみ）[二次]12月2日～12月13日（窓口のみ）
受験料：25,000円
選考日：[一次]A日程 11月1日、B日程 11月22日 [二次]12月14日
選考内容：面接、ペーパーテスト、社会性テスト
合格発表：[一次]A日程 11月2日、B日程 11月23日 [二次]12月15日
【かかる費用】
入学金：250,000円、授業料35,000円（月額）、教育充実費8,000円（月額）、施設設備費80,000円（入学後納入）、諸経費44,000円（年額）、父母の会入会金5,000円、その他副教材、iPad積立金、給食費等および牛乳費等など

### 併設中学進学状況

◆サレジアン国際学園中学校（20人/90人中）
※成績等が基準に達した者は全員が進学可能

### 2024年春の合格実績

【男子】栄東12、埼玉栄9、大宮開成、日大豊山各6、城北埼玉、巣鴨各5、獨協、立教新座各4、本郷3、市川、開成、城北、東邦大付東邦邦各2、海城、開智、淑徳、桐朋、函館ラ・サール、武蔵、早稲田各1など
【女子】淑徳与野6、武南4、浦和明の星女子、大宮開成、埼玉栄、栄東各3、普連土学園、和洋国府台女子各2、鷗友学園女子、大妻、明大明治、早稲田実業各1など

### データパック

◆児童数580人（24年3月現在）／教員数40人
◆24年度応募者数：277人
【併設校】○星美学園幼稚園　○サレジアン国際学園中学校・高等学校　○星美学園短期大学

# 玉川学園小学部

[理事長] 小原　芳明
[学園長] 小原　芳明

〒 194-8610　東京都町田市玉川学園 6-1-1　TEL 042-739-8931　https://www.tamagawa.jp/academy/elementary_d/
【交通】小田急線「玉川学園前」駅より徒歩約 10 分／「青葉台」駅にて東急バス青 118 系統約 20 分「奈良北団地」停留所下車　徒歩約 10 分

## 玉川学園だからできること
## 「全人教育」で、子どもたちの夢に応えます

▼　　　　▼　　　　▼

### 玉川学園の教育目標

○きれいな心　○よい頭　○つよい体

### 発達段階に応じた生活・教育環境づくりを

　1 年生は、暦年齢別の学級編成をしています。1・2 年生は学級担任制、3 年生からは完全教科担任制で学習指導をしています。
　1〜5 年生では、本格的な学習への導入として学び方を学び、学習姿勢・基礎学力を養成します。同時に情操面では素直な心と健康な体を作り、人間性の素地を育むことを大切にしています。6 年生では基礎学力を根底とした応用力を養成し、自ら学ぶ、自学自律の姿勢の確立をめざしています。同時に他者を思いやる豊かな心と強い体の養成を目標に教育活動を行っています。

### 最先端を切り開く玉川学園の授業

**思考力を養う「学びの技」**●授業で学んだこと、自分が調べたこと、課題に対する自分の考えなどを周りの友達と共有することは、学習を深める上で有効です。そのために自分の考えを視覚化したり、それを伝える技術を身に付けることが必要です。それらのスキルを玉川学園では「学びの技」と呼び、幼稚部から 12 年生まで一貫して学んでいます。
**国際教育プログラム**●ＩＣＴやテレビ会議システムを使って海外の学校と交流しています。海外交流校との交換訪問等を通して国際理解の芽を育てます。
**ＩＣＴ環境**●能率高き教育を進めるために、全教室に電子黒板を設置しています。さらに子供と家庭、教師の三者を結ぶ学内ネットワーク「CHaT Net（チャットネット）」を構成し、日常の連絡事項から学習の進行状況にいたるまで、活発な情報交換が行われています。
**英語教育**●全クラスで日本語（国語）と英語によるバイリンガル教育を展開しています。JP クラスは主に日本語で学び、EP クラスは主に英語で学びます。JP クラス、EP クラス共に英語の時間数は週 5 時間です。
**延長教育プログラム**● 1〜6 年生の希望者を対象に、正課の授業に対して、プラスアルファで実施する放課後の教育プログラムです（有料）。

**上級学校に進むには**　学校間毎の入試を廃止し、学年毎にカリキュラム到達目標を設定し、進級判定を受ける学年進行型です。

### 全人教育——その夢と実践を求めて

学園長　小原　芳明

　人間は教育を通してより善い人間へと成長していきます。本学園の教育理念は「全人教育」、人間文化の価値観をその人格の中に調和的に形成することであり、真、善、美、聖、健、富の六つの価値の創造にあります。
　日常の教育活動を通じて、単なる知識量の獲得だけでなく、それらをどのように、また止しく使うか判断する力となる徳育、人知を超えた尊いものと向かい合う姿勢、さらに心身の健康及び生活力を培っていきます。

### 沿　革

　玉川学園は昭和 4（1929）年、小原國芳によって創立された。教育理念に「全人教育」を掲げ、幼稚部から大学・大学院までを擁する総合学園である。幼稚部に始まり、小学校から高等学校まで 12 年間を一つの流れとしてとらえる「玉川学園一貫教育」を 2006 年度からスタート。

### 2025年度募集要項

募集人員：JP クラス・EP クラス 合計 140 名
　（内部進学者を含む）
出願期間：
〈郵送〉（検定料振込）9/27（金）〜10/16（水）
　（出願受付）9/30（月）〜10/16（水）
〈窓口〉10/18（金）10：00〜14：00
検定料：30,000 円
試験日：11/1（金）〜3（日・祝）のうち 1 日
選考内容：①行動観察・運動、②言語・数量（受験生面接）、③保護者同伴による面接
合格発表（Web）：11/4（月・休）
**【かかる費用（2024年度参考）】**
初年度納付金：
　JP クラス 1,376,500 円（4 期分割納入可）
　EP クラス 1,779,500 円（4 期分割納入可）
○ JP クラス（4 期分納）：入学金 220,000 円、授業料 204,500 円、施設設備費等 84,625 円、入学手続時納入金額合計 509,125 円
○ EP クラス（4 期分納）：入学手続金 357,750 円（1 期分の授業料）、施設設備金等 87,125 円、入学手続時入金額合計 444,875 円
◆**オンライン学校説明会**（Web 申込制、各日 10：00〜12：00）：①5/6（月・休）②6/8（土）③9/13（金）★**K-12 経塚校舎見学会**（Web 申込制）：詳細未定。決まり次第 HP にてお知らせします　◆**オンラインオープンスクール**（Web 申込制）：2025 年 1/23（木）
※詳しくは学校 HP を参照

### 併設中学進学状況

◆玉川学園（男子 53 人、女子 65 人）

### データパック

◆児童数 792 人／教員数 71 人
◆ 24 年度応募者数：男子 148 人、女子 115 人
◆合格者数：男子 75 人、女子 70 人
**【併設校】**○玉川学園幼稚部　○玉川学園中学部
○玉川学園高等部　○玉川大学・大学院

# 帝京大学小学校

[理事長] 沖永　佳史
[校　長] 石井　卓之

〒206-8561　東京都多摩市和田1254-6　TEL 042-357-5577　https://www.teikyo-sho.ed.jp/　【交通】京王線聖蹟桜ケ丘駅、高幡不動駅、京王相模原線・小田急多摩線・多摩モノレール多摩センター駅よりバス、多摩モノレール大塚・帝京大学駅下車徒歩15分 ※スクールバス運行有（右下欄参照）

## 「自分流」で培う人間力
自ら問題意識を持ち、考え、判断し、行動し、
その結果に責任をもつ、児童の生きる力を育てます

▼　　　　▼　　　　▼

## 「知、情、意、体」の教育
○知：高い水準の教科カリキュラムを組み、基礎学力の徹底定着を目指します。
○情：全ての教育活動を通し、安定した情緒と高い道徳性を育むことを目指します。
○意：最後までやり抜く強い意志や忍耐力、判断力等の心の育成を目指します。
○体：健康な体と安全な生活への適応能力の育成を目指します。
知・情・意・体をバランスよく発達させることが、児童の可能性を広げる力になると考えます。

## 特色ある教育活動
☆教科担任制による、専門性のある質の高い教育
☆学習意欲を高める電子黒板を中心に据えた授業展開
☆国際化に対応した英語活動(オーストラリアパースの現地校とzoomを使った文化交流)
☆企業の方を招聘し、授業を行っていただくことで、夢への第一歩を見つけられるキャリア教育
☆創造性を養うレゴ®を使用した授業（プログラミング）
☆構内にある「ぽんぽこ山」（里山）を使った教科横断型の里山教育
☆漢字・数学検定の級取得を目指した放課後の学習（※英語検定については授業内で対応）
☆自ら学ぶ力を育てる辞書引き学習（ベネッセとの協力・研究）
☆基礎学力の定着を目指したきめ細やかな少人数指導（１５〜２０名学級）
☆土曜日に行う１コマ７０分のレベルの高い学習（４〜６年生対象:ハイレベル教室）

## アフタースクール「帝翔塾」
学　期　中：放課後〜19時
長期休業中：8時15分〜19時
英語、そろばん、ピアノ、体操、サッカー、バスケ、学研などの多様なプログラム

| 上級学校に進むには | 3校ある系列中学校※の中から、成績レベルや目的に応じて選んで進学が可能。他の私立中学校への進学もサポートします。※うち1校は推薦基準あり |

## 校長先生からのメッセージ
学校長　石井　卓之

　帝京大学グループの理念である「自分流」を実現するために、「脱平均、キラッと光る一転突破の個性の伸長」という目標に掲げ、チーム帝京大学小学校で教育活動を進めていきます。学びの基本を重視した上で、2040年の社会で子どもたちが「自分らしさを発揮して世界を舞台に活躍できる」ように、STEAM教育などカリキュラムを横断的に進めていきます。また、豊かな自然を学びの場として問題解決学習、世界や大学の留学生への発信を重視した英語学習、自分のゴールや社会貢献を意識するキャリア教育を重視し、自ら学ぶ意欲を高め、人と協働できるコミュニケーション力を育成します。

### 沿革
　2005年4月、帝京大学八王子キャンパス内に帝京大学小学校を開校。帝京大学をはじめとする本学グループは、「自分流」という教育理念のもと、長年培ってきた教育に関する豊富な経験・知識・ノウハウを活用し、幼稚園から大学・大学院までを擁している。教育の原点である初等教育にも力を入れており、2015年4月よりアフタースクール「帝翔塾」が開校した。

### 2025年度募集要項
募集人員：男女80人
出願手続き：Webでの申し込み
入学検定料：30,000円
選考日：（Ⅰ期）11/1　（Ⅱ期）11/9
　　　　（Ⅲ期）11/16　（Ⅳ期）11/30
選考内容：総合的な能力検査（ペーパー、行動観察）、面接（児童・保護者）
面接日：事前または入学考査日
合格発表：Web上での発表
【かかる費用（2024年度参考）】
入学金：200,000円　施設拡充費：230,000円
授業料：624,000円
※その他、保険料、給食費、スクールバス利用料など

### 中学進学状況
◆卒業生の約3割が系列中学校へ進学。
【2024年春の合格実績】
浦和明の星女子、頴明館、大妻多摩、開智所沢中等教育、國學院大學久我山、埼玉栄、栄東、芝、聖徳学園、女子学院、多摩大学附属聖ヶ丘、桐蔭学園中等教育、東海大学菅生、東京電機大学、東京都市大付属、桐光学園、日本学園、日本大学第三、八王子学園八王子、明星、立教新座　など

### データパック
児童数272人／教員数41人
【グループ中学校】
○帝京大学中学校　○帝京八王子中学校
○帝京中学校
【スクールバス】
分倍河原、聖蹟桜ヶ丘、高幡不動、橋本、多摩センター、若葉台、新百合ヶ丘、大塚・帝京大学、豊田、京王堀之内の10駅より運行

53

# 田園調布雙葉小学校

[理事長] 南部　浩士
[校　長] 筒井三都子

〒158-8511　東京都世田谷区玉川田園調布 1-20-9　TEL 03-3721-3994　https://www.denenchofufutaba.ed.jp/elementary/index.html
【交通】東急大井町線九品仏駅、東急東横線・目黒線田園調布駅

## 恵まれた自然の中で　かかわりを通して
## 時間をかけて　人間を育てる

▼　　　▼　　　▼

### 教育方針

○感じる心　信じる心　祈る心を持ち、○進んで学び　努力を続け、○健康なからだを作り、○周囲に目を開き、よりよい世界を作るために働きたいと願う子どもに、成長していきますように……

### 一貫教育ならではの豊かな教育

　高校まで同じ教育方針・同じ校訓のもとに育てられ、小学校では特に、学級担任と専科担当者とのチームワークのもとに、子どもたちの基礎学力の充実、創造性・自発性の啓発、豊かな感性とすこやかな心身の育成をはかっています。友だちとの深いかかわりも、一貫教育の中では大切な要素です。

### 特色ある田園調布雙葉の授業

**宗教教育●**授業は週1時間、キリスト教の教えを通して生きる意味に目覚め、日々の祈り、聖歌、クリスマス・ミサ、イースターの集いに加え、小さな奉仕を通して社会に目を向け、愛の実践を体験します。

**英語教育●**授業は全学年週2時間、子どもの特性である鋭い聴覚、記憶力、模倣能力を生かして、音声を中心とした指導を行っています。

**図書館の時間●**週1時間、読書を通してたくさんの人に出会います。コンピュータによる検索、調べ学習の仕方もここで学びます。

**ふたばタイム（朝の活動・総合的な学習の時間）●**子どもの成長段階に応じたアプローチで、また子どもの自主性を生かしながら、学園の教育理念を具体的に身につけていきます。

**ステップ・アップ・タイム●**週4回10分ずつ、反復練習によって国語・算数の基礎を固め、同時に集中力を育てます。

**マーガレット活動●**毎週1回の全校たてわり活動で、異年齢の友だちと作業をしたり遊んだりします。

**上級学校に進むには**　田園調布雙葉中学校へは、原則として6年間の教育課程を修了すれば進学できます。

### 幼きイエス会

　1662年、北フランスのルアン市郊外に小さな学校ができました。それは、ニコラ・バレ神父と、数人の若い女性たちが幼い子供たちのキリスト教的教育を願って始められたものです。数年のうちに学校はルアン市内にもでき、神父はここで働く女性たちに呼びかけて、教育に専念する修道会を創立し、パリのサン・モール街に本部をおきました。日本には1872年、フランス人メール・マチルド・ラクロが4人の修道女を伴って来日、横浜の山手に事業を開始し、3年後には東京にも進出しました。今本学園のほかに、東京四谷、横浜、静岡、福岡の雙葉学園、横浜のインターナショナル・スクールがあります。

### 沿　革

　昭和16年、財団法人私立新栄女子学院経営による雙葉第二初等学校認可。同31年、学校法人雙葉学園より分離し、学校法人雙葉第二学園新設。同39年、法人名及び学校名を現在のものに変更。令和3年、創立80周年を迎えた。

### 2025年度募集要項

募集人員：女子約65人
出願期間：Web出願（詳細は本校HPにてお知らせいたします）
考査料：30,000円（2024年度参考）
面接日：10月16日（水）〜20日（日）
　　　　（20日は予備日）
考査日：11月1日
選考内容：ペーパー、行動、口頭試問
合格発表：11月3日
【かかる費用（2024年度参考）】
入学金：250,000円
授業料：516,000円
初年度納入金総計：1,097,000円

### 併設中学進学状況

◆田園調布雙葉中学校（女子120人）
※原則として希望者全員が進学可能

### データパック

◆児童数728人／教員数52人
　（2024年3月現在）
◆24年度応募者数：女子280人
◆合格者数：—

【併設校】
○田園調布雙葉小学校附属幼稚園
○田園調布雙葉中学校・高等学校

# 東京女学館小学校

[理事長] 福原　孝明
[校　長] 盛永　裕一

〒150-0012　東京都渋谷区広尾 3-7-16　TEL 03-3400-0987　https://tjk.jp/p/　【交通】（JR・私鉄）渋谷・恵比寿駅より日赤医療センター行都バス「東京女学館前」下車、または東京メトロ日比谷線広尾駅より徒歩 12 分、港区「ちぃバス」青山ルート（往路のみ）「日赤医療センター」

## 国際社会で活躍する女性リーダーを育てます

▼　　　　▼　　　　▼

### 教育目標――異文化理解と伝統文化の把握

　建学の理念に基づき、国際社会で活躍する女性リーダーの育成を目指します。
　教育目標「高い品性を備え、人と社会に貢献する女性の育成」の実現のために、「授業の充実」と「特色ある教育活動」という二つの目的を達成するプログラムで指導にあたっています。

### 「授業の充実」

　児童の実態に応じた教育をどう計画し、指導要領や教科書を超える授業をどう創るかを課題に、学校をあげて教科指導の改善に取り組んでいます。
　日々の生活・授業・行事すべてにおいて「相互啓発と問題解決」を基盤に、児童にとってのよりよい教育環境づくりを進めています。

### 特色ある東京女学館の教育

**人格の陶冶●**日常の生活のしつけや言葉づかいに対して、きめ細かく、ときには厳しく指導を行い、基本的生活習慣が身につくよう取り組んでいます。
**すずかけ●**日本の伝統文化を楽しく学ぶ活動です。日本舞踊、茶道など、日本人としての高い品性を身に付けます。
**つばさ●**体験学習と情報教育から構成されていて、国際社会にはばたくための資質をはぐくみます。
**とびら●**国際社会で活躍するリーダーの資質に必要な語学力を養うために、英語教育や海外研修などを実施しています。

※本校の教育理念に賛同し、真に本校で学びたいとされるお子さんの入学を支援するため、ＡＯ型入試を実施しています。

---

### 沿革

　女子教育の振興を目的として設立された「女子教育振興会」（委員長伊藤博文首相）を発展的に解消して、明治 21 年開校された。明治 23 年に虎ノ門の工部大学校跡に移転。大正 12 年羽沢御料地（現在の広尾）に移転して現在に至っている。

### 2025年度募集要項

募集人員：女子約 72 人
出願：Web 受付　必要書類の一部について郵送
検定料：30,000 円
選考日：[AO 型] 11 月 1 日
　　　　[一般] 11 月 2 日・3 日のいずれか 1 日
合格発表：[AO 型] 11 月 1 日
　　　　　[一般] 11 月 3 日
【かかる費用】
入学金：290,000 円
授業料：618,000 円
初年度納入金合計：1,461,000 円
◆学校説明会：7 月 6 日
◆入試説明会（今年度）：9 月 1 日

### 併設中学進学状況

◆東京女学館中学校
※成績等が基準に達した者は全員が進学可能。

### データパック

◆児童数 461 人／教員数 37 人
◆24 年度応募者数：424 人
◆合格者数：女子 72 人

【併設校】
○東京女学館中学校・高等学校

---

**上級学校に進むには**　推薦制度により、東京女学館中学校に進学しています。

## 本校の教育理念に賛同し、共に歩んでいただける方を歓迎します。

　本校は建学の精神にある、国際社会で活躍する女性リーダーの育成を目指しています。そのために卓越した能力、奉仕精神、リーダーとしての自覚を育むことを重視しています。そうした教育の方針に賛同してくださり、理想とする教育に向けて共に歩んでいただける方を歓迎いたします。

# 東京都市大学付属小学校

[理事長] 泉　康幸
[校　長] 岡野　親

〒157-0066　東京都世田谷区成城1-12-1　TEL 03-3417-0104　https://www.tcu-elementary.ed.jp/
【交通】小田急線成城学園前駅より徒歩約13分

## すこやかに　かしこく　りりしく凜として
## 世界にはばたく　気高きこどもたち

▼　　　　▼　　　　▼

### 「高い学力の定着」と「豊かな心の育成」

　平成21年に誕生した東京都市大学グループは、「未知の世界を切り開き、未来に向かって挑戦する」教育理念を掲げる高い教育力をもった総合学園です。創立者の五島慶太初代理事長（東急グループ創始者）の構想に基づき、大学から幼稚園まで、いずれの学校も人気校として大きな注目を集める教育活動を展開しています。

### 「二期制」の導入と中学受験に対応したカリキュラム

　本校では①主要教科授業時間数がこれまでよりも増える、②児童の授業学習評価を的確にできるようになる、③ダイナミックな教育展開ができる、④「学力集中月間」の長期化、⑤行事に余裕をもって取り組むことができる、⑥大きな振幅のなかで子どもの生活に落ち着きが生まれるとともに、教師と児童のふれあいが大きなゆとりのなかで濃密にすることができ、教育効果が大きくなるという利点を踏まえ、平成25年度より「二期制」を導入しています。
**体験学習●**子どもたちの自発的・自主的な活動を大切にし、低学年（1・2年）では箱根夏季学校、中学年では八ヶ岳夏季学校（3年）、ブリティッシュヒルズ異文化体験学習（4年）、高学年では西湖サマーキャンプ（5年）、奈良京都修学旅行・北海道卒業記念旅行（6年）などを行っています。
**中学受験に対応したカリキュラム●**全員が私立や国立の中学への進学を希望しているため、6年生の授業は10月で学習内容をすべて修了し、それ以降は完全に受験体制になります。それは、本校が教材を系統立てて効果的に組み直し、学習深度を増すカリキュラム作りに取り組んでいるからです。

### 最先端の校舎と万全のセキュリティ

　本校の校舎は「学年ごとに多目的教室を設置」「総合的な機能を兼備した最新設備の情報メディアゾーンの設置」「各階ごとに学年教員室の設置」「安心と安全を重視した明解な平面計画とセキュリティ」「自然のエネルギーを活用した施設」のコンセプトに基づき設計されています。また、セキュリティ面では学校の玄関にICカード読み取り機を設置し、「PASMO」をかざすと登下校時に保護者の携帯電話にメールが送信されるサービスを導入しています。

**上級学校に進むには**　成績等が基準に達した者は、全員が東京都市大学等々力中学校または東京都市大学付属中学校に進学できます

### 日本一楽しく学ぶことのできる小学校を目指して

校長　岡野　親

　私どもは、小学校は何より楽しい所でなければならないと考えております。同時に私立小学校ですから、国公私立中学受験に対応できる授業も展開することが重要だと考えております。その両立をはかるために、本校は、教育の二本柱として「高い学力」と「豊かな心」を掲げております。低学年から体験学習を豊富に用意して豊かな心をみがき、高学年での中学受験に挑戦する力強い心と高い学習能力を育ててまいります。躍進する本校で、かけがえのない小学校生活を共に過ごしましょう。

### 沿革

　1956（昭和31）年4月、東横学園小学校として世田谷区用賀に開校。1963（同38）年8月、新校舎落成、現在地に移転。2009（平成21）年3月に新校舎が竣工し、同4月、東京都市大学付属小学校に校名変更。

### 2025年度募集要項

募集人員：男女76人
出願期間：10月1日～10月4日（Web出願）
考査料：25,000円
試験日：11月2～4日のいずれか1日
選考内容：個人考査（ペーパー試験）、集団適応考査、保護者面接
合格発表：11月5日
【かかる費用（2024年度参考）】
入学金：300,000円
授業料：576,000円
維持料：200,000円　施設設備料：170,000円
※その他諸経費（預かり金）等あり
初年度納入金総計：1,106,000円

### 併設中学進学状況

◆東京都市大学付属中学校（男子9人）
◆東京都市大学等々力中学校（男子4人、女子10人）
※成績等が基準に達した者は全員が進学可能

### 2024年春の合格実績

【国立】筑波大附駒場3など　【共学】慶應義塾中等部2、渋谷教育学園渋谷3、渋谷教育学園幕張4など　【男子】麻布5、海城3、開成1、駒場東邦1、芝1、巣鴨1、武蔵2、早稲田3、浅野3、栄光学園2、慶應義塾普通部1など　【女子】桜蔭1、鷗友学園女子4、女子学院1、豊島岡女子学園2、洗足学園3、浦和明の星女子3など

### データパック

◆児童数470人／教員数35人
◆24年度応募者数：579人（系列幼稚園からの進学者を含む）
◆合格者数：男女108人
【併設校】
○東京都市大学二子幼稚園
○東京都市大学等々力中学校・高等学校
○東京都市大学付属中学校・高等学校
○東京都市大学塩尻高等学校
○東京都市大学

# 桐朋小学校

[理事長] 河原　勇人
[校　長] 中村　博

〒182-8510　東京都調布市若葉町 1-41-1　TEL 03-3300-2111　https://shogakko.toho.ac.jp　【交通】京王線仙川駅／小田急線成城学園前駅、狛江駅、京王線調布駅より小田急バス「仙川駅入口」／ＪＲ吉祥寺駅、三鷹駅より小田急バス「仙川」

## 一人ひとりの、幸せな
## 子ども時代のために

▼　　　　▼　　　　▼

## 桐朋小学校の教育方針

○子どもを原点にし、一人ひとりに寄り添います
○一人ひとりの子が、社会のつくり手となりゆくための根っこを育てます

## 「個」と「集団」を重視した教育を

　子どもたちが毎日学校へ来ることを楽しみにするような学校生活をつくりだしたいと願い、教科学習やさまざまな活動に、子ども自らがとりくむようにしています。そして、遊びなども含むあらゆる活動を通して学ぶことを大切にしています。

　桐朋小学校は、子ども一人ひとりが現在を充実させて生きること、その子らしく生きることを大切にしています。「教科教育」「総合活動」「自治活動」の３領域を置き、教職員が個性豊かに協働しながら展開していきます。

　低学年は少人数の 24 名で運営されます。３年生からは 36 名２学級制となり、より幅広い視野で様々に取り組みます。外国語・総合・社会科を包括した「地球市民の時間」は、多文化共生、国際理解はもちろん、世界の平和や持続可能な未来のために考え行動できる人を育て、未知の出会いを楽しむことを大切にする、まさに学びの土台を育む時間です。

## 桐朋小学校の特色

**独自の教材●**子どもに正しい知識をしっかりとした理解の上で蓄えさせるために、教師が自主的に編集しています。学年ごとの漢字ドリルや、内容を精選し、すじ道だった指導ができるようにと心がけた『さんすう テキスト』などがあります。
**八ヶ岳合宿●**４年生以上の学年は、毎年、八ヶ岳高原寮で合宿活動を行います。登山、野外料理、グループ別活動など、自治的・集団的活動が展開されます。
**栽培活動●**低学年から授業のなかに畑での作業が組み込まれており、自分たちの手で作物を育て、収穫します。子どもたちはここで五感をはたらかせて学んでいきます。
**しぜんひろば●**「しぜんひろば」の名前は子どもたちがつけました。四季を感じながら土の匂いや豊かな緑、生きもの観察などが体験できる子どもたちに人気の場です。

| 上級学校に進むには | 女子は桐朋女子中学校、男子は桐朋中学校へ、それぞれ推薦入学制度があります。 |

### 教育目標

コミュニティとして成立する学校、子どもたちの顔が見える学校を基底として
　①豊かな感性を育む
　②しなやかな身体を育む
　③確かな学力を育む
　④総合活動で、生きる力を育む
　⑤子どもの主体性を育む
ことを大事にしている。

### 沿　革

　昭和 15 年、山下汽船株式会社社長山下亀三郎氏による陸海軍への献金を基に、桐朋学園の前身である財団法人山水育英会が設立された。同 22 年、敗戦によって山水育英会は、いっさいを東京教育大学に移管、財団法人桐朋学園が誕生。同 26 年、財団法人から学校法人桐朋学園に改組。同 30 年には幼・小・中・高校の一貫教育体制をめざして、普通科に、幼稚園・小学校を設置。平成 21 年、少人数クラス編成が完成。

### 2024年度募集要項［前年度］

募集人員：男女 72 人（内部進学者を含む）
出願期間：10 月 1 日～3 日
　（インターネットによる出願）
考査料：25,000 円
考査日：11 月 4 日～7 日のうち指定された 1 日
発表日：11 月 9 日（郵送）
【かかる費用】
入学金：300,000 円
授業料：50,600 円（月額）
その他、詳細はホームページを参照

### 併設中学進学状況

◆桐朋中学校（男子　一）
◆桐朋女子中学校（女子　一）

### データパック

◆児童数 432 人／教員数 22 人（23 年度）
◆ 24 年度応募者数：544 人
◆合格者数：72 人

【併設校】
○桐朋幼稚園
○桐朋中学校・高等学校
○桐朋女子中学校・高等学校
○桐朋学園大学
○桐朋学園芸術短期大学
○桐朋学園大学院大学

# 桐朋学園小学校

[理事長] 河原　勇人
[校　長] 原口　大助

〒 186-0004　東京都国立市中 3-1-10　TEL 042-575-2231（代）　https://www.tohogakuen-e.ed.jp
【交通】JR中央線国立駅、南武線谷保駅

## 緑豊かな自然環境で、伸び伸びとした子供を育てたい！

▼　　　▼　　　▼

### 桐朋学園の教育方針

○個性豊かで調和のとれた人間の育成
　●基礎学力を充実させる　　●心身を鍛える　　●情操を培う

### 密度の濃い学習課程と豊かな学校行事

　一貫した教育方針のもと、一人ひとりの子供を大切にじっくり育てていきます。密度の濃い学習課程に、学校行事なども加えて、子供らしく、伸び伸びとした生活の中から自ら学ぶ力を養うようにしています。

### 意欲と心身、情操を養う教育

**基礎学力の充実●**国語・社会・算数・理科（3、4 年）などの基本教科は担任が受け持ち、理科（5、6 年）、図工、音楽、習字、体育など専門教科は専科制にし、基礎学力の充実を図っています。思考力・想像力を養うもととなる意欲を大切にしています。観察力・表現力・構成力を必要とする日記の指導も行っています。毎日提出される日記は担任と児童の心の交流を豊かにし、きめの細かい指導に役立っています。
**心身を鍛える●**駅から 15 分を歩いて毎日通学しています。毎朝、体操やランニングをして、知らず知らずのうちに体力が鍛えられています。歩くことが主体の遠足、5 年生の林間学校では天狗岳に登山しています。水泳は 5 月から 10 月まで学年に応じて指導され、6 年生の臨海学校では遠泳を行っています。それらの体験を通して、目標を達成しようとする強い意志が養われていきます。
**情操を培う●**雑木林に囲まれた緑の環境の中で、砂場、木登り、アスレチックなどで遊びながら自然と触れ合っています。きゅうり、枝豆などの栽培や、うさぎ、にわとり、ヤギを育てながら生命の営みにふれ、優しさが養われていきます。四季の変化をスケッチし、美しいものに感動する心が培われていきます。5 年生の 1 年生送りや児童会活動、クラブ活動などによって、学年を越えた友情が芽生えています。

| 上級学校に進むには | 学校長の推薦により、桐朋中学校・桐朋女子中学校に進学が可能。 |
|---|---|

### 一人ひとりの心のすみずみにまで行きわたる教育を

　桐朋学園小学校では「一人ひとりの心のすみずみにまで行きわたる教育を」という言葉を大切に、1 年生から 6 年生まで、逞しく、そして伸びやかに毎日を過ごしています。瑞々しい感性を持つ学童期において、本物に触れること、興味のあることに挑戦できる環境を何より大切にしている学校です。教員が設計に関わった本校舎、武蔵野の面影が残るみや林、ヤギやチャボ、うさぎのいる飼育小屋、こころの泉、桐の庭など、恵まれた環境を是非皆様にご覧いただきたいと存じます。

### 沿革

　桐朋学園の前身は、昭和 16 年 3 月に設立された山水中学。同 23 年、新学制により、桐朋中学校、高等学校に改編。同 26 年、私立学校法の施行に伴って、学校法人桐朋学園となる。同 33 年に小学校を併設し、翌 34 年、第 1 学年から第 3 学年までの編成で開校する。

### 2024年度募集要項［前年度］

募集人員：男女 72 人
出願期間：10 月 1 日 0:00 ～ 10 月 3 日 23:59
　＊インターネットによる出願。詳しくは本校ホームページをご覧ください。
考査料：25,000 円
選考日：11 月 5 日～ 8 日　※詳細は HP でご確認ください
選考内容：言語・作業・行動など
合格発表：11 月 10 日　午前 9 時（専用サイトで発表します）
【学費等】
○入学手続き時納入金
　入学金：300,000 円
○入学後納入
　授業料：41,200 円（月額）
　施設拡充費：10,000 円（月額）
　児童諸費：2,500 円（月額）
　PTA 会費：12,800 円（年額）
　教材費：29,500 円（年額）

### 併設中学進学状況

◆桐朋中学校（一）
◆桐朋女子中学校（一）

### データパック

児童数：男子 214 人、女子 213 人
教員数：27 人
24 年度応募者数：男子 437 人、女子 209 人
合格者数：男女 72 人

【併設校】
○桐朋幼稚園
○桐朋中学校・高等学校
○桐朋女子中学校・高等学校
○桐朋学園芸術短期大学
○桐朋学園大学
○桐朋学園大学院大学

# 東洋英和女学院小学部

[理事長] 増渕　稔
[部　長] 吉田　太郎

〒 106-0032　東京都港区六本木 5-6-14　TEL 03-5411-1322　https://www.toyoeiwa.ac.jp/shogaku/
【交通】東京メトロ日比谷線・都営大江戸線六本木駅、東京メトロ南北線麻布十番駅

## キリスト教による人間形成を重んじる教育

▼　　　▼　　　▼

### 学院標語　敬神奉仕（マルコによる福音書 12 章 30, 31 節）

敬神…心をつくし、精神をつくし、思いをつくし、力をつくして、主なるあなたの
　　　神を愛せよ。
奉仕…隣人を自分のように愛しなさい。

## キリスト教による人間形成ときめ細かな授業

　キリスト教による人間形成を重んじ、毎朝礼拝を守っています。土曜日はお休みで、日曜日には児童を教会学校に出席させています。

　また、基礎学力の充実をはかり、きめ細かな授業を行い、家庭との連携協力による生活指導を重んじています。日本人教師と外国人教師の協力により、ネイティブな英語教育を行っています。

## 特色ある東洋英和の「人間教育」

**キリスト教教育**●個々の教会との協力によって、開校以来変わることなくキリスト教教育を行っています。一日は朝のお祈りで始まり、お祈りをもって終わります。全校礼拝と特別礼拝も数多く守っています。また、金曜日にはクラス礼拝があり、宗教教育のカリキュラムにそって担任が行います。

　　**全校礼拝**…全校の児童と教員が講堂で礼拝しています。
　　**特別礼拝**…クリスマス礼拝、イースター礼拝、ペンテコステ礼拝（保護者とともに礼拝しています）
　　**教職員夕礼拝**（児童下校後）

**少人数教育**● 5・6 年の算数は 20 人程度で授業を行っています。今年度から、1 年生は 4 人の担任で 2 クラスを担当します。

**全校給食**●光と風と緑が実感できる南側二階食堂に全校児童と全教員が集まっての昼食です。6 年生は毎日、低学年のお世話を交代でしています。配膳、盛り付けなど、具体的に人に仕えることを日常的に学んでいます。

　元麻布仮校舎移転後も同様な給食の時間を持てるよう、準備を進めています。

**夏期学校**● 1 年生から学院施設、冷暖完備の軽井沢追分寮を利用して、1 〜 3 泊で自然に触れ、神様の恵みに感謝し、友情を深める生活を続けています。異年齢交流の機会として、6 年生と 2 年生は一緒に出かけて、それぞれよい学習と体験をしています。

**英語教育（英語の学習）**● 1 年生から歌やゲームをとおして楽しく学習。外国人教師とも英会話をし、国際理解にも役立っています。韓国の梨花女子大附属初等学校の児童と英語で文通を行い、互いの学校を訪問し合っています。

**音楽教育**●授業以外にも毎日讃美歌を歌うなど、伝統的に音楽にふれる機会が多くあります。全校で集まってのコンサートでは、オペラも歌います。

**メープルの時間**●多目的な時間。クラスの話し合いや児童活動の発表の場、学年や通学コース別の交流等の場として、児童の自主性を育んでいます。

| 上級学校に進むには | 原則として、全員の中学部への進学を認めています。 |

### 沿 革

　1884（明治 17）年、メソジスト教会の婦人宣教師ミス・カートメルにより、女子教育の学校として東洋英和女学校を創立。4 年後に幼稚科を設置。同科を母体に 1909（明治 42）年に小学科を置く。現在、幼稚園から大学院までを置く総合学園となっている。

### 2025年度募集要項

募集人員：女子 50 人
出願期間：10 月 1 日
出願手続き：Web 受付 9 月上旬〜 10 月 1 日、郵送受付（10 月 1 日消印のみ有効）の両方が必要
検定料：30,000 円
面接：出願後から入学考査日までの間に行う。日時は願書受付後に知らせる。
考査日：11 月 2 日　出校時刻は、提出されたはがきで通知
合格発表：11 月 3 日
【かかる費用（2024年度参考）】
入学金：330,000 円
授業料（年額）：550,000 円
※その他、教育充実費、給食費など
初年度納入金合計：1,265,000 円

### 併設中学進学状況

◆東洋英和女学院中学部
※原則として希望者全員が進学可能

### データパック

◆児童数 476 人／教員数 41 人（専任 26 人）
◆ 24 年度応募者数：585 人（女子）
◆合格者数：50 人

【併設校】
○東洋英和幼稚園
○東洋英和女学院大学付属かえで幼稚園
○東洋英和女学院中学部・高等部
○東洋英和女学院大学
○東洋英和女学院大学大学院

# 新渡戸文化小学校

[理事長] 平岩　国泰
[校長] 杉本　竜之

〒164-8638　東京都中野区本町6-38-1　TEL03-3381-0124　FAX03-3381-0125　https://www.el.nitobebunka.ac.jp/
【交通】東京メトロ丸ノ内線東高円寺駅より徒歩5分

## 「しあわせ」を　つくる人になろう。

自分がたのしい、誰かがうれしい、世界中のみんながすてきな毎日をすごせる「しあわせ」をたくさんつくれる、未来の大人になるための学園です。

▼　　　▼　　　▼

### 自分とまわりの "Happiness" を創り出す 夢を実現するための確かな基礎学力

　初代校長・新渡戸稲造先生の「世に生まれ出でたる大きな目的は、人のために尽くすことである」という言葉から、「Happiness Creator（ハピネス・クリエイター）：自分と周りのしあわせを創り出す人」を教育目標にしています。自分のしたいこと・叶えたいことを実現するための学力を身につけるために、基礎学力の習得に力を入れています。従来の学習様式に加え、ICTを活用することで、確かな学力を培っています。

### 「やりたい！」をかたちにする、 「プロジェクト科」の教科を超えた学び

　本校独自の教科である「プロジェクト科」では、「正解のない問い」について仲間と協働しながら探究していきます。学びの舵取りをするのは、子どもたち自身。プロジェクトを進める中で、子どもたちは計算をする力や、調べたことの知識、説明文の作成など、教科学習の力を身につけていきます。また、それだけではなく、プロジェクトを進める計画力、友だちとともに学ぶコミュニケーション力、最後までやり抜こうとする力など、いわゆる「非認知能力」も獲得することができます。学校にとどまらず社会とつながる学びで、これからの時代に必要な力を楽しみながら身につけます。

### 未来をつくる人が集う学び舎 完全無添加・安心で美味しい給食とアフタースクール

　新渡戸博士の「どの子も我が子」の精神を受け継ぎ、安心できる教育環境を整えています。日本初の農学博士でもあった新渡戸稲造先生の理念を大切に、健やかな心と体を育んでいます。子どもたちは、完全無添加、安心・安全な校内で作るこだわりの給食を毎日楽しんでいます。アフタースクールは、都内で先駆的な預かりのシステムを導入しており、希望者全員を受け入れ、19時まで看護師常駐、駅までの随伴下校等体制を整えています。また専門家による多彩な専門教育を受けられるプログラムの豊富さが特徴的です。

| 上級学校に進むには | 希望者は学校長の推薦の上、併設中学校へ進学できます。 |
| --- | --- |

### 新渡戸稲造博士の思いを現代に受け継いで

校長　杉本　竜之

　本校では、Happiness Creator（しあわせをつくる人）を目指す「自律型学習者」の育成を目指しています。「自律型学習者」とは、自分で学ぶ目的を持ち、自分で問いを立てながら学習するという、自ら考える力を養う創造的な学習者の姿です。これから社会は大きく変化していきます。そんな社会で幸せに生きていくためには最も必要なことと考えています。新しい教育の在り方にトライしていくとともに、本校の良き伝統である「どの子も我が子、どの先生も私の先生」の精神をもって、子どもたちとあたたかくきめ細かい教育を行っています。

### 沿　革

　昭和2年、母体となる女子文化高等学院が森本厚吉によって創立された。翌3年には東京女子経済専門学校に昇格。同23年に東京経専小学校（現新渡戸文化小学校）が創設された。同25年4月、学校法人東京文化学園に改組。平成20年度より法人名を新渡戸文化学園に変更。平成22年度より、「新渡戸文化小学校」に校名変更した。

### 2025年度募集要項

募集人員：男女60人（含内部進学）
出願期間：10月1日～10月25日（第1回）、11月8日（第2回）、12月2日（第3回）
考査料：20,000円
考査日：
　第1回：11月3日（日・祝）
　第2回：11月16日（土）
　第3回：12月7日（土）
考査内容：（第1・2回）グループテスト、集団観察、（第3回）好きなこと入試（創作活動、集団観察）
合格発表：試験当日もしくは翌日Web
【かかる費用】
入学金：300,000円
初年度納入金：945,100円（別途、アフタースクール、ICT機器購入費用等）

### 併設中学進学状況

◆新渡戸文化中学校（男子6人、女子7人）

### 2024年度 進学状況

（国立）筑波大附1　（私立）吉祥女子、実践学園各3、恵泉女学園、日本大第二各2、学習院、慶應義塾中等部、国学院大久我山、成城学園、広尾学園、東京都市大付、桐朋、武蔵、早稲田、サレジオ学院、晃華学園、品川女子学院、豊島岡女子学園、富士見、山脇学園、淑徳と野各1など

### データパック

◆児童数360人／教員数26人
◆24年度応募者数：男女203人
◆合格者数：男女60人（内部進学者を含む）
【併設校】
○新渡戸文化子ども園（幼稚園）
○新渡戸文化中学校（共学）
○新渡戸文化高等学校（共学）
○新渡戸文化短期大学（食物栄養学科・臨床検査学科／共学）

# 日本女子大学附属豊明小学校

[理事長] 今市　涼子
[校　長] 宮城　和彦

〒112-8681　東京都文京区目白台 1-16-7　TEL 03-5981-3800(代)　https://www.jwu.ac.jp/elm/
【交通】ＪＲ山手線目白駅からスクールバス新宿駅西口行で女子大前、東京メトロ有楽町線護国寺駅から 10 分・副都心線雑司が谷駅から 8 分

## 興味や関心を引き出す実物教育で、児童の個性を育てる

▼　　▼　　▼

### 大学・大学院に至る一貫教育を展開

　1901 年、日本で最初の組織的な女子高等教育機関である日本女子大学が開学。女子教育という歴史の新しい 1 ページを開いた 5 年後の 1906 年に、女子の生涯教育の一環として日本女子大学附属豊明小学校が設立されました。

　以後、その 110 年を超える歴史の中で、創立者・成瀬仁蔵先生が唱えた「信念徹底」、「自発創生」、「共同奉仕」の 3 つの教育の精神のもと、児童の発達段階に応じた学習指導、生活指導を展開。附属豊明幼稚園から大学、大学院にいたる一貫教育を通じて、知育、徳育、体育のバランスのとれた全人教育を目指しています。

### 特色ある豊明小学校の授業

**自学自動・実物教育の実践**●基礎学力の定着を基本に、系統的な校外学習、伝統的な「日記」指導、さらに理科、音楽、図工、体育、家庭科、英語など専科制を充実させて、「実物教育」の精神を日常の学習・生活で実践しています。また、情報教育、国際理解教育などをふくむ教科の枠を越えた豊明版総合的学習を学年毎に織り込んで自主性を重視した教育に努めています。

　1998 年落成の第一校舎には、「発達段階に応じた生活、学習の場」「充実した運動・学びの施設」「実物教育を可能にする豊かな動線」「自学自動の拠点としての図書館」など、今まで積み重ねてきた伝統と新しい時代への想いが込められ、子どもたちの成長を支えています。

**学習指導**●実物教育によって、一人ひとりの児童が自ら体験し、実感を持って学びとることを主眼としています。とくに児童自らの興味や関心を引き出し、対象を深く洞察し、理解したうえで、系統的な知識に結びつけるように指導しています。

**生活指導**●意志力を強めて、自らを律する力をつけるとともに豊かな情操を養い、知・情・意のバランスのとれた人間教育をめざしています。そのため、学校内の諸行事・諸活動を通じて、集団の中での個人の大切さを理解させるとともに、奉仕と協力の精神を育てていきます。

**上級学校に進むには**　学力、意欲、性行において、附属中学校に進学するにふさわしい児童には進学の推薦がなされます。

### 豊明小学校の教育

　日本女子大学に受け継がれる「三綱領（信念徹底・自発創生・共同奉仕）」。豊明小学校ではこれを「一生懸命がんばる子」「自分から進んで行動する子」「みんなと力を合わせ協力する子」として子どもたちへわかりやすく説き、日々大切に指導・実践しています。

　そして、この理念を実現するために、学校生活全体において「実物教育」「自学自動」を機軸にした教育を行っています。目の前で実物に触れ、肌で感じ、時には匂いを確かめ、またある時には耳を澄まして聞くといった "実感を伴う学び" が、子どもたちの知と心をゆたかに大きく育むための大切な要素であると考え、創立以来ずっとこの教育方法を実践しています。

### 沿革

　明治 39 年 4 月、森村豊明会の援助を受け、日本女子大学の附属小学校として創設された。校訓に「親切」「正直」「一生懸命」「質素」「自治」の 5 項目を掲げ、生徒の指針とした。初めは男女共学で発足したが、大正 7 年入学者から女子のみに限り、以来女子教育の実を挙げてきた。

### 2025年度募集要項

募集人員：女子約 54 人
出願期間：9 月 9 日～10 月 3 日（Web 出願）
書類提出：10 月 1 日～10 月 3 日（郵送のみ・必着）
検定料：25,000 円
選考日：(面接)10 月 12 日、13 日のうち 1 日
　　　　(考査)11 月 1 日
合格発表日：11 月 3 日（Web）
**【かかる費用（2024年度参考）】**
入学金：250,000 円
授業料：440,000 円（学期分納可）
施設設備費：480,000 円
このほかに、豊明会入会金、教材費など。
◆**学校説明会**：5 月 11 日
◆**オープンスクール**：5 月 25 日、7 月 20 日
　　　　　　　　　　2025 年 1 月 18 日
◆**授業見学会**：6 月 19 日
◆**Web 入試説明会**：8 月 26 日～9 月 7 日（動画配信）
◆**個別相談会**：9 月 7 日

### 併設中学進学状況

◆日本女子大学附属中学校
※原則として申請者全員が進学可能

### データパック

◆児童数 684 人／教員数 34 人
◆24 年度応募者数：327 人
◆合格者数：54 人

**【併設校】**
○日本女子大学附属豊明幼稚園
○日本女子大学附属中学校・高等学校
○日本女子大学

# 雙葉小学校

[理事長] 萱場　基
[校　長] 渡部　祐子

〒 102-0085　東京都千代田区六番町 14-1　TEL 03-3263-0822　https://www.futabagakuen-jh.ed.jp/primary/
【交通】ＪＲ中央線・東京メトロ丸ノ内線・南北線四ッ谷駅

## 「純真で、堅実な」女性を育成する
## 教育環境が整う学園

▼　　　▼　　　▼

### カトリック精神に基づく女子教育

○創立者の信奉するカトリックの精神に基づき、教育法規に従って女子教育に携わることを教育方針に掲げています。

### 徳においては純真に、義務においては堅実に

　明治 5 年に来日したサンモール修道会（現・幼きイエス会）が東京築地に設立した養護施設が前身で、雙葉小学校として発足したのは明治 43（1910）年のことです。以来、四ッ谷駅近くの校舎で、創立者メール・セン・テレーズの提唱する「地味で上品な女子」の育成を心がけ、今日に至っています。

　校訓に「徳においては純真に、義務においては堅実に」を掲げ、カトリックの精神に基づいた女子教育の実践を特色とし、幼稚園から高等学校までの一貫教育を行っています。

### 「宗教教育」「外国語教育」「情報教育」が柱

**宗教教育●**教育課程内に宗教の時間をおいて、カトリックの精神の中に基づき、健全な人格の育成を図ることをねらいとしています。授業以外にも、放課後の児童の教えやお母様方の教えを実施しています。
**外国語教育●**英語を正課として、外国人、日本人教師による英語教育を行っています。1・2年生と5・6年生の授業はクラスを半数ずつに分けて実施しています。
**情報教育●**総合的学習の一環として、パソコンの授業を各学年のカリキュラムに従って1年生から6年生まで実施しています。
**クラブ活動●**クラブ活動も活発に行われており、すこやかな心身の育成に大きな成果を挙げています。
**宿泊行事●**日光にある学園の施設で、1年生から6年生まで宿泊を伴う高原学校を実施しています。

**上級学校に進むには**　小学校長の推薦により、雙葉中学校に進学できます。

### 「徳においては　純真に　義務においては　堅実に」

　校章の十字架は、雙葉がキリスト教精神に基づく学校であることを示しています。
　開かれた聖書は真理の光をここに求めることを、ロザリオは祈りながら学ぶことを示しています。女性の仕事のシンボルとして描かれている糸巻きは労働を愛することを、白いマーガレットの花は清純な喜びを表しています。中央の盾は校章に示されている教えを盾として困難を乗り越え、綬はこの精神を誇りとして生きることを表しています。
　上下のフランス語は校訓で、この校章は全世界の幼きイエス会の学校で用いられています。

### 沿　革

　明治 5 年、パリに本院をもつ幼きイエス会会員が、布教と教育慈善の事業のために来朝。同 8 年、雙葉の前身である築地語学校を設立した。初代校長メール・セン・テレーズが、同 43 年、雙葉女子尋常小学校と附属幼稚園を設立。今日に至るまで、建学の精神に基づく教育を展開。

### 2024年度募集要項［前年度］

募集人員：女子約 40 人
出願期間：10 月 1 ～ 2 日の消印があるもの（郵送出願）
出願手続き：
　［2024 年度募集要項（前年度）］
　インターネット上での出願・登録
　　9 月 8 日～10 月 2 日
　受験料 25,000 円支払いの後、入学願書を書留速達で郵送
　※ 2025 年度は未定
選考日：11 月 1 日～11 月 3 日
　※ 2 日・3 日のいずれか指定された日に保護者の方お一人と本人の面接を行います。
合格発表：11 月 4 日
【かかる費用】
入学料：270,000 円
授業料（年額）：496,800 円
施設維持費（年額）：232,800 円
後援会費（年額）：72,000 円

### 併設中学進学状況

◆雙葉中学校
※ほぼ全員が進学している

### データパック

◆児童数 488 人／教員数 36 人（講師 6 人含む）
　（23 年度）
◆ 24 年度応募者数：―
◆合格者数：―

【併設校】
○雙葉小学校附属幼稚園
○雙葉中学校・高等学校

# 文教大学付属小学校

[理事長] 野島　正也
[校　長] 島野　歩

〒145-0065　東京都大田区東雪谷2-3-12　TEL 03-3720-1097　https://www.bunkyo.ac.jp/ps/
【交通】東急池上線石川台駅下車徒歩2分、バス停笹丸より徒歩3分

## 1時間ごとに成長できる学校
## 〜徹底した「少人数教育」、
## 　　　多様な価値観を受け入れる「国際人」の育成〜

▼　　　▼　　　▼

### 「人間愛」の教育

　「慈愛の心をもった子ども　自ら学ぶ子ども　情操豊かな子ども　頑張る子ども　明朗な子ども」が本校の教育目標です。これらの目標は、本校の教育・指導の目的をただ平板に並べているのではなく、学園の建学の精神に基づき、特に「慈愛の心をもった子ども」の育成に集約されるものと考えています。

### 「本物と出会う」体験活動の充実

　豊富な体験活動を通して「子どもの心に火をつけたい」という願いから、どの学年のカリキュラムにも充実した体験活動を取り入れています。
　1、2年生では動物や魚たちとの触れ合い、季節感を大切にした自然体験、3、4年生では八ヶ岳での田植えや乳しぼり体験、5、6年生では北アルプスの大自然に触れ、地引き網も体験します。このように、「本物との出会い」によって自分たちがさまざまな環境や人に支えられていることを知り、いつしか自分の力を誰かのためにという社会貢献につながる礎にしていきたいです。9月の全校宿泊では、1年〜6年までの全校による縦割り活動でリーダー性を養います。

### 校舎の真ん中に吹き抜けの図書館

　数年前、新校舎建て替えの際、校舎の真ん中に吹き抜けの図書館、そして全館図書館という構想において現校舎が誕生しました。「子どもたちの人生において、傍らに本がありますように」という願いは今、この真ん中の図書館によって具現化されています。子どもたちは本が大好きです。わざわざ図書館に出向かなくても、教室を飛び出すと目の前に本がある環境は、子どもたちを本に親しませるばかりでなく、「読む力」「書く力」にも直結してきています。英語の絵本や小説も豊富にあり、本校の図書館は多様な価値観と言語に触れ合う絶好の場となっています。

**上級学校に進むには**　成績等が一定の基準に達し、学校長が推薦にふさわしいと認めた者は、全員が付属の中学校に進学可能です。

## 一人一人の可能性を見つめ、時代を拓く力へ導く！

学校長　島野　歩

　子どもたちの笑顔は、私たちにとって、かけがえのない「宝」です。
　その笑顔がますます輝きますよう、一人一人の可能性を最大限に引き出し、伸ばしていくことは、私たちの大きな責務でもあり、喜びでもあります。
　本学の建学の精神「人間愛」を礎に、本校児童のあるべき姿を教職員と共に求め続け、「豊かな心」の育みと「確かな学び」の追究に尽力しております。
　子どもたちは、自分の良さや可能性を切り拓く力を自分の内に持っています。
　だからこそ、子どもの真の力を見つめ、子どもに学ぶ教師、子どもに寄り添う教師、そして子どもを育てる教師で在らねばなりません。
　「教えられる学校」から「学ぶ学校」へ。
　「学びを創る学校」を希求してまいります。

### 沿革

　昭和2年、学校法人立正学園創立。当初、幼稚園および裁縫女学校を開設、のち家政女学校、高等女学校を開設し、戦後の学制改革により幼稚園、中学校、女子高等学校に改組。昭和26年、一貫教育体制を整えるため立正学園小学校を開設。その後、校名・法人名等の変更を経て、昭和60年より現校名。

### 2025年度募集要項

募集人数：50名（25名2クラス）
願書受付：【1回目】郵送必着10/7(月)〜10/25(金)必着、窓口10/29(火)〜11/2(土)
　【2回目】窓口11/12(火)〜11/20(水)
考査料：20,000円
面接：【1回目】10/15(火)〜11/5(火)
　【2回目】11/13(水)〜11/21(木)
　※1・2回目とも日・祝除く。除外日を1日だけ指定可。保護者は1名でも可
入学考査：【1回目】11/6(水)【2回目】11/22(金)
合格発表（速達簡易書留）：【1回目】11/7(木)
　【2回目】11/23（土・祝）
入学手続：【1回目】11/8（金）・11（月）
　【2回目】11/25（月）・26（火）
【かかる費用（2024年度参考）】
入学金：200,000円　維持費：140,000円
授業料：年額528,000円（月額44,000円）
入学年度合計：906,000円

### 併設中学進学状況

◆文教大学付属中学校（男10人、女9人）

### 2024年春の合格実績

栄光5、香蘭女学校4、東京都市大等々力、東邦大付東邦、学習院女子、品川女子学院、女子学院、洗足学園、浦和明の星女子、淑徳与野各2、都立白鷗高附、慶應義塾中等部、渋谷教育学園渋谷、青稜、法政大第二、明大付明治、麻布、芝、世田谷学園、浅野、豊島岡女子学園各1　など

### データパック

◆児童数329人／教員数30人
◆24年度応募者数：男子96人、女子84人
◆合格者数：男子28人、女子28人
※付属幼稚園からの進学者を含む
【併設校】
○文教大学付属幼稚園、付属中学校・高等学校
○文教大学

# 宝仙学園小学校

[理事長] 冨田　道生
[校　長] 西島　勇

〒164-8631　東京都中野区中央2-33-26　TEL 03-3371-9284　https://www.hosen.jp/
【交通】東京メトロ丸ノ内線・都営大江戸線中野坂上駅

## 独自の教育計画で、「品格」と「知性」を育む

▼　　　▼　　　▼

### 宝仙学園の教育目標

1. 心やさしく　豊かな情操をもつ子
2. 進んで学び　高い学力を身につける子
3. よく考え　最後までやりぬく子
4. 体を鍛え　きびきびと行動する子

### 独自の教育計画と中学受験の指導態勢

独自の教育計画を立て、豊かな体験学習と基礎学力の充実を重視し、教育活動を展開しています。

特に高学年においては、オリジナルの問題集の使用や習熟度別授業を実施し、私立・国立中学校の受験を考慮した指導態勢を整えているのが大きな特色となっています。

### 特色ある宝仙学園の授業

**探究型学習●** 2018年度より『創造探究』という授業をつくり、主体的に探究活動をする時間を設けました。6年生の修学旅行では、自分たちの訪れたいルートをグループで考えて計画をたて、長崎市内を探索しました。

**ICT教育●**情報活用能力と情報モラルを、幼いうちから身につけることが大切だと考えて、それぞれの学年にふさわしいICTを活用した授業を展開しています。全教室に大型タッチディスプレイを設置、アクティブラーニング教室としての『My Labo.』という教室があります。2020年度からは、全学年一人1台iPadを持参し、授業で活用しています。

**特別授業・放課後学習活動●** 5・6年生では習熟度別グループに分かれて、特別国語と特別算数という授業を行っています。また放課後は外部業者と連携し、放課後学習教室やプログラミング教室などを実施しています。

**英語教育●**伝えよう、理解しようとする気持ちを大切にしながら、英語によるコミュニケーション能力を育てることを目指します。また、「英検Jr」を導入して1年生から活用しているほか、英検の準会場としても実施し、英語の学習の成果を実感できるような取り組みもしています。

**上級学校に進むには**
内部入試があります。
男女とも有名私立中学に多数進学しています。

### 未来社会に通じる力を携えて

校長　西島　勇

宝仙学園は、「品格と知性」の両輪を併せ持つ人格を育てようと90年間の歩みを進めてまいりました。小学校では、「豊かな情操と高い学力」のテーマを掲げてきています。

子ども達は、未来のグローバル社会を生き抜いていく力をつけていかなくてはなりません。子ども達が、『将来にわたって自己実現できますように』と祈りつつ指導しています。

---

### 沿革

真言宗豊山派宝仙寺第五十世住職冨田斅純は、昭和2年に感応幼稚園を、翌年には中野高等女学校を設立。学制改革に伴い、高等女学校、幼稚園をそれぞれ宝仙学園高等学校、宝仙学園幼稚園と改称し、短期大学、中学校を設立。28年に小学校を開校し、総合学園となる。平成19年宝仙学園中学高等学校共学部「理数インター」を開設。平成21年4年制大学こども教育宝仙大学を開設、現在に至る。

### 2025年度募集要項

募集人員：男女70人（内部進学者を含む）
出願期間：推薦10月2日〜10月4日〈WEB出願〉
　一般10月15日〜11月9日〈WEB出願（締切日は12:00まで）〉
　※出願後に書類送付が必要
考査料：20,000円
選考日：推薦11月1日　一般11月16日
選考内容：素質検査、行動観察、個別面接（受験生・保護者別）
合格発表（WEB）：推薦11月1日　一般11月16日
【かかる費用】
○入学金：250,000円　○授業料：660,000円（年額）
○その他　施設維持費、給食費、父母会費等が必要
○初年度納付金：952,500円（寄付金〈任意〉あり）
◆学校説明会：6月4・6日、9月6・10日

### 併設中学進学状況

◆宝仙学園中学・高等学校共学部理数インター2人

### 2024年春の合格実績

【共学校】栄東22、埼玉栄、広尾学園各5、愛光、佐久長聖、日大第二各4、開智所沢、早稲田佐賀各3、開智日本橋学園、国学院大久我山、芝浦工大附、渋谷教育学園幕張、中大附、筑波大附、都立富士高附、東邦大付東邦、三田国際学園各2など【男子校】巣鴨7、本郷6、芝4、駒場東邦、城北埼玉、獨協、立教新座、早稲田各3、海城、北嶺各2、麻布、開成、聖光学院、ラ・サール各1など【女子校】浦和明の星女子6、淑徳与野、豊島岡女子学園各5、吉祥女子、女子学院各4、東洋英和女学院3、大妻、雙葉各1など

### データパック

◆児童数 454人／教員数 30人
◆24年度応募者数：男子90人、女子69人（内部進学者除く）
◆合格者数：男子27人、女子28人（内部進学者除く）
【併設校】○宝仙学園幼稚園　○宝仙学園中学高等学校「女子部（高校のみ）」「共学部理数インター」　○こども教育宝仙大学

# 立教小学校

[院　長] 西原　廉太
[校　長] 田代　正行

〒171-0031　東京都豊島区目白5-24-12　※本校は新校舎建設のため、代替校舎に一時移転します。　TEL 03-3985-2728（代）
【交通】西武池袋線椎名町駅、東京メトロ有楽町線・副都心線要町駅　https://prim.rikkyo.ac.jp/

## キリスト教信仰にもとづく人間教育、愛の教育の実践

▼　　　▼　　　▼

## 神さまによろこばれる子ども～4つの教育目標

①友だちのよいところがわかる子ども　②自分のよいところを表現できる子ども
③広い視野でものを見られる子ども　④すべてに感謝できる子ども

## 命の大切さ、共に生きる喜びを学ぶ

　本校はキリスト教信仰に基づく人間教育、愛の教育を実践しています。礼拝・祈り・聖書の学びを通して、神さまから与えられた命の大切さ、共に生きる喜びを学びます。一人ひとりを大切にし、聴き合い、学び合いを通して確かな学びにつなげ、進んで学ぶ意欲の喚起に努めます。また、小・中・高・大と続く一貫連携教育を進めています。
　「一人ひとりの賜物を引き出す」　神さまから与えられた一人ひとりの賜物を引き出すことを大切にします。学習においては「聴く」こと、「学び合う」ことを重視します。のびのびと自分を表現する子どもたちの成長を丁寧に見定め、適切な指導を行います。

## 教育の特色と活動

　本校の学びは、暗記と再生の正確さ、速さを競う勉強、時間とともに容易に剥落する知識の詰め込みからの転換を図っています。子どもの興味関心を重視し、教師も子どもも互いに学び合いながら、全員が集中、熱中する学び、100点満点をゴールとせずにその先を探求する学びを目指しています。「分からない」が言える授業、「できる」「分かる」「使える・役立つ」という学びの段階に応じ、子どもたち一人ひとりの創造的な思考に価値を見出す授業づくりを目指して、日々創意工夫を重ねています。
　このような立教小学校での6年間の学びを通して、自ら学び続ける力、人と共に生きることを喜ぶ心を持つ子どもとして巣立ち、立教学院の各学校において進んで学び続け、神と人とに仕え、神さまに喜ばれる人として、成長していってくれることを願っています。

| 上級学校に進むには | 小学校で授業に集中する習慣を身につけてしまえば、立教学院の一貫連携教育システムを有効に活用して、伸び伸びと個性を発揮しながら、大学まで競争する事なしに進学できます。そこで、上級学校への推薦のためには、何よりも授業への主体的な参加、基本的生活習慣を重視しています。 |
| --- | --- |

## 真剣さと優しさにあふれた学校を

立教小学校校長　田代　正行

　人は一人ひとり神さまから愛され、かけがえのない賜物をいただき、互いを尊重し支え合いながら生きていきます。本校の教育はキリスト教信仰に基づく愛の教育です。礼拝、祈り、聖書の学びを通して命の尊さ、自然の尊さ、自分の大切さや友だちの大切さを学びながら神さまに愛されている喜びと自信が育まれます。学び合う学び、キャンプやフィールドワークなど豊富な体験活動を通してテーマをもって真理を探究する力、共に生きる力を育てます。聴き合い、認め合い、真剣さと優しさにあふれた学校をこれからも目指していきます。

### 沿革

　立教学院は、1874（明治7）年アメリカ聖公会の宣教師ウィリアムズ主教によって創設されました。立教小学校は、1948（昭和23）年、真のキリスト教教育は幼児期からなされるべきであるという考えの下に設立されました。以来、立教学院は、自由の学府として、小学校から大学までの、キリスト教に基づく一貫連携教育を行っております。

### 2024年度募集要項（実施済み）

募集人員：男子120人
出願期間：
　10月1日9：00～10月3日12：00
　（Webによる出願）
考査料：30,000円
選考日：11月1日・11月2日の2日間
選考内容：基礎学習能力テスト等
合格発表：11月4日9：00～5日16：00
　（Webによる発表）
【かかる費用（2024年度参考）】
入学金：300,000円
授業料：660,000円
施設費：282,000円
その他に冷暖房費、教育振興費など。
初年度納入金総額：1,518,800円

### 併設中学進学状況

◆立教池袋中学校（55人）
◆立教新座中学校（58人）
※成績等が基準に達した者は原則進学可能

### データパック

◆児童数719人／教員数44人（2023年度）
◆24年度応募者数：男子442人
◆入学者数：男子120人

【併設校】
○立教池袋中学校・高等学校
○立教新座中学校・高等学校
○立教英国学院中学部・高等部
○立教大学

# 立教女学院小学校

[理事長] 大澤　眞木子
[校　長] 児玉　純

〒168-8616　東京都杉並区久我山4-29-60　TEL 03-3334-5102（代）　https://es.rikkyojogakuin.ac.jp/
【交通】京王井の頭線三鷹台駅

## 光と風と緑の中の校舎で、のびのび始まる学校生活

▼　　　▼　　　▼

### 立教女学院の教育方針

キリスト教に基づき、人類の福祉と世界の平和に貢献する女性の人格の基礎をつくること。

### 何をすべきか考え、*実践*できる人間に

毎朝の礼拝や週1回の聖書の授業、あるいは教師と児童との交わりを通して、児童が神の存在を確信し、自分が何をするべきかを考え、それを実践できる人になれるように教育を行っています。

●**いきいきと生活する子**：全て人は、神様に愛されて造られました。与えられた賜物を十分に機能させることが必要です。体と心の健康と、朗らかな明るさがその土台です。

●**すすんで行動する子**：意欲と自発性が大切です。人との関わりの中で、よく考え、よく学ぶことが必要です。すすんで自分の力を発揮し、行動できる子どもを目指します。

●**まわりの人を大切にする子**：人をやさしい心で思いやれることが大切です。自分の事のように相手を覚え、手を差し伸べ合える心を育みます。

### 「学びたい」「学ばせたい」「教えたい」に応える教育環境

**グローバル教育**●英語の授業はネイティブを含む教員3名による少人数クラス編成。ICT環境も利用し、目にも耳にも楽しく英語を学んでいます。英語という言語を通して異文化を知り、他者を理解する教育を行っています。

**ICT教育**●子どもたちが主体的に学ぶためのツールとして、様々な授業でiPadを活用しています。3、4年生でリテラシーや基礎的な知識・技能を学び、撮影や調べ学習はもちろん、学習した内容を個人でスライドにまとめたり、仲間と協力して動画やプレゼンテーションを制作したりと、幅広い活動を行います。自分の考えを深めて相手に伝えるスキルを身につけ、デジタルツールを効果的に用いて問題解決に取り組む、協働的な学びへと発展します。また、3年生以上は1人1台iPadを購入していただいています。

**体験型学習**●伝統的な軽井沢キャンプに加え、農業、漁業、林業などを学ぶスタディツアーといった宿泊を伴う多様なプログラムを学年ごとに用意。自然や生き物に直接触れるとともに、地元の方々との交流を通して、自然環境や農業、復興支援について児童一人ひとりが自ら考え、「いのち」の大切さを共に学び合う機会を設けています。

**上級学校に進むには**
卒業生（希望者）は、本学院中学校・高等学校へ進学し、一貫教育を受けることができます。また、一定の要件を満たす者は立教大学に推薦入学することができます（2024年高校3年生より、受入総数201名）。

### 創立者ウィリアムズ師

立教女学院はアメリカ聖公会から日本に派遣されて来た、宣教師ウィリアムズ師によって創立されました。彼は日本の人々がイエス・キリストにあらわれた神の心を知り、真の人生を生きるためにどんなことでもしようと決意していました。その決意の一つに、女子に対する教育がありました。人間がすべて神の前では等しい意味と価値を持っているのだということを、女子教育を始めることにより証したのです。彼は全生涯を日本の宣教と教育に献げ "道を伝えて己を伝えず" と称賛されるほどのまれにみる高徳の師でした。同師の信仰と生き方は本学院の伝統の中に今日も脈々と生き続けています。

### 沿革

1877年、Bishop Channing M.Williamsにより、立教女学院が創設される。1908年、文部大臣の認可を受けて高等女学校となる。関東大震災により校舎が焼失したが、1930年に現在の高等学校校舎が完成。その翌年小学校が併設された。2002年、新校舎完成。

### 2025年度募集要項

募集人員：女子72人
出願期間：
　「Web」および「郵送」両方の出願が必要となります。
　Web出願期間：
　　2024年9月2日（月）～10月2日（水）
　郵送出願：
　　2024年10月1日（火）～10月3日（木）必着
　※簡易書留郵便に限ります
　※窓口での出願は受け付けません
入学試験日：11月4日（月・休）
合格発表：11月5日（火）
【かかる費用（予定）】
入学金：300,000円
藤の会（保護者の会）入会金：10,000円（4月入学後）
（1）学 費（月額）
・授業料　54,000円
・教育充実費　15,000円
（2）校納金（月額）
・藤の会費　1,500円
・給食費　10,100円

### 併設中学進学状況

◆立教女学院中学校
※原則として希望者全員が進学可能

### データパック

◆児童数432人／教員数23人
◆24年度応募者数：女子544人
◆合格者数：90人
【併設校】
○立教女学院中学校・高等学校

東京都国分寺市

早稲田大学
系　属　**早稲田実業学校初等部**

[理事長] 田中　愛治
[校 長] 星　直樹

〒185-8506　東京都国分寺市本町 1-2-1　TEL 042-300-2171　https://www.wasedajg.ed.jp/introduction/e.html
【交通】ＪＲ中央線・西武線国分寺駅徒歩 10 分

# 広いキャンパスで、こころも、からだも大きく成長します。

▼　　　▼　　　▼

## 校訓・校是

「去華就実」　華やかなものを去り実に就く
「三敬主義」　他を敬し、己を敬し、事物を敬す

## 協同して学び合い、ともに成長する

**教育方針**　大学までの一貫教育の第一段階であり、人間形成の土台を培う。
**教育のめあて**　(1) 日常的な自然体験をつうじて、たくましさとやさしさを育てる。
(2) 頭と手と、からだ全体をはたらかせて、ものをつくりだし、表現する力をのばす。
(3) 自分の頭で考える力、みんなで考える力をきたえる。
(4) 情報社会・国際社会に生きるための基礎となる力をつくる。

　初等部から大学までの一貫教育で目標とするのは、「去華就実」「三敬主義」に基づく伝統を踏まえた、豊かな人間性と自主独立の気風にあふれ、広く社会に貢献できる人間の土台をつくることです。
　教育は、人間としての全面的な成長・発達をうながし、これを援助していくといとなみです。子どもたちは、集団のなかで、互いに学び合いながら成長していきます。本学では、さまざまな個性の芽をもつ子どもたちが協同して学び合い、ともに成長していく初等教育を創造していきます。

## 教育環境と学校生活

　国分寺キャンパスは、子どもたちがのびのびと成長できるように工夫され、最新の施設・設備が整った理想的な教育環境です。緑に恵まれたキャンパスの広さは54,257 ㎡。そのうち初等部は 14,943 ㎡あり、普通教室と特別教室には、全て床暖房と空調がほどこされ、快適に学習できるようになっています。また、回廊に囲まれた円形の中庭は、明るくひろびろとした遊び場となっています。
　日課は画一的にこまぎれにせず、教科や学習内容によって弾力的に運用します。1・2校時と3・4校時はそれぞれ 90 分ですが、この時間の使い方は、一律に10 分の休憩をはさんで 40 分の授業を二つおこなうというだけでなく、さまざまな時間設定により効果的な授業を工夫していきます。
**自主的な時間の管理**●チャイムなどの合図は、必要最小限にとどめます。低学年のうちから、自分で時間を管理する習慣を育てます。
**週5日制**●学校週5日制を基本としますが、土曜日に父母が参加する行事をおこなうことがあります。
**服装・持ち物**●制服を着用します。かばん、帽子、体育着、上履きなども学校指定のものがあります。

## 沿 革

　1901 年、早稲田実業学校は、大隈重信の教育理念を実現し、特色ある中等教育を推進するために創設された。創立百周年を迎えた2001 年、早稲田鶴巻町から国分寺市に移転した。2002 年 4 月には、中等部・高等部とも男女共学とし、新たに初等部を設置した。

## 2024年度募集要項 [前年度]

募集人員：第1学年 108 人
願書頒布・出願期間：詳細は HP に掲載
検定料：30,000 円
【入学試験（2024年度参考）】：
［1次試験］考査：本人のみ（生活・運動・認知・情緒・創造性等）
（試験日）11月1日〜11月5日のうち1日を指定　（1次合格発表日）11月7日
［2次試験］面接：本人・保護者
（試験日）11月8日〜11月10日のうち1日を指定　（2次合格発表日）11月12日
【かかる費用（2024年度参考）】
入学金：350,000 円（入学手続時）
施設設備資金：300,000 円（入学手続時）
学費等：770,000 円
※その他、IC カード費用、給食費が別途かかる

## 学校説明会・見学会

◆**学校説明会**＝6月9日（日）10:00、13:00
　（早稲田大学大隈記念講堂で実施）
◆**学校見学会**＝7月20日（土）9:00〜12:00
　（校内自由見学）

## 併設中学進学状況

早稲田実業学校中等部
　（非公表）

## データパック

◆児童数 647 人／教員数 49 人（前年度）
◆24 年度応募者数：男子 654 人、女子 496 人
◆合格者数：男子 86 人、女子 43 人

【併設校】
○早稲田実業学校中等部・高等部
○早稲田大学（系属校）

**上級学校に進むには**　中等部には、原則として全員が進学できます。ただし、中等部から高等部への進学の際も一定の基準があり、高等部から大学への進学も、本人の希望と人物・成績などを勘案して推薦していますので、無条件ではありません。

# 慶應義塾横浜初等部

[塾　長] 伊藤　公平
[初等部長] 馬場　国博

〒 225-0012　神奈川県横浜市青葉区あざみ野南 3-1-3　TEL 045-507-8441（直通）　http://www.yokohama-e.keio.ac.jp/
【交通】東急田園都市線　江田駅下車　徒歩約 10 分

## 「体験教育」「自己挑戦教育」「言葉の力の教育」を柱に、社会の先導者を養成

### 伝統の慶應義塾が新たに開校した初等部

　慶應義塾は、安政 5（1858）年の創立以来その形を次第に整え、明治 31（1898）年、今日に至る一貫教育の制度を確立しました。

　平成 25（2013）年、横浜市青葉区の閑静な地に開校した横浜初等部では、自ら能動的に観察し考える「体験教育」、自分の得意なことに高い目標を定めて達成したり、苦手なことに積極的に取り組む「自己挑戦教育」、あらゆる思考の基盤となる読む力と書く力、他者との協働を可能にする聞く力と話す力など、言葉やコミュニケーションに関する能力を養成する「言葉の力の教育」を三つの柱に教育活動を展開。創立者である福澤諭吉の教育理念「独立自尊」の精神を体現した将来の社会の先導者を育てることを目指しています。

### 週 6 日制のゆとりある教育と実践的カリキュラム

　週 6 日制を実施して十分な授業時間数を確保し、詰め込みや前倒しではない真のゆとりある授業を進めます。生徒にも教員にも十分に活用できる時間を与えながら、私学教育の使命である確かな学力の定着を図ります。低学年から音楽や図画工作、体育、英語などの教科に専科制を取り入れ、中学年（3・4 年）からはすべての教科で教科担任制を実施しています。

　言葉の力を磨くと共に身の回りの具体的な事柄についてデータを基に考える統計教育にも力を入れています。

**慶應義塾独自の科目●**飼育、栽培、暮らし、食育、健康など、自分を取り巻く社会の仕組みや環境について学ぶ総合的な教科「生き方科」や、福澤諭吉の著作を題材とした学びをはじめ、慶應義塾の歴史や門下生の生き方を学んだり、身の回りの安全やいのち、情報モラルなど今日的な課題について仲間と話し合ったりする「福澤先生の時間」といった独自の科目を取り入れた、慶應義塾ならではの先導的な教育を行い、考える力や品格を養っています。

### 校外活動や年間行事で重層的な学習体験を提供

**自立心を育む行事や校外活動●**遠足や運動会、音楽会、学芸会など、みんなで協力しながら楽しむ行事が充実しています。また校外活動にも力を入れており、特に学校を挙げて取り組む宿泊行事では、友達と共に規律ある共同生活を送ることによって、子どもたちの自立心、リーダーシップ、協力する心を養っています。

**危機管理能力を養成●**大きな災害に備えて行う防災訓練や、異学年間で取り組むさまざまな行事を通して、危機管理意識や集団の中での個という感覚を育てています。

**多様な体験プログラムで学習意欲を向上●**学校生活の中心となる空間である図書館では、日本語や英語の児童書の読み聞かせをはじめ、音楽や美術、実験等の自由参加のプログラムを開き、生徒の好奇心を刺激します。確かな学力の基礎を築くと共に、スポーツ・芸術等を通じて、豊かな感性と個性を育んでいます。

**上級学校に進むには**　一貫教育を実施しており、部長の推薦により湘南藤沢中・高等部に進学します。

### 沿革

　安政 5 年、福澤諭吉が蘭学塾を創始。その後慶應 4 年（明治元年）に「慶應義塾」と命名。明治 7 年に幼稚舎、同 23 年に大学部を発足した。同 31 年には一貫教育制度を確立。その後も中等部の開校や高等学校および女子高等学校の発足、ニューヨーク学院の開校などを経て、平成 25 年に横浜初等部を開校した。

### 2024年度募集要項［前年度］

募集人員：男子 66 名　女子 42 名
インターネット出願登録：9 月 1 日〜9 月 29 日
出願期間：9 月 28 日・29 日
　（郵送受付のみ。上記の期間外の消印があるものは受け付けない。国外から郵送の場合は上記期間に必着）
選考日：［1 次試験］11 月 11 日
　　　　［2 次試験］11 月 22 日〜25 日
　　　　※試験は期間中の 1 日のみ。
合格発表日：［1 次試験］11 月 17 日
　　　　　　［2 次試験］11 月 29 日
【かかる費用】
入学金：340,000 円
授業料（年額）：960,000 円
教育充実費（年額）；470,000 円
給食費（年額）：120,000 円　など

### データパック

◆ 24 年度志願者数：男子 804 名／女子 625 名
◆ 合格者数：男子 66 名／女子 42 名

【併設校】
○慶應義塾幼稚舎
○慶應義塾普通部
○慶應義塾中等部
○慶應義塾湘南藤沢中等部・高等部
○慶應義塾高等学校
○慶應義塾志木高等学校
○慶應義塾女子高等学校
○慶應義塾ニューヨーク学院（高等部）
○慶應義塾大学・大学院

# 精華小学校

[理事長] 臼井　公明
[校 長] 臼井　公明

〒 221-0844　神奈川県横浜市神奈川区沢渡 18　TEL045-311-2963　http://www.seika-net.ed.jp
【交通】JR・私鉄横浜駅より徒歩 12 ～ 13 分

## 「人のお世話にならぬよう 人のお世話のできるよう」
## を校訓に、強く優しい子を育てる教育

### 特色ある教育

**西グラウンド3周運動と100冊の本運動●**子どもたちは、毎朝グラウンドを3周（約500m）走ります。100冊の本を中心に読書の輪を広げます。6年間の学校生活の心と体の支えとなっています。

**関西旅行●**5年生の終わりに4泊5日の関西旅行に行きます。各見学地でのメモをもとに、100ページに及ぶ関西旅行記を書き上げ、文化祭で展示します。

**中学受験に対応できる基礎学力●**低学年での学習の習慣づけやわかる喜びに始まり、豊富な授業量、独自のカリキュラムで学習を行うことで自ら学ぼうとする高い意欲、判断力を身につけます。この積み重ねによって、中学受験に対応できる力を養います。また、各教科とも専科制の組織をとっています。

### 学校行事

　3大行事の運動会・七夕学芸会・文化祭をはじめとして、遠足・球技大会・マラソン大会などがあります。その他、作家と語る会・科学者と語る会など情操面にも力を入れています。3年生からは各見学地について旅行記を作成。その集大成は4泊5日の関西旅行です。夏季教室は3年生からで、保田、野辺山、那須高原、富士五湖の各方面へと出かけます。

### 施設・設備

　2006年7月完成の新校舎は耐震基準の1.25倍で、校地は標高23mとなっています。2つの理科室、防音設備の整った音楽室、クラス全員分のPCを揃えた情報室とつながっている図書室などがあります。子どもが遊ぶ場所としては、校庭の他、2012年に人工芝に改修した広いグラウンドがあります。同じ施設内の神奈川学園中学校・高等学校とは講堂・体育館施設を共有しています。教室には50型のテレビを設置しPCやタブレットを使って授業を行ったり、低学年では教室前のスペースを広くとるなどして最新設備の学習環境を整えるように心がけています。

　また、2014年に創立100周年を迎えた神奈川学園中学校・高等学校の100周年建築に伴い、2014年に新プールが完成しました。2017年春、百周年記念ホールが完成。現在の講堂・体育館の改修も完了し、2022年には校庭の人工芝と遊具をリニューアルするなど、さらに学校生活環境が良くなりました。

| 上級学校に進むには | 女子は内部進学試験の結果により、神奈川学園中学校に進学することができます。 |

### 建学の精神

　1．形式的・画一的教育を避けて、自由個別的教育をなす。
　2．規律習慣を以て、個性を抑圧することを避け、自立自発的な教育をなす。
　3．知識偏重を避け、情意の修練を重んず。
　4．体育を重んじ、自由運動・作業を奨励する。
　5．自主教材を重んじ見学体験を重視する。
を教育の5原則として、現在も継承している。

### 沿　革

　当時の公教育の画一的・管理的な方向に疑問を感じていた佐藤善治郎が、自ら理想とする小学校の創設に乗り出し、すでに開校されていた神奈川高等女学校の教頭である岸田与一を欧米教育事情視察に派遣し、その教育的示唆を参考として、1922（大正11）年に創立した。

### 2025年度募集要項

募集人員：男女計80名
出願期間：8月26日～8月30日（予定、Web出願）
選考料：25,000円
面接日：9月24日以降の指定の日時
　※受験児童・保護者（なるべく両親）
考査日：10月22日（保護者同伴、一人で可）
合格発表日：10月22日～23日
【かかる費用（2024年度参考）】
入学金：300,000円
授業料：39,500円（毎月）
施設拡充費：300,000円（入学時のみ）
教育管理費：25,000円（毎月）
父母と教師の会会費：20,000円（年額）
児童費：3,000円（年額）
初年度納入金合計：1,421,000円

### 過去5カ年の進学実績

【男子】聖光学院31、浅野19、開成17、サレジオ学院、栄光学園各16、逗子開成11、鎌倉学園、麻布各10、筑波大附駒場8、学習院、駒場東邦各7、攻玉社、世田谷学園各6、山手学院、関東学院、慶應義塾普通部各5、法政大第二、公文国際学園、日本大、成城、東京都市大付、北嶺、立正大付立正各3 など
【女子】桜蔭15、フェリス女学院11、豊島岡女子学園9、神奈川学園8、横浜共立学園7、広尾学園、女子学院、洗足学園各5、法政大第二、桐蔭学園中、三田国際学園、青山学院横浜英和、鎌倉女学院、品川女子学院各3、山手学院、神奈川大附、横浜サイエンスフロンティア高附、横浜女学院、慶應義塾湘南藤沢、青雲各2 など

### データパック

◆ 児童数　480人／教員数　32人
◆ 24年度応募者数：316 人
◆ 合格者数：―
【併設校】
○神奈川学園中学校・高等学校

# 桐蔭学園小学校

[理事長] 溝上　慎一
[校　長] 森　朋子

〒225-8502　神奈川県横浜市青葉区鉄町 1614　TEL 045-972-2221(直通)　http://toin.ac.jp/ele/
【交通】東急田園都市線あざみ野駅・市が尾駅・青葉台駅、小田急線柿生駅よりバス(スクールバス発着　江田駅、柿生駅)

## だれもが未来のリーダーに！
## マナビを科学する学校

▼　　　　▼　　　　▼

### 「自ら考え 判断し 行動できる子どもたち」を育てる

桐蔭学園では、単に大学に進学させる進学校ではなく、学園を巣立った後もしっかり学び、力強く仕事・社会に出ていく子どもを育てることを「新しい進学校のカタチ」と称して目指しています。

### 進化を続ける 12 年間の一貫教育

小学校では見える学力の向上だけに注力するのではなく、点数化できない主体性や協調性、行動力、リーダーシップといった非認知能力を育むことが重要だと考えます。本学園の 12 年間の一貫教育では、児童期に非認知能力をしっかり育み、人間形成の基礎をしっかりつくることで、中等に進んでから知識を深め、資質、能力を大きく伸ばし、個性ある豊かな人間へと成長していきます。
【アクティブラーニング型授業】「主体的で対話的な深い学び」を取り入れています。教師が一方的に知識伝達をする講義型の授業ではなく、児童が主体的・対話的に取り組む学習形態を積極的に展開しています。
【探究】思考力や問題解決能力を育みながら、何事にも一生懸命にチャレンジしようとする心、最後まで諦めずに全力で向かう気持ちを大切にしています。
【キャリア教育】他者と協働できる力を磨き、自らの力を生かして、身近な集団や社会がよりよくなるように行動できる人材を目指します。

### 6 つのコンピテンシーを身につけるためのプログラムを実践

偏差値主義的な古い価値観を排し、これからの実生活や実社会で必要な資質・能力である 6 つのコンピテンシー（思考力・創造力・チャレンジ力・メタ認知力・思いやり・エージェンシー）を身につけるためのプログラムを実践しています。
【シンキングツール】自分の考えを整理したりまとめたりする際に、視点や具体例などを魚の骨の形をした図に書き込んで整理する「フィッシュボーン」など、さまざまなシンキングツールを用いて考えを深めます。
【1 人 1 台のタブレット端末】主体的に学べるだけでなく、オンデマンドとリアルオンラインの講座を通じて学習指導要領を超えた学びにも挑戦しています。
【でるくいキリリン講座】オンラインで JAXA のスタッフやフライトアテンダントの方のお話を聞いたり、パラバスケでメダルを獲得した選手と交流を図ったり、自分の興味があるものを選べるようになっています。

### 上級学校に進むには

本校 6 年児童の中等教育学校への内部進学については、ご家庭からの希望に対し、一定条件に基づいて小学校が推薦を行います。その推薦内容を基に中等教育学校が入学の可否を判定します。

## 沿革

1964 年、学校法人桐蔭学園設立、桐蔭学園高等学校（男子校）開設。1966 年に中学校（男子校）、1967 年に小学校、1969 年に幼稚園開設。その後、女子部（中高）、桐蔭横浜大学（工学部）が開設され、本格的な総合学園として確立。さらに 2001 年、中等教育学校（男子校）開設。
大学では 1993 年に法学部、2005 年に医用工学部、2008 年にスポーツ健康政策学部を開設。
そして 2014 年、学園創立 50 周年を機に教育改革をスタート。
2018 年、高等学校が共学化、2019 年には中学校（男子部・女子部）と中等教育学校を中等教育学校に一本化し、男女共学化。

## 2025年度募集要項

試験日：
10 月 23 日（水）一般入試／男子
10 月 24 日（木）一般入試／女子
11 月 1 日（金）アドベンチャー入試
募集人員：
一般入試／男女約 60 名（男女各 30 名程度）
アドベンチャー入試／約 10 名
選考内容：
一般入試／知能テスト・行動観察（一斉活動・自由遊び・親子面接）
アドベンチャー入試／行動観察　※知能テスト及び児童面接はなし
面接：
一般入試／事前親子面接
アドベンチャー入試／入試当日に保護者面接
募集要項閲覧：
2025 年度募集要項を学園公式 Web サイトにて公開中
※ Web 出願のみ、クレジットカード決済のみ
※顔写真はデータアップロードのみ（貼付不可）
※予定が変更になる場合があります。その際は学園公式 Web サイトにてお知らせいたします。

## データパック

◆児童数 580 人／教員数 40 人
◆ 2024 年度志願者数
一般入試／女子 182 人、男子 266 人
アドベンチャー入試／男女 32 人
◆合格者数
一般入試／女子 53 人、男子 50 人
アドベンチャー入試／男女 10 人
【併設校】
〇桐蔭学園幼稚園　〇桐蔭学園中等教育学校
〇桐蔭学園高等学校　〇桐蔭横浜大学

## "子どもたち中心の学び"で 6 つの力を育もう

校長　森　朋子

　自分で考え、行動し、仲間に支えられ、失敗をも経験しながら目標に向かって前進する、そのような経験を積み重ねることで子どもたちは「生き抜く力」を身に付けます。桐蔭学園小学校は、これまで以上に子どもの学び中心主義を押し進め、子ども自身が深く考え、それらを発信することを教育の基盤に据えていきます。そのために、新たに学校教育目標下に育成すべきコンピテンシー（資質・能力）として「思考力」「創造力」「チャレンジ力」「メタ認知」「思いやり」「エージェンシー」の 6 つを設定しました。一人ひとりの子どもたちの個性ある豊かな成長へ中等教育学校とも連携しながら桐蔭学園として『21 世紀を生き抜く子どもたち』を育みます。

# 西武学園文理小学校

[理事長] 安達原文彦
[校　長] 古橋　敏志

〒350-1332　埼玉県狭山市下奥富600　TEL 04-2900-1800　https://www.seibubunri-es.ed.jp/　【交通】西武新宿線「新狭山駅」徒歩10分　スクールバス／JR埼京線・東武東上線「川越駅」、西武池袋線「稲荷山公園駅」、JR八高線・西武池袋線「東飯能駅」

英語のシャワーで世界に発信
"高き志" をもったグローバルな
「トップエリート」を育てます

▼　　　　▼　　　　▼

## 西武学園文理の教育の重点

「すべてに誠をつくし、最後までやり抜く強い意志を養う」という学園全体の教育方針のもと、

○こころを育てる　○知性を育てる　○国際性を育てる

以上、3つを教育の柱に設定し、日々の教育活動の中で実践するとともに、学力を身につけるだけでなく、ホスピタリティ教育を重視し、明るく元気で、人を思いやる優しさのある温かい心を育みます。

## 充実した国際教育でレディー＆ジェントルマンを養成

**教科指導●**学力の基礎・基本をしっかり定着させるとともに、応用力や論理的思考力を伸ばす授業を展開しています。各教科の授業を通して、自分の考えを論理的に表現するプレゼンテーション能力の育成に力を入れています。

**英語教育●**校内には8人の外国人英語講師がいて、登校から下校までいつでも英語を使える環境があります。英語でコミュニケーションをとる授業では、外国人英語講師の自然な英語を Model としてたくさん聞き、聴く力を鍛えます。そして Action（動作）を交えた口頭練習を繰り返し、英語の発音やリズムと意味を（口と）体に染み込ませます。また、習得した表現を使って Talk することで、英語で伝える体験と喜びを積み重ねていきます。

知的好奇心がさらに高まる4～6年生では、よりアカデミックな英語学習をする Reading & Writing の時間が加わります。低学年の授業で用いてきた英文の構造を意識する（英文法学習のスタート）、テーマを決めて英作文をする、などを行い知識の体系化をはかっていきます。

**情報教育●**週1時間、iPad を使って課題解決型学習を行います。卒業までに、ワードプロセッシング、スプレッドシート、プレゼンテーションソフトなどの基本的な操作ができるようになります。3～4年生は、外国人英語講師も加わり「Bunri イマージョンプログラム」で行います。

**国際教育●**国際社会でリーダーシップを発揮できる人材となるためには、まず日本人としてのアイデンティティを持つことが必要です。本校では礼儀・作法、マナーのほか、日本の伝統的な文化を正しく理解させることを重視した教育を実践しています。また、他国の児童・生徒との交流などを通じて、異文化理解と国際社会に対する広い視野を持つよう指導しています。5年次にはイギリス短期留学、6年次にはアメリカ研修を実施し、他国の児童と共に生活しながら英語を学び、異文化を体験・吸収して、国際人としての素養と英語力に磨きをかけます。

**上級学校に進むには**　一定の基準を満たしている者に限り、中学校への進学は可能です。

### 沿　革

学校法人文理佐藤学園が、昭和56(1981)年、西武学園文理高等学校を、平成5(1993)年には西武学園文理中学校をそれぞれ開校。平成16(2004)年4月、豊かな自然を残す入間川に近い高台に西武学園文理小学校を開校しました。

### 2024年度募集要項［前年度］

◆募集人員：男女合計96名
◆出願期間：インターネット出願のみ
【第1回】8/18～8/28　【第2回】9/28～10/4
【第3回】11/9～11/17
◆受験料：20,000円
◆面接試験日
【第1回】9/2～4のいずれか　【第2回】10/14または15　【第3回】11/18（試験日当日の午後）
◆入学試験日
【第1回】　9/15～17のうち本校指定日時
【第2回】10/21・22のうち本校指定日時
【第3回】11/18　午後
◆試験内容
面接試験、入学試験（ペーパーテスト、制作テスト、運動テスト、行動観察の4項目）
◆合格発表：インターネット発表のみ
【第1回】9/19　11:00　【第2回】10/23　21:00
【第3回】11/20　17:00

◆2025年度入試用　説明会等（事前予約制）
①学校説明会（学内開催型）
5/22（水）午前
6/2（日）終日、6/29（土）午前
②文理小の歩く説明会「Bunri Walk Day」（学内開催型）
5/25（土）午後、6/16（日）終日、7/13（土）終日
開催時間や実施内容等の詳細については、学校のホームページをご覧ください。
◆学費等
入学金：250,000円　授業料：450,000円（年額）
施設設備費150,000円（年額）

### 併設中学進学状況

◆西武学園文理中学校
※一定の基準を満たしている者が進学できる

### データパック

児童数342人／教員数22人
24年度応募者数：650人　合格者数：532人
【併設校】
○西武学園文理中学校・高等学校
○西武文理大学

# 東京圏　私立小学校
# 資料編

東京圏
私立小学校
ガイダンス

「進学条件」のイ～ホの記号は下記の通り。

　イ．原則として希望者全員が進学可能（学校長の推薦が必要な場合も含む）　　ロ．成績等が基準に達した者は全員が進学可能

　ハ．一般受験生と同様に試験を受けるが、多少有利に扱われる　　ニ．一般受験生と全く同等に扱われる　　ホ．付属中学なし

初年度納入金の金額は前年度参考。その他、各欄のハイフンは非公表または未集計を示す。

※試験日程などの内容は変更となる場合があります。正式な情報は必ず各学校の入試要項等でご確認ください。

★印の小学校は p.33 ～ p.71 の本文記事を参照

# ▼東京都

学校法人　晃華学園

# 晃 華 学 園 小 学 校

[所在地] 〒182-8550 調布市佐須町 5-28-1 ℡ 042-483-4506
[交通] 京王線つつじヶ丘駅・調布駅、JR 中央線三鷹駅・吉祥寺駅よりバス／JR 中央線武蔵境駅、京王線国領駅からスクールバス運行
[理事長] 柿山　隆　[校長] 片桐　有志司

## ● 2025 年度募集要項

募集人員：①男女約 30 人　②男女約 10 人
出願期間：① 10 月 1 日〜 10 月 16 日
　　　　　② 10 月 1 日〜 10 月 23 日
試 験 日：① 11 月 1 日　② 11 月 4 日
発 表 日：① 11 月 2 日　② 11 月 5 日
選 考 料：20,000 円
初年度納入金：1,000,000 円

## ●データパック

児童数／教員数：477 人／31 人
2024 年度応募者数：252 人
合格者数：57 人
併設中学進学者数：晃華学園中学校（女子約 70％）
　　　　　／進学条件：イ
〔併設校〕晃華学園マリアの園幼稚園／晃華学園暁星
　　　　　幼稚園／晃華学園中学校・高等学校

---

学校法人　育英学院

# サ レ ジ オ 小 学 校

[所在地] 〒187-0021 小平市上水南町 4-7-1　℡ 042-321-0312
[交 通] ＪＲ武蔵小金井駅、ＪＲ国分寺駅、西武新宿
　　　　線花小金井駅、西武新宿線小平駅
[理事長] 並木　豊勝　[校長] 北川　純二

## ● 2024 年度募集要項 ［前年度］

募集人員：男女約 20 人＋若干名
出願期間：一次 10 月 10 日・11 日〈窓口〉10 月 10 日
　　　　　〜 10 月 16 日〈郵送〉　二次 11 月 14 日〈窓口〉
　　　　　11 月 8 日〜 11 月 14 日〈郵送〉
試 験 日：一次 11 月 4 日　二次 11 月 18 日
発 表 日：一次 11 月 6 日　二次 11 月 20 日
選 考 料：10,000 円
初年度納入金：約 690,000 円

## ●データパック

児童数／教員数：— ／ —
2024 年度応募者数：—
合格者数：—
併設中学進学者数：男子 3 人／進学条件：—
〔併設校〕目黒サレジオ幼稚園、足立サレジオ幼稚園、
　　　　　町田サレジオ幼稚園 ／サレジオ中学校／サレジオ
　　　　　工業高等専門学校

---

学校法人　自由学園

# 自 由 学 園 初 等 部

[所在地] 〒203-8521 東久留米市学園町 1-8-15
　　　　　　　　　　　　　　　℡ 042-422-3116
[交 通] 西武池袋線ひばりヶ丘駅
[学園長] 高橋 和也　[理事長] 村山 順吉　[部 長] 高橋 出

## ● 2025 年度募集要項

募集人員：第一回　男女 40 人
　　　　　第二回・第三回　若干名
出願期間：第一回 10 月 1 日〜 10 月 24 日
　　　　　第二回 10 月 1 日〜 10 月 24 日
　　　　　第三回 10 月 1 日〜 11 月 21 日
面 接 日：第一回 11 月 2 日　第二回 11 月 5 日
　　　　　第三回 11 月 30 日
試 験 日：第一回 11 月 1 日　第二回 11 月 5 日
　　　　　第三回 11 月 30 日
発 表 日：Web（第一回 11 月 3 日、第二回 11 月 6 日、
　　　　　第三回 12 月 1 日／いずれも 14 時から）
※国立併願者は、国立最終発表日翌日まで手続き可能

選 考 料：25,000 円
初年度納入金：1,210,300 円

## ●データパック

児童数／教員数：198 人 /25 人
2024 年度応募者数：45 人
合格者数：37 人
併設中学進学者数：自由学園中等部（一）／進学条件：
　—
〔併設校〕自由学園幼児生活団幼稚園／自由学園中等
　　　　　部・高等部／自由学園最高学部

学校法人　大乗淑徳学園

# 淑 徳 小 学 校

[所在地] 〒174-8588 板橋区前野町 5-3-7　℡ 03-5392-8866
[スクールバス発駅] 東武東上線ときわ台、JR赤羽、三田線志村坂上、西
武池袋線練馬高野台、大江戸線練馬春日町、有楽町・副都心線平和台
[理事長] 長谷川　匡俊　[校　長] 松本　太

## ● 2025 年度募集要項

募集人員：男女 105 人
出願期間：インターネット出願
　　　　　単願 10 月 3 日〜10 月 5 日
　　　　　一般 10 月 6 日〜11 月 2 日
試 験 日：単願 11 月 1 日　一般 11 月 4 日
発 表 日：単願 11 月 1 日　一般 11 月 4 日
選 考 料：25,000 円
初年度納入金：1,114,400 円

## ●データパック

児童数／教員数：677 人 /48 人（前年度）
2024 年度応募者数：—
合格者数：—
併設中学進学者数：淑徳中学校（一）、淑徳巣鴨中学
校（一）／淑徳与野中学校（一）／進学条件：ハ
〔併設校〕淑徳幼稚園／淑徳与野幼稚園／淑徳中学校・
高等学校／淑徳巣鴨中学校・高等学校／淑徳与野中
学校・高等学校／淑徳大学

---

学校法人　聖徳学園

# 聖 徳 学 園 小 学 校

[所在地] 〒180-8601 武蔵野市境南町 2-11-8
　　　　　℡ 0422-31-3839
[交　通] JR中央線・西武多摩川線武蔵境駅下車徒歩 5 分
[理事長] 岩崎　治樹　[校　長] 和田　知之

## ● 2024 年度募集要項 [前年度]

募集人員：男女約 30 人（内部進学者は含まず）
出願期間：10 月 2 日〜10 月 7 日
面 接 日：10 月 14・18・21 日（選択制）
試 験 日：11 月 2・3・4 日のうち 1 日を選択
発 表 日：11 月 5 日
選 考 料：30,000 円
初年度納入金：1,471,200 円

## ●データパック

児童数／教員数：369 人 /34 人（講師 6 人を含む）
2024 年度応募者数：—
合格者数：—
併設中学進学者数：聖徳学園中学校（男子 7 人、女
子 1 人）
〔併設校〕聖徳幼稚園／聖徳学園中学校・高等学校

---

学校法人　菅生学園

# 菅 生 学 園 初 等 学 校

[所在地] 〒197-0801 あきる野市菅生 1468
　　　　　℡ 042-559-9101
[交　通] JR青梅線小作駅・JR五日市線秋川駅よりバス
[理事長] 島田　幸成　[校　長] 布村　浩二

## ● 2024 年度募集要項 [前年度]

募集人員：①②男女 30 人　特別入試：若干名
出願期間：① Web10 月 1 日〜10 月 20 日、郵送 10
月 1 日〜10 月 23 日　② Web10 月 1 日〜10 月 27
日、郵送 10 月 1 日〜10 月 30 日　特別：Web11 月
1 日〜11 月 14 日、郵送 11 月 1 日〜11 月 16 日
親子面接：① 10 月 10 日〜10 月 26 日
　　　　　② 10 月 23 日〜11 月 2 日　特別：考査日当日
試 験 日：① 11 月 1 日　② 11 月 5 日　特別 11 月 18 日
発 表 日：① 11 月 1 日　② 11 月 5 日　特別 11 月 18 日
選 考 料：25,000 円
初年度納入金：844,000 円

## ●データパック

児童数／教員数：144 人 /15 人
2024 年度応募者数：33 人
合格者数：26 人
併設中学進学者数：東海大学菅生高等学校中等部（男
子 1 人、女子 5 人）
〔併設校〕東海大学菅生高等学校中等部／東海大学菅
生高等学校／東海大学

## 学校法人 聖ドミニコ学園
# 聖ドミニコ学園小学校

[所在地] 〒157-0076 世田谷区岡本1-10-1　℡03-3700-0017
[交　通] 東急田園都市線用賀駅、東急田園都市線・大井町線二子玉川駅、小田急線成城学園前駅
[学園長] 山﨑　昭彦　[校　長] 山﨑　昭彦

### ● 2025 年度募集要項

募集人員：入試A 男女30人　入試B 男女30人　入試C 男女若干名
出願期間：A、Bともに10月1日～10月13日　C10月1日～11月15日〈Web出願　募集要項配布は5月15日の説明会より〉
面　接　日：A、Bともに10月24日か25日のいずれか1日　Cのみ受験11月6日～11月14日
試　験　日：A11月1日　B11月3日か4日のいずれか1日　C11月16日
発　表　日：A11月2日　B11月5日　C11月17日

選　考　料：25,000円
初年度納入金：1,114,200円

### ●データパック

児童数／教員数：486人/32人
2024年度応募者数：382人
合格者数：103人
併設中学進学者数：聖ドミニコ学園中学校（52人）／進学条件：イ
〔併設校〕聖ドミニコ学園幼稚園／聖ドミニコ学園中学校・高等学校

---

## 学校法人 清明学園
# 清明学園初等学校

[所在地] 〒145-0066 大田区南雪谷3-12-26　℡03-3726-7138
[交　通] 東急池上線雪が谷大塚駅
[理事長] 浅野　輝一　[校　長] 横山　豊治

### ● 2024 年度募集要項 ［前年度］

募集人員：男女80人(内部進学者含む)
出願期間：① 10月2日～11月2日　② 11月17日～11月30日
試　験　日：① 11月4日・5日いずれかの午前または午後　② 12月2日の午前
発　表　日：① 11月6日　② 12月2日
選　考　料：20,000円
初年度納入金：914,000円

### ●データパック

児童数／教員数：378人/22人（前年度）
2024年度応募者数：－
合格者数：－
併設中学進学者数：清明学園中学校（一）／進学条件：イ
〔併設校〕清明幼稚園／清明学園中学校

---

## 学校法人 三育学院
# 東京三育小学校

[所在地] 〒177-0053 練馬区関町南2-8-4　℡03-3920-2450
[交　通] ＪＲ吉祥寺駅・西武新宿線武蔵関駅など
[理事長] 稲田　豊　[校　長] 平田　理

### ● 2025 年度募集要項 ［予定］

募集人員：男女25人
出願期間：①ＡＯ入試 10月1日～10月31日　②第1期 10月1日～11月7日　③第2期 11月11日～12月5日
試　験　日：① 11月3日② 11月10日③ 12月8日
発　表　日：① 11月4日② 11月11日③ 12月9日
選　考　料：20,000円
初年度納入金：660,000円（入学金、施設拡充費、学費等納入金の合計）

### ●データパック

児童数／教員数：－/17人
2024年度応募者数：－
合格者数：－
系列中学進学者数：三育学院中等教育学校（男子2人、女子4人）、沖縄三育中学校（男子1人）／進学条件：イ
〔系列校〕三育小学校（札幌・函館・久慈川・光風台・横浜・広島・広島大和・鹿児島・沖縄）／三育学院中等教育学校、広島三育学院中学校・高等学校、沖縄三育中学校／三育学院大学／三育学院大学大学院／三育学院カレッジ

## 学校法人　創価学園
# 東京創価小学校

[所在地] 〒187-0023 小平市上水新町2-20-1
℡ 042-345-2611
[交　通] 西武国分寺線鷹の台駅
[理事長] 谷川　佳樹　[校　長] 塩田　誠一郎

## ● 2024年度募集要項 [前年度]

募集人員：約100人
出願期間：9月4日～10月2日
面接日：試験日と同日
試験日：11月1日～11月5日のうち1日を学校が指定
発表日：11月10日
選考料：15,000円
初年度納入金：約1,025,500円

## ●データパック

児童数／教員数：573人/42人
2024年度応募者数：－
合格者数：男子48人、女子48人
併設中学進学者数：創価中学校（男子46人、女子48人）／進学条件：イ
〔併設校〕札幌創価幼稚園／創価中学校・高等学校／関西創価中学校・関西創価高等学校／創価大学、創価女子短期大学

---

## 学校法人　東京農業大学
# 東京農業大学稲花小学校

[所在地] 〒156-0053 東京都世田谷区桜三丁目33番1号
℡ 03-5477-4115
[交　通] 小田急線「経堂駅」、東急世田谷線「上町駅」
[理事長] 江口　文陽　[校　長] 夏秋　啓子

## ● 2025年度募集要項

募集人員：男子36人、女子36人
出願期間：10月1日～2日（出願サイト「ミライコンパス」によるインターネット出願）
面接日：10月の指定された期間（予定）
試験日：11月1日～4日のうちの1日
発表日：11月7日　Webにて発表（予定）
選考料：25,000円
初年度納入金：約1,599,280円

## ●データパック

児童数／教員数：359人（23年度=1～5年生）/29人
2024年度受験者数：798人
合格者数：90人
〔併設校〕東京農業大学第一高等学校中等部／東京農業大学第二高等学校中等部／東京農業大学第三高等学校附属中学校／東京農業大学第一高等学校／東京農業大学第二高等学校／東京農業大学第三高等学校／東京農業大学／東京情報大学

---

## 学校法人　東星学園
# 東星学園小学校

[所在地] 〒204-0024 清瀬市梅園3-14-47
℡ 042-493-3205
[交　通] 西武池袋線秋津駅、ＪＲ武蔵野線新秋津駅
[理事長] 田代　嘉子　[校　長] 大矢　正則

## ● 2025年度募集要項

募集人員：①②③④男女計48人
出願期間：① 10月1日～10月30日　② 10月1日～11月14日　③ 11月18日～12月13日　④ 12月16日～1月9日
試験日：① 11月1日または2日　② 11月16日　③ 12月15日　④ 1月11日
発表日：Webにて発表
選考料：20,000円
初年度納入金：931,500円

## ●データパック

児童数／教員数：112人／21人
2024年度応募者数：－
合格者数：－
併設中学進学者数：東星学園中学校（一）／進学条件：イ
〔併設校〕東星学園幼稚園／東星学園中学校・高等学校

学校法人　トキワ松学園

# トキワ松学園小学校

[所在地] 〒 152-0003 目黒区碑文谷 4-17-16
　　　　　　　　　　　　　　　TEL 03-3713-8161
[交　通] 東急東横線都立大学駅
[理事長] 岡本　信明　[校　長] 百合田　依子

## ● 2025 年度募集要項

募集人員：男女約 40 人　2 学級編成（1 学級 20 数人）
出願期間：10 月 1 日〜 10 月 28 日
面　接　日：10 月 19 日、26 日　両日 9:00 〜 13:00
　のいずれかを選択
試　験　日：11 月 1 日・11 月 2 日のいずれかの午前
　または午後を選択
発　表　日：11 月 2 日
選　考　料：25,000 円
初年度納入金：1,237,200 円

## ●データパック

児童数／教員数：285 人 /22 人
2024 年度応募者数：男子 82 人、女子 58 人
合格者数：男子 23 人、女子 25 人
併設中学進学者数：トキワ松学園中学校（女子 4 人）
　／進学条件：イ
〔併設校〕トキワ松学園中学校・高等学校／横浜美術
　大学

---

学校法人　明星学園

# 明 星 学 園 小 学 校

[所在地] 〒 181-0001 三鷹市井の頭 5-7-7
　　　　　　　　　　　　　　　TEL 0422-43-2197
[交　通] 京王井の頭線井の頭公園駅、JR 中央線吉祥寺駅
[理事長] 平田　和孝　[校　長] 照井　伸也

## ● 2025 年度募集要項

募集人員：A 入試（第一志望）、B 入試（一般入試）
　あわせて男女 72 人
出願期間：A 入試 10 月 1 日〜 10 月 28 日　B 入試
　10 月 1 日〜 11 月 7 日〈Web〉
面　接　日：試験日と同日
試　験　日：A 入試 11 月 1 日・2 日　B 入試 11 月 10 日
発　表　日：A 入試 11 月 3 日　B 入試 11 月 11 日〈速達〉
選　考　料：21,000 円
初年度納入金：959,500 円（24 年度）

## ●データパック

児童数／教員数：421 人 /35 人
2024 年度応募者数：123 人
合格者数：約 70 人
併設中学進学者数：明星学園中学校（男女 51 人）／
　進学条件：イ
〔併設校〕明星学園中学校・高等学校

---

学校法人　武蔵野学園

# むさしの学園小学校

[所在地] 〒 183-0002 府中市多磨町 1-19-1
　　　　　　　　　　　　　　　TEL 042-361-9655
[交　通] 西武多摩川線多磨駅
[理事長] 江幡　眞喜子　[校　長] 青木　洋介

## ● 2024 年度募集要項 ［前年度］

募集人員：①男女 40 人　②③男女若干名
出願期間：① 10 月 1 日〜 10 月 30 日〈窓口〉
　② 10 月 1 日〜 11 月 14 日〈窓口〉
　③ 11 月 18 日〜 12 月 5 日〈窓口〉
面　接　日：試験日と同日
試　験　日：① 11 月 1 日　② 11 月 16 日
　③ 12 月 7 日
発　表　日：① 11 月 1 日　② 11 月 16 日
　③ 12 月 7 日〈速達〉

選　考　料：20,000 円
初年度納入金：822,000 円

## ●データパック

児童数／教員数：149 人 /15 人
2024 年度応募者数：―
合格者数：―
〔併設校〕ひまわり幼稚園（系列園）

学校法人　武蔵野東学園

# 武 蔵 野 東 小 学 校

[所在地] 〒180-0012 武蔵野市緑町 2-1-10　℡ 0422-53-6211
[交　通] JR 中央線三鷹駅バス 10 分、吉祥寺駅バス 15 分、
西武新宿線西武柳沢駅バス 10 分、「武蔵野住宅」下車徒歩 1 分
[理事長] 松村　謙三　[校　長] 石橋　恵二

## ● 2025 年度募集要項

**募集人員**：男女 66 人
**出願期間**：① 9 月 26 日～10 月 27 日　② 11 月 2 日～11 月 14 日　③ 11 月 2 日～11 月 21 日
**面　接　日**：試験日と同日
**試　験　日**：① 11 月 2 日、3 日のうち 1 日選択　② 11 月 16 日　③ 11 月 25 日
**発　表　日**：① 11 月 3 日　② 11 月 16 日　③ 11 月 25 日
**選　考　料**：20,000 円
**初年度納入金**：911,500 円

## ●データパック

**児童数／教員数**：573 人 /69 人
**2024 年度応募者数**：男子 58 人、女子 37 人
**合格者数**：男子 47 人、女子 33 人
**併設中学進学者数**：武蔵野東中学校（男子 12 人、女子 10 人）／**進学条件**：ハ
〔**併設校**〕武蔵野東第一幼稚園、武蔵野東第二幼稚園／武蔵野東中学校／武蔵野東高等専修学校

---

学校法人　明星学苑

# 明 星 小 学 校

[所在地] 〒183-8531 府中市栄町 1-1　℡ 042-368-5119
[交　通] 京王線府中駅、JR・西武線国分寺駅よりバス「明星学苑」下車、JR 武蔵野線北府中駅より徒歩 20 分
[理事長] 吉田　元一　[校　長] 細水　保宏

## ● 2025 年度募集要項

**募集人員**：男女約 105 人（第一志望入試 40 人、一般入試 65 人　※内部進学者を含む）
**出願期間**：Web 出願（スケジュールは HP 参照）
**面　接　日**：一般入試は試験内容に親子面接を含む。第一志望入試受験者は事前面接への出席が必須（詳細は別途案内）
**試　験　日**：第一志望 11 月 1 日　一般 11 月 2 日～4 日のうちの 1 日
**発　表　日**：第一志望 11 月 1 日　一般 11 月 4 日

**選　考　料**：25,000 円
**初年度納入金**：1,134,000 円

## ●データパック

**児童数／教員数**：634 人 /44 人
**2024 年度受験者数**：―
**合格者数**：―
**併設中学進学者数**：明星中学校（男女―）／**進学条件**：ロ
〔**併設校**〕明星幼稚園／明星中学校・高等学校／明星大学

---

学校法人　和光学園

# 和 光 小 学 校

[所在地] 〒156-0053 世田谷区桜 2-18-18
　　　　　℡ 03-3420-4353
[交　通] 小田急線経堂駅
[理事長] 小森　陽一　[校　長] 帯刀　彩子

## ● 2025 年度募集要項

**募集人員**：男女 70 人（内部進学者を含む）
**出願期間**：第 1 回 10 月 15 日～10 月 23 日
第 2 回 11 月 11 日〈第 2 回は窓口のみ〉
**面　接　日**：試験日と同日
**試　験　日**：第 1 回 11 月 4 日　第 2 回 11 月 13 日
**発　表　日**：第 1 回 11 月 4 日　第 2 回 11 月 13 日〈郵送〉
**選　考　料**：20,000 円
**初年度納入金**：922,760 円（学費は改定することがあります）

## ●データパック

**児童数／教員数**：416 人 /24 人（前年度）
**2024 年度受験者数**：―
**合格者数**：―
**併設中学進学者数**：和光中学校（男子 18 人、女子 24 人）／**進学条件**：イ
〔**併設校**〕和光幼稚園、和光鶴川幼稚園／和光鶴川小学校／和光中学校・高等学校／和光大学・大学院

学校法人　和光学園

# 和光鶴川小学校

[所在地] 〒195-0051 町田市真光寺町 1282-1　℡ 042-736-0036
[交　通] 小田急線鶴川・京王線若葉台駅よりバス 10
　　　　　分、東急田園都市線方面スクールバスあり
[理事長] 小森　陽一　[校　長] 大野　裕一

## ● 2025 年度募集要項

募集人員：男女 70 人
出願期間：① 10 月 15 日〜 10 月 21 日　② 11 月
　　　　　12 日〜 11 月 13 日　③ 11 月 26 日〜 11 月 27 日
面 接 日：試験日と同日
試 験 日：① 11 月 4 日　② 11 月 17 日　③ 11 月 30 日
発 表 日：試験日と同日　〈速達〉
選 考 料：20,000 円
初年度納入金：923,960 円

## ●データパック

児童数／教員数：416 人 /26 人
2024 年度応募者数：―
合格者数：―
併設中学進学者数：和光中学校（男子 38 人、女子 17 人）
／進学条件：イ
〔併設校〕和光幼稚園、和光鶴川幼稚園／和光小学校
／和光中学校・高等学校／和光大学・大学院

---

# 私立中学校・高等学校受験年鑑 2025年度版（東京圏版）

8月発行
予価：1,650円（税込）

## 10年間の伸びが一目でわかる大学合格者数一覧
## 体験入学日程一覧表付き

本書は東京圏（東京、神奈川、埼玉、千葉）および茨城、栃木、山梨にある私立中学校・高等学校のほか、全国的に生徒募集を行う「寮のある学校」など、数多くの私立校を紹介。校風や教育方針、カリキュラムの特色、環境・施設設備に関する情報や入試関連データなど、志望校選びに役立つ情報が一冊にまとまっています。

※画像は2024年度版のもの

---

## UP Univ. Press

株式会社大学通信
〒101-0051 東京都千代田区神田神保町3-2-3
https://www.univpress.co.jp/
TEL.03-3515-3591（代表）
FAX.03-3515-3558

■ 出版物　君はどの大学を選ぶべきか／大学探しランキングブック／私立中学校高等学校受験年鑑／名門小学校　など
■ WEB　教育進学ニュースサイト「大学通信オンライン」／ニュースリリースサイト「大学プレスセンター」など

---

学校法人　横浜英和学院

# 青山学院横浜英和小学校

[所在地] 〒232-8580 横浜市南区蒔田町124
　　　　　TEL 045-731-2863
[交　通] 市営地下鉄蒔田駅より徒歩8分
[理事長] 嶋田　順好　[校　長] 中村　貞雄

## ● 2025年度募集要項

募集人員：男女66人（内部進学を含む）
出願期間：9月5日～9月11日
面 接 日：9月26日・27日
試 験 日：10月22日
発 表 日：10月23日
選 考 料：20,000円
初年度納入金：789,600円

## ●データパック

児童数/教員数：391人/29人
2024年度応募者数：246人
合格者数：男子22人、女子50人
併設中学進学者数：青山学院横浜英和中学校（男子10人、女子40人）/進学条件：ロ
〔併設校〕横浜英和幼稚園/青山学院横浜英和中学校・高等学校

---

株式会社エル・シー・エー

# ＬＣＡ国際小学校

[所在地] 〒252-0132　相模原市緑区橋本台3-7-1　TEL 042-771-6131
[交　通] JR横浜線・相模線・京王相模原線橋本駅（スクールバス路線多数あり）
[校　長] 山口　紀生

## ● 2025年度募集要項

募集人員：男女約60人（内部入試を含む）
出願期間：①6月24日～6月28日
　　　　　②11月1日～11月7日　③1月14日～1月16日
面 接 日：入試に先立ち面接期間を設ける
試 験 日：①7月21日　②11月17日　③1月26日
発 表 日：受験後3日以内
選 考 料：30,000円
初年度納入金：3,368,200円

## ●データパック

児童数/教員数：296人/43人
2024年度応募者数：—
合格者数：—

〔併設校〕LCA国際プリスクール（幼稚園）

---

学校法人　大西学園

# 大 西 学 園 小 学 校

[所在地] 〒211-0063　川崎市中原区小杉町2-284 TEL 044-712-5009
[交　通] JR南武線・湘南新宿ライン・横須賀線、東急東横線武蔵小杉駅より徒歩4分
[理事長] 大西　浩　　[校　長] 大西　亜季

## ● 2024年度募集要項 [前年度]

募集人員：一次20人、二次10人、三次・四次若干名
出願期間：一次10月10日～10月20日、二次10月16日～10月25日、三次11月1日～11月14日、四次11月20日～12月1日
試 験 日：一次10月21日、二次10月26日、三次11月15日、四次12月2日
発 表 日：一次10月23日、二次10月27日、三次11月16日、四次12月4日
選 考 料：20,000円
初年度納入金：844,000円

## ●データパック

児童数/教員数：約180人/13人（前年度）
2024年度応募者数：—
合格者数：—
併設中学進学者数：—/進学条件：—
〔併設校〕大西学園幼稚園/大西学園中学校・高等学校

## 学校法人　鎌倉女子大学
# 鎌倉女子大学初等部

[所在地] 〒 247-8511 鎌倉市岩瀬 1420　TEL 0467-44-2112
[交　通] ＪＲ大船駅笠間口からバスで約 10 分
[理事長] 福井　一光　[部　長] 目﨑　淳

### ● 2025 年度募集要項 ［予定］

募集人員：第Ⅰ期 男女80人（内部進学者を含む）
　　　　　第Ⅱ期 男女10人
出願期間：（第Ⅰ期）8月26日〜9月12日〈郵送〉8
月26日〜9月17日〈窓口〉（第Ⅱ期）10月16日〜
11月13日〈郵送〉10月16日〜11月15日〈窓口〉
試 験 日：第Ⅰ期（面接A）9月20日（面接B）9月21日
　　　　　（考査）10月22日　第Ⅱ期（考査・面接）11月19日
発 表 日：試験日当日に本校合否照会サイトで発表
選 考 料：20,000円
初年度納入金：1,020,000円

### ●データパック

児童数／教員数：481人/30人
2024年度応募者数：93人
合格者数：86人
併設中学進学者数：鎌倉女子大学中等部（女子11
　人）／進学条件：ハ
〔併設校〕鎌倉女子大学幼稚部／鎌倉女子大学中等部・
　高等部／鎌倉女子大学／鎌倉女子大学短期大学部

---

## 学校法人　カリタス学園
# カリタス小学校

[所在地] 〒 214-0012 川崎市多摩区中野島 4-6-1
　　　　　TEL 044-922-8822
[交　通] ＪＲ南武線中野島駅、ＪＲ・小田急線登戸駅
[理事長] 齋藤　哲郎　[校　長] 小野　拓士

### ● 2024 年度募集要項 ［前年度］

募集人員：男女 108 人
出願期間：9月1日〜 9月25日〈WEB 出願〉
面 接 日：10 月 13 日または 14 日
試 験 日：10 月 20 日
発 表 日：10 月 21 日（合否照会サイトにて発表）
選 考 料：25,000 円
初年度納入金：1,145,000 円（入学時納入金も含む）

### ●データパック

児童数／教員数：645 人 /54 人（前年度）
2024 年度応募者数：―
合格者数：―
併設中学進学者数：カリタス女子中学校（女子 73 人）
　／進学条件：ロ
〔併設校〕カリタス幼稚園／カリタス女子中学校・高
　等学校

---

## 学校法人　関東学院
# 関東学院小学校

[所在地] 〒 232-0002 横浜市南区三春台 4 番地
　　　　　TEL 045-241-2634
[交　通] 京浜急行線黄金町駅
[理事長] 規矩　大義　[校　長] 岡崎　一実

### ● 2024 年度募集要項 ［前年度］

募集人員：男女72人
出願期間：A試験8月28日〜8月30日
　　　　　B試験10月31日〜11月1日〈郵送必着〉
面 接 日：A試験9月8日〜10月6日までの1日
　　　　　B試験11月9日〜11月13日までの1日
試 験 日：A試験10月17日　B試験11月18日
発 表 日：A試験10月18日　B試験11月20日〈速達
　簡易書留〉
選 考 料：22,000円
初年度納入金：1,060,800円

### ●データパック

児童数／教員数：432人/33人（前年度）
2024年度応募者数：―
合格者数：―
併設中学進学者数：関東学院中学校（男子29人、女
　子23人）・関東学院六浦中学校（男子1人、女子2
　人）／進学条件：ハ
〔併設校〕関東学院のびのびのば園、関東学院六浦こ
　ども園／関東学院中学校高等学校／関東学院六浦中
　学校・高等学校／関東学院大学

## 学校法人 関東学院

# 関東学院六浦小学校

[所在地] 〒236-0037 横浜市金沢区六浦東 1-50-1
℡ 045-701-8285
[交　通] 京浜急行線金沢八景駅
[理事長] 規矩　大義　[校　長] 黒畑　勝男

### ● 2025 年度募集要項

募集人員：A日程 男女30人　B日程 男女30人
　　　　　C日程 男女8人
出願期間：A日程8月19日〜9月16日　B日程8月19
　　　　　日〜10月22日　C日程8月21日〜12月4日
面　接　日：A日程9月27日・28日　B日程10月25日
　　　　　C日程12月7日
試験日（適性検査）：A日程10月22日　B日程10月25日
　　　　　C日程12月7日
発　表　日：試験日当日
選　考　料：22,000円
初年度納入金：1,085,160円
　　　（入学金、特別施設費450,000円を含む）

### ●データパック

児童数／教員数：252人/35人
2024年度応募者数：―
合格者数：―
併設中学進学者数：関東学院六浦中学校（男子12人、
　女子5人）・関東学院中学校（女子2人）／進学条
　件：ロ
〔併設校〕関東学院のびのびのば園、関東学院六浦こ
　ども園／関東学院中学校高等学校／関東学院六浦中
　学校・高等学校／関東学院大学

.

---

## 学校法人 相模女子大学

# 相模女子大学小学部

[所在地] 〒252-0383 相模原市南区文京 2-1-1
℡ 042-742-1444
[交　通] 小田急線相模大野駅
[理事長] 風間　誠史　[校　長] 小泉　清裕

### ● 2025 年度募集要項

募集人員：①男女60人（内部進学者を含む）
　　　　　②男女10人　③男女若干名
出願期間：①10月1日〜10月15日（Web出願）
　　　　　②10月1日〜10月23日（Web出願）
　　　　　③11月1日〜11月15日（Web出願）
面　接　日：①②③試験当日
試　験　日：①10月22日　②10月23日　③11月18日
発　表　日：①10月22日　②10月23日　③11月18日
選　考　料：20,000円
初年度納入金：1,050,400円

### ●データパック

児童数／教員数：444/37人（前年度）
2024年度応募者数：―
合格者数：―
併設中学進学者数：相模女子大学中学部（女子―）／
　進学条件：ロ
〔併設校〕認定こども園相模女子大学幼稚部／相模女
　子大学中学部・高等部／相模女子大学／相模女子大
　学短期大学部

---

## 学校法人 シュタイナー学園

# シュタイナー学園初等部

[所在地] 〒252-0187 相模原市緑区名倉 2805-1
℡ 042-686-6011
[交　通] JR 藤野駅よりバス 13 分
[理事長] 伊藤　彰洋　[校　長] 木原　美和

### ● 2024 年度募集要項 [前年度]

募集人員：男女 26 人
出願期間：9 月 9 日〜 9 月 26 日〈郵送・必着〉
面　接　日：10 月 20 日〜 10 月 24 日
発　表　日：11 月 18 日
選　考　料：26,000円
初年度納入金：990,000円

### ●データパック

児童数／教員数：―/14 人
2024 年度応募者数：―
合格者数：―
併設中学進学者数：シュタイナー学園中等部（―）／
　進学条件：―
〔併設校〕シュタイナー学園中等部・高等部

## 学校法人　湘南学園
# 湘 南 学 園 小 学 校

［所在地］〒251-8505 藤沢市鵠沼松が岡 4-1-32　TEL 0466-23-6613
［交　通］小田急線鵠沼海岸駅・江ノ電鵠沼駅
［理事長］岩武　学　［校　長］岩渕　和信

● 2024 年度募集要項［前年度］

募集人員：男女 100 人（内部進学者を含む）
出願期間：A入試 8 月 28 日〜9 月 1 日　B入試 8 月 28 日〜9 月 28 日　C入試 10 月 2 日〜10 月 26 日
面　接　日：親子面接日程は 9 月 2 日に通知
試　験　日：A入試 10 月 17 日　B入試 10 月 18 日　C入試 10 月 28 日
発　表　日：試験当日（Web 発表）
選　考　料：20,000 円
初年度納入金：1,096,368 円（予定）

●データパック

児童数／教員数：600 人 /40 人
2024 年度応募者数：133 人
合格者数：95 人
併設中学進学者数：湘南学園中学校高等学校（男子 49 人、女子 34 人）／進学条件：ロ
〔併設校〕湘南学園幼稚園／湘南学園中学校高等学校

---

## 学校法人　湘南白百合学園
# 湘南白百合学園小学校

［所在地］〒251-0035 藤沢市片瀬海岸 2-2-30　TEL 0466-22-0200
［交　通］小田急線片瀬江ノ島駅、江ノ電江ノ島駅
［理事長］荻原　禮子　［校　長］野村　隆治

● 2025 年度募集要項

募集人員：女子 A日程約 60 人　B日程 10 人　C日程若干名
出願期間：A・B日程 8 月 26 日〜9 月 9 日　C日程 11 月 20 日〜12 月 25 日
面　接　日：A・B日程 9 月 14 日　C日程 1 月 11 日
試　験　日：A日程 10 月 22 日　B日程 10 月 23 日　C日程 1 月 11 日
発　表　日：A日程 10 月 22 日　B日程 10 月 23 日　C日程 1 月 12 日　（Web 発表）
選　考　料：25,000 円
初年度納入金：1,130,000 円

●データパック

児童数／教員数：617 人 /48 人
2024 年度応募者数：163 人
合格者数：132 人
併設中学進学者数：湘南白百合学園中学校（女子一）／進学条件：ロ
〔併設校〕湘南白百合学園幼稚園／湘南白百合学園中学校・高等学校

---

## 学校法人　大和学園
# 聖 セ シ リ ア 小 学 校

［所在地］〒242-0006 大和市南林間 3-10-1　TEL 046-275-3055
［交　通］小田急江ノ島線南林間駅下車徒歩 7 分、中央林間駅下車徒歩 12 分
［理事長］利光　康伸　［校　長］上田　義和

● 2025 年度募集要項

募集人員：A・B日程男女 30 人　C日程 男女 5 人　D日程男女 5 人
出願期間：A・B日程 9 月 17 日〜10 月 16 日　C日程 10 月 28 日〜11 月 14 日　D日程 11 月 29 日〜12 月 18 日〈Web〉
面　接　日：A日程 10 月 18 日・22 日、B日程 10 月 18 日・23 日（ともに日程選択）　C日程 11 月 16 日　D日程 12 月 21 日
試　験　日：A日程 10 月 22 日　B日程 10 月 23 日　C日程 11 月 16 日　D日程 12 月 21 日
発　表　日：A日程 10 月 22 日　B日程 10 月 23 日　C日程 11 月 16 日　D日程 12 月 21 日

選　考　料：20,000 円
初年度納入金：931,000 円

●データパック

児童数／教員数：148 人／24 人
2024 年度応募者数：64 人
合格者数：50 人
併設中学進学者数：聖セシリア女子中学校（女子 22 人）／進学条件：イ
〔併設校〕聖セシリア幼稚園、聖セシリア喜多見幼稚園／聖セシリア女子中学校・高等学校

## 学校法人　清泉女学院

# 清 泉 小 学 校

[所在地] 〒248-0005 鎌倉市雪ノ下 3-11-45
℡ 0467-25-1100
[交　通] ＪＲ鎌倉駅
[理事長] 深澤　光代　[校　長] 有阪　奈保子

### ● 2025 年度募集要項

**募集人員**：A日程 男女50人　B日程 男女14人
C日程 男女4人　D日程 男女4人
**出願期間**：A、B日程9月1日〜9月20日（A・B
日程の併願は不可）　C日程9月1日〜10月25日
D日程10月29日〜11月29日〈WEBによる出願〉
**面 接 日**：A日程 9月16・21・23日
B日程 10月23日　C日程 10月26日
D日程 11月30日
**試 験 日**：A日程 10月22日　B日程 10月23日
C日程 10月26日　D日程 11月30日
**発 表 日**：A〜D日程ともに即日発表（WEB）

**選 考 料**：25,000円
**初年度納入金**：1,189,000円

### ●データパック

**児童数／教員数**：503人／47人
**2024年度受験者数**：男子30人、女子86人
**合格者数**：男子22人、女子74人
**併設中学進学者数**：清泉女学院中学校（女子72人）
／進学条件：イ
〔併設校〕清泉女学院中学高等学校／長野清泉女学院中
学校・高等学校／清泉女子大学／清泉女学院大学／
清泉女学院短期大学／清泉インターナショナル学園

---

## 学校法人　聖トマ学園

# 聖 マ リ ア 小 学 校

[所在地] 〒249-0006 逗子市逗子 6-8-47
℡ 046-871-3209
[交　通] 京急逗子線逗子・葉山駅、JR横須賀線逗子駅
[理事長] 梅村　昌弘　[校　長] 中田　康裕

### ● 2025 年度募集要項

**募集人員**：男女36人
**出願期間**：9月2日〜9月7日
**面 接 日**：9月2日〜10月17日
**試 験 日**：10月23日
**発 表 日**：10月23日〈郵送〉
**選 考 料**：20,000円
**初年度納入金**：947,200円

### ●データパック

**児童数／教員数**：133人／19人
**2024年度応募者数**：―
**合格者数**：―
〔併設校〕聖マリア幼稚園

---

## 学校法人　アトンメント会

# 聖ヨゼフ学園小学校

[所在地] 〒230-0016 横浜市鶴見区東寺尾北台 11-1
℡ 045-581-8808
[交　通] ＪＲ鶴見駅
[理事長] 平松　達美　[校　長] 清水　勝幸

### ● 2024 年度募集要項 ［前年度］

**募集人員**：A日程 男女70人　B・C日程 男女若干名
**出願期間**：A日程9月1日〜9月23日　B日程10月
27日〜11月16日　C日程1月10日〜1月18日
**面 接 日**：A日程10月7日、14日
B日程11月18日　C日程1月20日
**試 験 日**：A日程10月17日　B日程11月18日
C日程1月20日
**発 表 日**：試験当日にHP上で発表
**選 考 料**：20,000円
**初年度納入金**：1,264,000円

### ●データパック

**児童数／教員数**：379人／33人（前年度）
**2024年度応募者数**：―
**合格者数**：―
**併設中学進学者数**：聖ヨゼフ学園中学校（共学―）／
進学条件：―
〔併設校〕聖ヨゼフ学園中学校・高等学校

学校法人　洗足学園

# 洗足学園小学校

[所在地] 〒 213-8580 川崎市高津区久本 2-3-1
Tel 044-856-2964
[交　通] JR武蔵溝ノ口駅、東急田園都市線・大井町線溝の口駅徒歩 8 分
[理事長] 前田　壽一　[校　長] 田中　友樹

## ● 2025 年度募集要項

募集人員：男女約 50 人
出願期間：9 月 4 日〜9 月 17 日
面　接　日：1 次試験合格者に指定
試　験　日：10 月 22 日〜24 日のうち 1 日（生まれ月により指定）
発　表　日：10 月 24 日〜25 日（1 次試験）、26 日〜27 日（2 次試験）〈WEB 上で発表〉
選　考　料：28,000 円
初年度納入金：1,396,000 円

## ●データパック

児童数／教員数：453 人 /35 人
2024 年度応募者数：男子 343 人、女子 331 人
合格者数：男子 52 人、女子 48 人
併設中学進学者数：洗足学園中学校（女子 5 人）／進学条件：ロ
〔併設校〕洗足学園大学附属幼稚園／洗足学園中学・高等学校／洗足学園音楽大学、洗足こども短期大学

---

学校法人　捜真学院

# 捜 真 小 学 校

[所在地] 〒 221-8720 横浜市神奈川区中丸 8
Tel 045-491-4227
[交　通] 東急東横線反町駅、市営地下鉄三ッ沢下町駅
[理事長] 横山　茂　[校　長] 内藤　伸人

## ● 2025 年度募集要項

募集人員：A日程第 1 回男女 40 人・第 2 回男女 10 人　B日程 男女 10 人　C日程 男女若干名
出願期間：A日程 8 月 3 日〜9 月 11 日
　B日程 9 月 2 日〜27 日、10 月 1 日〜25 日
　C日程 10 月 28 日〜11 月 15 日
面　接　日：A日程第 1 回 9 月 24 日〜27 日　第 2 回 9 月 30 日〜10 月 2 日　B日程 10 月 7・8・26 日
　C日程 11 月 16 日
試　験　日：A日程第 1 回 10 月 22 日　第 2 回 10 月 23 日　B日程 10 月 26 日　C日程 11 月 16 日
発　表　日：A日程第 1 回 10 月 22 日　第 2 回 10 月 23 日　B日程 10 月 26 日　C日程 11 月 16 日

選　考　料：20,000円（2回目以降は15,000円）
初年度納入金：1,153,400 円

## ●データパック

児童数／教員数：360 人 /29 人
2024 年度応募者数：173 人
合格者数：—
併設中学進学者数：捜真女学校中学部（女子 24 人）／進学条件：ロ
〔併設校〕捜真女学校中学部・高等学部

---

学校法人　桐光学園

# 桐 光 学 園 小 学 校

[所在地] 〒 215-8556　川崎市麻生区栗木 3-13-1
Tel 044-986-5155
[交　通] 小田急多摩線栗平駅
[理事長] 小塚　良雄　[校　長] 斎藤　滋

## ● 2025 年度募集要項

募集人員：男子 36 人、女子 36 人
出願期間：9 月 2 日〜9 月 30 日〈インターネット出願〉
試　験　日：10 月 22 日
発　表　日：10 月 22 日
選　考　料：20,000 円
初年度納入金：1,110,000 円

## ●データパック

児童数／教員数：415 人 /31 人
2024 年度応募者数：228 人
合格者数：—
併設中学進学者数：桐光学園中学校（男子 29 人、女子 28 人）／進学条件：ロ
〔併設校〕桐光学園みどり幼稚園、寺尾みどり幼稚園／桐光学園中学校・高等学校

## 学校法人　日本大学
# 日本大学藤沢小学校

[所在地] 〒252-0885　藤沢市亀井野1866
　　　　☎ 0466-81-7111
[交　通] 小田急江ノ島線六会日大前駅下車徒歩10分
[理事長] 加藤　直人　[校　長] 加藤　隆樹

## ● 2025年度募集要項

募集人員：①男女50人　②男女22人
出願期間：9月1日〜9月20日〈Web出願〉
面 接 日：10月17日〜20日のうち本校が指定した
　　　　　1日
試 験 日：① 10月22日　② 10月24日
発 表 日：① 10月23日　② 10月25日
選 考 料：20,000円
初年度納入金：1,080,000円

## ●データパック

児童数／教員数：1学年72人/32人
2024年度応募者数：88人
合格者数：63人
併設中学進学者数：39人／進学条件：—
〔併設校〕日本大学幼稚園／日本大学中学校・高等学校、
　日本大学藤沢中学校・高等学校、日本大学豊山中学
　校・高等学校、日本大学豊山女子中学校・高等学校、
　日本大学三島中学校・高等学校、日本大学櫻丘高等
　学校、日本大学鶴ヶ丘高等学校、日本大学明誠高等
　学校、日本大学山形高等学校、日本大学習志野高等
　学校、日本大学東北高等学校／日本大学／日本大学
　短期大学部

---

## 学校法人　平和学園
# 平 和 学 園 小 学 校

[所在地] 〒253-0031 茅ヶ崎市富士見町5-2
　　　　☎ 0467-87-1662
[交　通] ＪＲ辻堂駅・茅ヶ崎駅
[学園長] 所澤　保孝　[校　長] 橘　明子

## ● 2024年度募集要項 ［前年度］

募集人員：①男女27人　②男女若干名
出願期間：①9月23日〜10月6日
　　　　　②10月18日〜11月7日
面 接 日：出願後、入学選考日までの間に親子面談を
　　　　　実施
試 験 日：①10月17日　②11月16日
発 表 日：①②メール
選 考 料：20,000円
初年度納入金：944,400円

## ●データパック

児童数／教員数：75人/26人（前年度）
2024年度応募者数：—
合格者数：—
併設中学進学者数：アレセイア湘南中学校（—）／進
　学条件：推薦制度（試験あり）
〔併設校〕平和学園幼稚園／アレセイア湘南中学校・
　高等学校

---

## 学校法人　森村学園
# 森 村 学 園 初 等 部

[所在地] 〒226-0026 横浜市緑区長津田町2695
　　　　☎ 045-984-2509
[交　通] 東急田園都市線つくし野駅
[理事長] 松本　茂　[校　長] 田川　信之

## ● 2025年度募集要項

募集人員：男女80人（予定）
出願期間：9月4日〜9月11日〈Web出願〉
面 接 日：10月5日・12日・13日のいずれかを学
　　　　　校が日時指定（後日変更可能）
試 験 日：女子10月26日　男子10月27日
発 表 日：10月28日〈Web〉
選 考 料：25,000円
初年度納入金：1,261,800円

## ●データパック

児童数／教員数：701人/45人
2024年度応募者数：男子325人、女子250人
合格者数：男子75人、女子66人
併設中学進学者数：森村学園中等部（男子45人、女
　子48人）／進学条件：ロ
〔併設校〕森村学園幼稚園／森村学園中等部・高等部

## 学校法人　横須賀学院
# 横須賀学院小学校

[所在地] 〒238-8511 横須賀市稲岡町82
℡ 046-825-1920
[交　通] 京浜急行線横須賀中央駅・ＪＲ横須賀駅
[理事長] 保々　和宏　[校　長] 山口　旬

### ● 2025 年度募集要項

募集人員：A入試男女50人　B入試男女15人
　　C入試男女若干名
出願期間：A・B入試9月1日〜9月22日
　　C入試10月23日〜10月30日
試 験 日：A入試10月22日　B入試10月23日
　　C入試11月2日
発 表 日：A入試10月22日　B入試10月23日
　　C入試11月2日
選 考 料：20,000円
初年度納入金：1,174,000円

### ●データパック

児童数／教員数：159人／25人
2024年度応募者数：34人
合格者数：25人
併設中学進学者数：横須賀学院中学校（男子6人、女子13人）／進学条件：ロ
〔併設校〕横須賀学院中学校・高等学校

---

## 学校法人　三育学院
# 横 浜 三 育 小 学 校

[所在地] 〒241-0802 横浜市旭区上川井町1985　℡ 045-921-0447
[交　通] 相鉄線「三ツ境駅」、東急田園都市線「青葉台駅」、JR横浜線「十日市場駅」、JR根岸線「桜木町駅」からスクールバス
[理事長] 稲田　豊　[校　長] 野口　秀昭

### ● 2025 年度募集要項

募集人員：第1期 男女20人　第2期 男女若干名
出願期間：第1期10月1日〜10月24日
　　第2期10月28日〜11月14日
面 接 日：試験日と同日
試 験 日：第1期10月27日　第2期11月17日
発 表 日：第1期10月29日　第2期11月19日
選 考 料：15,000円
初年度納入金：581,400円

### ●データパック

児童数／教員数：64人／17人
2024年度応募者数：－
合格者数：－
併設中学進学者数：三育学院中等教育学校（男子3人）／広島三育学院中学校（一）／進学条件：ハ
〔併設校〕横浜三育幼稚園など／三育小学校（札幌・函館・久慈川・光風台・東京・広島・広島大和・鹿児島・沖縄）／三育学院中等教育学校、広島三育学院中学校・高等学校、沖縄三育中学校／三育学院大学／三育学院カレッジ

---

## 学校法人　横浜雙葉学園
# 横 浜 雙 葉 小 学 校

[所在地] 〒231-8562 横浜市中区山手町226　℡ 045-641-1628
[交　通] ＪＲ山手駅、みなとみらい線元町・中華街駅、市バス上野町・妙香寺バス停より徒歩
[理事長] 鈴木　真　[校　長] 池田　純一郎

### ● 2025 年度募集要項

募集人員：女子約80人
出願期間：Web出願
試 験 日：10月22日
発 表 日：Web発表
選 考 料：25,000円（未定）
初年度納入金：1,536,880円（未定）
※詳細は学校HPを参照

### ●データパック

児童数／教員数：491人／35人
2024年度応募者数：343人
合格者数：－
併設中学進学者数：横浜雙葉中学校（一）／進学条件：イ
〔併設校〕横浜雙葉中学校・高等学校

# ▼埼玉県

---

学校法人　浦和ルーテル学院　青山学院大学系属

## 浦和ルーテル学院小学校

[所在地] 〒336-0974 さいたま市緑区大崎3642　℡048-711-8221
[交　通] ＪＲ北浦和駅、JR東川口駅、東武伊勢崎線
北越谷駅、SR浦和美園駅の各駅からスクールバス
[理事長] 福島　宏政　[校　長] 福島　宏政

### ● 2025年度募集要項

募集人員：男女75人
出願期間：8月1日〜8月20日
試験日：8月下旬　親子同伴面接
　9月26日（知力テスト）
　9月27日・28日（巧緻性、運動能力、グループ
　活動テスト、幼児面接）
発表日：試験日後3日以内にWebサイトにて発表
選考料：30,000円
初年度納入金：1,209,600円

### ●データパック

児童数／教員数：446人/55人（講師含む）
2024年度応募者数：301人
合格者数：169人
併設中学進学者数：青山学院大学系属浦和ルーテル学
　院中学校（一）／進学条件：ロ
〔併設校〕青山学院大学系属浦和ルーテル学院中学校・
　高等学校

---

学校法人　開智学園

## 開智学園総合部（小学校）

[所在地] 〒339-0004 さいたま市岩槻区徳力186
　　　　　℡048-793-0080
[交　通] 東武野田線東岩槻駅
[理事長] 青木　徹　[校　長] 西田　義貴

### ● 2025年度募集要項

募集人員：男女120人
出願期間：未定（7月末から）
面接：第1回第一志望者は9月7日または14日
　第1回併願志望者と第2回は試験日と同日
試験日：①9月21日　②11月9日
発表日：①9月25日　②11月12日（Web）
選考料：30,000円
初年度納入金：858,000円

### ●データパック

児童数／教員数：820人/68人（教職員）
2024年度応募者数：396人
合格者数：219人
併設中学進学者数：―／進学条件：イ
〔併設校〕開智所沢小学校、開智望小学校／開智中学校・
　高等学校、開智未来中学校・高等学校、開智日本橋
　学園中学校・高等学校／開智国際大学

---

学校法人　開智学園

## 開智所沢小学校

[所在地] 〒359-0027 所沢市松郷169　℡04-2951-8088
[交　通] JR東所沢駅徒歩約12分、西武新宿線・池袋
線所沢駅から「東所沢駅」行きバス
[理事長] 青木　徹　[校　長] 片岡　哲郎

### ● 2024年度募集要項 [前年度]

募集人員：男女計100人
出願期間：A（第1回・第一志望）7月28日〜9月10日
　B（第1回・併願）7月28日〜9月15日
　C（第2回・第一志望）9月26日〜11月7日
面接日：A9月10・18日のうち1日
　B・C考査当日に実施
試験日：A・B9月23日　C11月11日
発表日：A・B9月26日　C11月14日（Web）
選考料：30,000円
初年度納入金：1,230,000円

### ●データパック

児童数／教員数：―／22人（管理職、養護教諭を除く）
2024年度応募者数：男子231人、女子169人
合格者数：―
併設中学進学者数：―（24年新設）／進学条件：―
〔併設校〕開智小学校（総合部）、開智望小学校／開智
　中学校・高等学校、開智未来中学校・高等学校、開
　智日本橋学園中学校・高等学校／開智国際大学

## 学校法人　佐藤栄学園
# さとえ学園小学校

[所在地]〒331-0802 さいたま市北区本郷町1813　℡048-662-4651
[交　通]JR宇都宮線土呂駅・高崎線宮原駅・東武アーバンパーク
　　　　ライン大宮公園駅、JR川越線日進駅よりスクールバス
[理事長]田中　淳子　[校　長]小野田　正範

### ● 2024年度募集要項 ［前年度］

募集人員：男女72人
出願期間：8月28日〜9月1日〈郵送必着のみ〉
面 接 日：9月15日・16日　※面接日時は出願後通知
試 験 日：男子10月1日、女子10月2日
発 表 日：10月4日
入学検定料：30,000円
初年度納入金：1,087,000円

### ●データパック

児童数／教員数：489人／36人
2024年度応募者数：467人
合格者数：174人
併設中学進学者数：栄東中学校（一）、埼玉栄中学校
　　　　（一）／進学条件：ロ
〔併設校〕栄東中学・高等学校、埼玉栄中学・高等学校、
　　　　花咲徳栄高等学校、栄北高等学校／平成国際大学／
　　　　埼玉自動車大学校

---

## 学校法人　星野学園
# 星野学園小学校

[所在地]〒350-0826 川越市上寺山216-1　℡049-227-5588
[交　通]JR埼京線東武東上線川越駅西口西武新宿線本川越駅、
　　　　西武池袋線入間市駅南口、JR高崎線宮原駅よりスクールバス
[理事長]星野　誠　[校　長]星野　誠

### ● 2024年度募集要項 ［前年度］

募集人員：男女80人
出願期間：学校HPを参照
面 接 日：①単願9月3日　一般9月3日、または9月
　　　　9・10日のいずれか1日　②9月23日　③10月15日
　　　　24年一般12月24日
試 験 日：①9月15日　②10月4日　③10月21日
　　　　24年一般12月14日
発 表 日：①単願9月15日　一般9月16日
　　　　②10月4日　③10月21日　24年一般12月14日
入学検定料：25,000円
初年度納入金：1,104,360円

### ●データパック

児童数／教員数：421人／25人
2024年度応募者数：—
合格者数：—
併設中学進学者数：星野学園中学校（一）／進学条
　　　　件：ロ
〔併設校〕星野学園幼稚園／星野学園中学校／星野高
　　　　等学校／川越東高等学校

---

# ▼千葉県

---

## 学校法人　暁星国際学園
# 暁星国際小学校

[所在地]〒292-8565 木更津市矢那1083
　　　　　　　　　　　　　　　℡0438-52-3851
[交　通]JR木更津駅、高速バス
[理事長]田川　清　[校　長]田川　清

### ● 2025年度募集要項

募集人員：①男女50人　②男女若干名
出願期間（予定）：①10月15日〜10月19日〈郵送必
　　　　着〉　②11月5日〜11月9日〈郵送必着〉
面 接 日：試験日と同日
試 験 日：①10月26日　②11月16日
発 表 日（予定）：①10月30日　②11月20日
選 考 料：20,000円
初年度納入金：993,000円

### ●データパック

児童数／教員数：289人／27人
2024年度応募者数：45人
合格者数：43人
併設中学進学者数：暁星国際中学校（男女約36％）
　　　　／進学条件：ロ
〔併設校〕暁星君津幼稚園、暁星国際学園新浦安幼稚園、
　　　　暁星国際流山幼稚園／暁星国際流山小学校／暁星国
　　　　際中学校・高等学校

学校法人　暁星国際学園

# 暁星国際流山小学校

[所在地] 〒270-0152 流山市前平井 175-2
　　　　TEL 04-7150-4141
[交　通] つくばエクスプレス 流山セントラルパーク駅前
[理事長] 田川　清　[校　長] 田川　清

## ● 2024 年度募集要項 [前年度]

募集人員：男女70人
出願期間：（第1回）9月16日～9月28日
　　　　　（第2回）10月23日～10月30日
試 験 日：（第1回）10月7日（第2回）11月11日
発 表 日：（第1回）10月8日（第2回）11月12日
選 考 料：20,000円
初年度納入金：900,000円

## ●データパック

児童数／教員数：－ / －
2024年度応募者数：－
合格者数：－
併設中学進学者数：－／進学条件：－
〔併設校〕暁星君津幼稚園、暁星国際学園新浦安幼稚園、
　　　暁星国際流山幼稚園／暁星国際小学校／暁星国際中
　　　学校・高等学校

---

学校法人　平田学園

# 国府台女子学院小学部

[所在地] 〒272-8567 市川市菅野 3-24-1　TEL 047-322-5644
[交　通] ＪＲ市川駅より徒歩約 15 分、京成電鉄市川
　　　　 真間駅より徒歩約 8 分
[理事長] 平田　史郎　[校　長] 平田　史郎

## ● 2024 年度募集要項 [前年度]

募集人員：女子80人
出願期間：①10月4日～10月18日
　　　　　②11月6日～11月20日
面 接 日：①10月29日　②11月26日
試 験 日：①10月28日　②11月26日
発 表 日：①10月30日　②11月26日
選 考 料：22,000円
初年度納入金：715,300円

## ●データパック

児童数／教員数：339人/27人
2024年度応募者数：－
合格者数：－
併設中学進学者数：国府台女子学院中学部（一）／進学
　　　条件：ロ
〔併設校〕国府台女子学院中学部・高等部

---

学校法人　昭和学院

# 昭 和 学 院 小 学 校

[所在地] 〒272-0823 市川市東菅野 2-17-1　TEL 047-300-5844
[交　通] ＪＲ総武線・都営新宿線本八幡駅、京成本線
京成八幡駅、北総鉄道東松戸駅
[理事長] 山本　徹　[校　長] 青木　伸生

## ● 2025 年度募集要項

募集人員：推薦 男女70人　一般 男女35人
出願期間（WEB）：推薦9月21日～9月29日　9月21
　日～10月1日（書類必着）　一般10月12日～10月
　20日　10月12日～10月22日（書類必着）
面 接 日：推薦10月8日～11日
　　　　　一般10月30日～11月1日
考 査 日：推薦10月16日　一般11月5日
発 表 日：推薦10月18日　一般11月7日
選 考 料：22,000円
初年度納入金：979,160円

## ●データパック

児童数／教員数：569人/40人
2024年度応募者数：190人
合格者数：112人
併設中学進学者数：昭和学院中学校（男子15人、女
　　　子18人）、昭和学院秀英中学校（男子3人、女子3
　　　人）／進学条件：ロ
〔併設校〕昭和学院幼稚園／昭和学院中学校・高等学
　　　校／昭和学院秀英中学校・高等学校／昭和学院短期
　　　大学

学校法人　東京聖徳学園

# 聖徳大学附属小学校

[所在地] 〒270-2223 松戸市秋山600　℡ 047-392-3111
[交　通] 北総線秋山駅より徒歩10分、ＪＲ松戸駅・市川駅・
京成線市川真間駅・北総線北国分駅より学園直行バス
[学園長] 川並　弘純　[校　長] 三須　吉隆

## ● 2025年度募集要項

募集人員：男女105人
出願期間：専願／Ⅰ期9月2日〜10月2日
　Ⅱ期10月7日〜11月6日　Ⅲ期11月11日〜12月4日
　Ⅳ期12月9日〜1月8日〈Web〉
面　接　日：試験日と同日
試　験　日：専願／Ⅰ期10月5日　Ⅱ期11月9日
　Ⅲ期12月7日　Ⅳ期1月11日
発　表　日：専願／Ⅰ期10月7日　Ⅱ期11月11日
　Ⅲ期12月9日　Ⅳ期1月14日〈Web〉
選　考　料：20,000円
初年度納入金：約1,200,000円（毎日の会食費を含む）

## ●データパック

児童数／教員数：433人／44人
2024年度応募者数：男子48人、女子31人
合格者数：男子41人、女子27人
併設中学進学者数：光英VERITAS中学校（男子2人、
　女子8人）／進学条件：ロ
〔併設校〕聖徳大学附属幼稚園、聖徳大学三田幼稚園
　ほか計7園／光英VERITAS中学校・高等学校／聖
　徳大学附属取手聖徳女子高等学校／聖徳大学／聖徳
　大学短期大学部／聖徳大学大学院／聖徳大学教職大
　学院／聖徳大学幼児教育専門学校

---

学校法人　日本大学第一学園

# 千葉日本大学第一小学校

[所在地] 〒274-0063 船橋市習志野台8-34-2　℡ 047-463-6621
[交　通] 東葉高速線船橋日大前駅、新京成電鉄北習志野駅、
　JR津田沼駅(北習志野駅、JR津田沼駅よりスクールバスあり)
[理事長] 加納　誠　[校　長] 寺山　光雄

## ● 2025年度募集要項

募集人員：男女70人（Ⅰ期・Ⅱ期合わせて）
出願期間：未定（HPを参照）
面　接　日：Ⅰ期10月10日　Ⅱ期10月30日
試　験　日：Ⅰ期10月11日　Ⅱ期10月30日
発　表　日：Ⅰ期10月11日　Ⅱ期10月30日
選　考　料：20,000円
初年度納入金：868,000円

## ●データパック

児童数／教員数：419人/26人
2024年度応募者数：―
合格者数：―
併設中学進学者数：日本大学第一中学校（男子6人、
　女子3人）、千葉日本大学第一中学校（男子35人、
　女子20人）／進学条件：ロ
〔併設校〕千葉日本大学第一中学校・高等学校、日本
　大学第一中学校・高等学校／日本大学

---

学校法人　成田山教育財団

# 成田高等学校付属小学校

[所在地] 〒286-0024 成田市田町10
　　　　　　　　　　　　　　℡ 0476-23-1628
[交　通] ＪＲ成田駅、京成電鉄成田駅
[理事長] 矢板　秀臣　[校　長] 鈴木　隆英

## ● 2024年度募集要項 ［前年度］

募集人員：男女35人
出願期間：9月15日〜9月21日〈インターネット受付〉
面　接　日：9月27日
試　験　日：10月12日
発　表　日：10月13日〜10月14日
選　考　料：20,000円
初年度納入金：707,200円

## ●データパック

児童数／教員数：213人／17人（前年度）
2024年度応募者数：―
合格者数：―
併設中学進学者数：成田高等学校付属中学校（―）／
　進学条件：ロ
〔併設校〕成田高等学校付属中学校・成田高等学校

| 学校法人　日出学園 | [所在地] 〒272-0824 市川市菅野 3-23-1 |
| | ℡ 047-322-3660 |
| # 日 出 学 園 小 学 校 | [交　通] ＪＲ市川駅、京成電鉄菅野駅 |
| | [理事長] 青木　貞雄　[校　長] 荻原　巌 |

## ● 2025 年度募集要項

**募集人員**：男女102人（内部園児含む）
**出願期間**：第一志望入試10月1日〜10月10日　一般第1回10月1日〜10月22日　第2回10月1日〜11月14日〈Web出願〉
**試　験　日**：第一志望10月16日　第1回10月24日　第2回11月16日
**発　表　日**：第一志望10月17日　第1回10月25日　第2回11月18日
**選　考　料**：22,000円
**初年度納入金**：1,026,100円

## ●データパック

**児童数／教員数**：612人/40人
**2024年度応募者数**：183人
**合格者数**：126人
**併設中学進学者数**：日出学園中学校（男子26人、女子19人）／進学条件：内部進学規定に基づく
〔併設校〕日出学園幼稚園／日出学園中学校・高等学校

---

| 学校法人　幕張インターナショナルスクール | [所在地] 〒261-0014 千葉市美浜区若葉 3-2-9 |
| | ℡ 043-296-0277 |
| # 幕張インターナショナルスクール小学校 | [交　通] ＪＲ京葉線海浜幕張駅 |
| | [理事長] 加茂川幸夫　[校　長] トレント・シトラノ |

## ● 2024 年度募集要項 ［前年度］

**入学までの手順**

　入学を希望する場合は、入学願書とともに、入学希望者のパスポートおよび住民票のコピー、他校での記録、推薦状、テスト結果などを提出。

　入学願書受付後に書類審査と必要に応じて面接を行う。入学については、校長が入学の可否を決定する。

　年間を通じて編入可能。希望する学年の空き状況や申し込み方法等については事務局に問い合わせ。

**選　考　料**：20,000円
**初年度納入金**：2,340,000円

## ●データパック

**児童数／教員数**：298人/41人（前年度）
**2024年度応募者数**：―
**合格者数**：―
〔併設校〕幕張インターナショナルスクール幼稚園

---

# ▼茨城県

---

| 学校法人　江戸川学園 | [所在地] 〒302-0032　取手市野々井 1567 番地 3　℡ 0297-71-3353 |
| | [交　通] ＪＲ常磐線（東京メトロ千代田線直通）・関東鉄道取手駅よりバス 10 分（戸頭駅行き江戸川学園取手小前） |
| # 江戸川学園取手小学校 | [理事長] 木内　英仁　[校　長] 鈴木　克已 |

## ● 2025 年度募集要項

**募集人員**：第1回 男女75人　第2回 男女15人（予定）
**出願期間**：第1回9月2日〜9月13日
　　　　　　第2回11月1日〜11月7日
**面　接　日**：第1回9月21日・24日　第2回11月11日
**試　験　日**：第1回9月28日　第2回11月16日
**発　表　日**：第1回10月1日　第2回11月19日
**選　考　料**：25,000円（詳細は募集要項を参照）
**初年度納入金**：約1,200,000円

## ●データパック

**児童数／教員数**：570人/36人
**2024年度応募者数**：男女224人
**合格者数**：男女116人
**併設中学進学者数**：江戸川学園取手中学校（男子36人、女子56人）／進学条件：イ
〔併設校〕江戸川学園取手中学校・高等学校

## 学校法人　開智学園
# 開 智 望 小 学 校

［所在地］〒300-2435　つくばみらい市筒戸字諏訪3400番
　　　　　TEL 0297-38-6000
［交　通］関東鉄道常総線「新守谷駅」から徒歩1分
［理事長］青木　徹　［校　長］青木　徹

### ● 2024年度募集要項［前年度］
募集人員：男女110人
出願期間：（第1回）第一志望7月10日〜9月15日、
　併願7月10日〜9月22日（第2回）第一志望・併願
　10月4日〜10月18日（第3回）第一志望のみ10月
　25日〜11月16日
面接日：（第1回）第一志望9月16日・19日、併願
　9月30日（第2回）10月21日（第3回）11月18日
試験日：（第1回）9月30日　　（第2回）10月21日
　　　　（第3回）11月18日
発表日：（第1回）10月3日　　（第2回）10月24日
　　　　（第3回）11月21日

選考料：30,000円
初年度納入金：910,000円

### ●データパック
児童数／教員数：577人/45人
2024年度応募者数：246人
合格者数：143人
併設中学進学者数：開智望中等教育学校（男子41人、
　女子35人）／進学条件：―
〔併設校〕開智小学校、開智所沢小学校／開智望中等
　教育学校、開智中学校・高等学校、開智未来中学校・
　高等学校、開智日本橋学園中学校・高等学校／開智
　国際大学

---

## 学校法人　霞ヶ浦学園
# つくば国際大学東風小学校

［所在地］〒302-0110　守谷市百合ヶ丘1-4808-15　TEL 0297-44-6771
［交　通］つくばエクスプレス、関東鉄道常総線守谷駅
よりスクールバス5分
［理事長］高塚　千史　［校　長］本橋　正範

### ● 2025年度募集要項
募集人員：男女60人
出願期間：第1回8月10日〜8月28日　第2回10月18
　日〜10月30日　第3回11月18日〜11月29日
試験日：第1回9月7日　第2回11月10日
　　　　第3回12月8日
面接日：第1回9月8日　第2回11月10日
　　　　第3回12月8日
発表日：第1回9月10日　第2回11月12日
　　　　第3回12月10日
選考料：20,000円
初年度納入金：1,152,000円

### ●データパック
児童数／教員数：282人/30人
2024年度応募者数：97人
合格者数：59人
〔併設校〕つくば国際保育園・つくば国際百合ヶ丘保
　育園・つくば国際松並保育園・つくば国際白梅保育
　園・つくば国際はるかぜ保育園／つくば国際短期大
　学附属幼稚園／つくば国際大学東風高等学校・つく
　ば国際大学高等学校／つくば国際大学／つくば国際
　短期大学

---

## 学校法人　リリー文化学園
# リリーベール小学校

［所在地］〒311-4208　水戸市藤が原3-1117-1288
　　　　　TEL 029-222-9090
［交　通］JR水戸駅よりスクールバス25分
［理事長］大久保　博之　［校　長］大久保　博之

### ● 2025年度募集要項
募集人員：男女80人
出願期間：一般専願9月6日〜9月17日
　　　　　一般11月1日〜11月7日
試験日：一般専願10月12日　一般11月16日
発表日：一般専願10月18日　一般11月21日
選考料：10,000円
初年度納入金：969,528円

### ●データパック
児童数／教員数：404人/65人
2024年度応募者数：―
合格者数：―
〔併設校〕リリー幼稚園、リリーの森幼稚園／ヴィク
　トリアナーサリー、チャイルドランドナーサリー、
　キンダーワールドナーサリー／文化デザイナー学院、
　リリーこども＆スポーツ専門学校／ウォーターリ
　リーナーサリー／ケーズ＆リリーナーサリー

# 著名国公私立中学校への
# 2024年春の合格実績

　私立小学校の大きな魅力の一つは、中高、さらには大学へと続く『一貫教育』にありますが、一方で、外部の難関国公私立中学への受験に対応したカリキュラムを提供している小学校もあります。ここではそうした小学校の、今春の主な合格実績を紹介します。

データは3月末現在判明分。学校名の右の【男子＊＊人、女子＊＊人】の数字は2024年3月の卒業者数。中学校名に続く数字は合格者数。併設の付属中学については、末尾に［＊＊＊中］で示し、進学者数を掲載。
※データ非公表・未回答・該当者なしの学校を除く。

## ◆ 東 京 都 ◆

### 川村小学校　　　　　　　　　　【女子 81 人】

▼**私立（女子）**：雙葉、立教女学院各 1 など
［川村中］女子約 70％

### 国立音楽大学附属小学校　　　　【男女—】

▼**国公立**：立川国際中等教育学校、都立武蔵高附各 1 など
▼**私立（共学）**：青山学院、成城学園、中央大附、開智、西武学園文理各 1 など　▼**私立（男子）**：立教新座 1 など　▼**私立（女子）**：富士見 1 など
［国立音楽大学附属中］—

### 国立学園小学校　　　　【男子 54 人・女子 32 人】

▼**国公立**：筑波大附駒場、東京学芸大附小金井各 2、都立武蔵高附 1 など　▼**私立（共学）**：栄東 22、西武学園文理 16、開智所沢 14、国学院大久我山 7、三田国際学園、渋谷教育学園幕張各 3、渋谷教育学園渋谷、成蹊、中央大附、帝京大学、東京農大一高中等部、大宮開成、市川各 2、明大付八王子、早稲田実業、神奈川大附、慶應義塾湘南藤沢、桐蔭学園中等教育学校、昭和学院秀英、東邦大付東邦各 1 など　▼**私立（男子）**：世田谷学園、桐朋各 6、立教新座 5、海城、巣鴨各 3、麻布、開成、城北、東京都市大付、武蔵、早稲田各 2、攻玉社、駒場東邦、芝、成城、高輪、栄光学園、聖光学院、灘各 1 など　▼**私立（女子）**：晃華学園 7、浦和明の星女子 4、桜蔭、立教女学院各 2、吉祥女子、共立女子、豊島岡女子学園、富士見、湘南白百合学園、洗足学園、日本女子大附、淑徳与野各 1 など

### 国本小学校　　　　　　【男子 26 人・女子 22 人】

▼**国公立**：桜修館中等教育学校など　▼**私立（共学）**：開智日本橋学園、国学院大久我山、成城学園、青稜、玉川学園、東京都市大等々力、東京農大一高中等部、三田国際学園、大宮開成、栄東、西武学園文理、渋谷教育学園幕張、専修大松

戸、西大和学園、愛光など　▼**私立（男子）**：麻布、暁星、芝、高輪、東京都市人付、本郷、明大付中野、早稲田、立教新座、海陽中等教育学校など　▼**私立（女子）**：鷗友学園女子、吉祥女子、共立女子、恵泉女学園、女子学院、普連土学園、日本女子大附、浦和明の星女子、淑徳与野など
［国本女子中］—

### 啓明学園初等学校　　　　【男子 21 人・女子 18 人】

▼**私立（共学）**：早稲田実業、西武学園文理各 1 など
［啓明学園中］男子 11 人・女子 14 人

### サレジアン国際学園目黒星美小学校
　　　　　　　　　　　　　　【男子 44 人・女子 56 人】

▼**男子校**：麻布、浅野、栄光学園、海城、開成、暁星、慶應義塾普通部、攻玉社、国学院大久我山（男子部）、駒場東邦、サレジオ学院、芝、城北埼玉、巣鴨、聖学院、聖光学院、世田谷学園、高輪、筑波大附駒場、東京都市大付、本郷、立教新座、早稲田、函館ラサールなど　▼**女子校**：跡見学園、浦和明の星女子、大妻、学習院女子、カリタス女子、吉祥女子、共立女子、晃華学園、麹町学園女子、国学院大久我山（女子部）、白百合学園、清泉女学院、東京女学館、東洋英和女学院、日本女子大付、フェリス女学院、不二聖心女子学院、普連土学園、三輪田学園、和洋九段女子など　▼**共学校**：かえつ有明、神奈川学園、渋谷教育学園渋谷、渋谷教育学園幕張、淑徳巣鴨、順天、成蹊、成城学園、玉川学園、多摩大目黒、東京学芸大附小金井、東海大付高輪台、東京農大第一、東京都市大等々力、東邦大付東邦、田園調布学園、日本大学、三田国際学園、八雲学園など
［サレジアン国際学園世田谷中］—

### 品川翔英小学校　　　　　【男子 24 人・女子 14 人】

（2023 年春と 24 年春の合格実績校）

▼**国公立**：東京学芸大附世田谷、桜修館中等教育学校など
▼**私立（共学）**：青山学院、国学院大久我山、芝浦工業大附、青稜、中央大附、法政大学、三田国際学園、早稲田実業、中

央大附横浜、桐蔭学園中等教育学校、山手学院、栄東、芝浦工大柏、渋谷教育学園幕張、東邦大付東邦など　▼私立（男子）：麻布、海城、暁星、攻玉社、芝、巣鴨、世田谷学園、東京都市大付、早稲田、浅野、栄光学園、鎌倉学園、慶應義塾普通部、サレジオ学院、逗子開成、聖光学院、立教新座など　▼私立（女子）：桜蔭、大妻、吉祥女子、共立女子、頌栄女子学院、白百合学園、東京女学館、豊島岡女子学園、普連土学園、浦和明の星女子など

[品川翔英中] 男子2人・女子1人

## 聖徳学園小学校　　　【男子45人・女子20人】

▼国公立：筑波大附駒場3、お茶の水女子大附、都立富士高附、都立武蔵高附、都立三鷹中等教育学校各1など　▼私立（共学）：栄東18、国学院久我山7、開智5、成蹊、渋谷教育学園幕張、西大和学園各4、明大付明治、大宮開成、東邦大付東邦各2、慶應義塾中等部、渋谷教育学園渋谷、中央大附、法政大学、市川各1など　▼私立（男子）：本郷、立教新座各6、海城、桐朋各4、開成、成城、武蔵、早大高等学院中学部、灘各3、駒場東邦、巣鴨、世田谷学園、聖光学院各2、麻布、暁星、芝、高輪、早稲田各1など　▼私立（女子）：晃華学園3、桜蔭、豊島岡女子学園、浦和明の星女子各2、恵泉女学園、女子学院、富士見各1など

[聖徳学園中] 男子7人・女子1人

## 聖学院小学校　　　【男子35人・女子37人】

▼国公立：筑波大附1など　▼私立（共学）：帝京大学、昭和学院秀英各1など　▼私立（男子）：城北、武蔵各2、麻布、海城、暁星、栄光学園、立教新座各1など　▼私立（女子）：大妻、共立女子、頌栄女子学院、豊島岡女子学園、普連土学園、浦和明の星女子、淑徳与野各1など

[聖学院中] 男子18人
[女子聖学院中] 女子25人

## 成城学園初等学校　　　【男子53人・女子54人】

▼私立（共学）：三田国際学園など　▼私立（男子）：駒場東邦、高輪など

[成城学園中] 男子50人・女子53人

## 星美学園小学校　　　【男子45人・女子45人】

▼国公立：お茶の水女子大附1など　▼私立（共学）：栄東15、大宮開成9、帝京大学、広尾学園、市川、東邦大付東邦各2、国学院大久我山、明大付明治、早稲田実業、開智、西武学園文理、専修大松戸各1など　▼私立（男子）：巣鴨5、本郷3、開成、城北各2、海城、学習院、成城、桐朋、武蔵、明大付中野、早稲田、立教新座各1など　▼私立（女子）：淑徳与野6、浦和明の星女子3、普連土学園2、鷗友学園女子、大妻、学習院女子、吉祥女子、白百合学園、東洋英和女学院、雙葉各1など

[サレジアン国際学園中] 男子5人・女子15人

## 帝京大学小学校　　　【男子33人・女子16人】

▼私立（共学）：国学院大久我山2、桐蔭学園中等教育学校、栄東各1など　▼私立（男子）：芝、東京都市大付、立教池袋、立教新座各1など　▼私立（女子）：女子学院、浦和明の星女子各1など

[帝京大学中] 男子13人・女子8人
[帝京中] 男子3人、女子1人
[帝京八王子中] 女子1人

## 東京都市大学付属小学校　　　【男子44人・女子35人】

▼国公立：筑波大附駒場3など　▼私立（共学）：栄東20、中央大附横浜、法政大第二、渋谷教育学園幕張各4、渋谷教育学園渋谷、広尾学園、市川各3、慶應義塾中等部、東京農大一高中等部、三田国際学園、明大付明治、開智各2、成城学園、早稲田実業、慶應義塾湘南藤沢各1など　▼私立（男子）：麻布5、聖光学院、立教新座各4、海城、早稲田、浅野各3、攻玉社、駒場東邦、世田谷学園、武蔵、栄光学園各2、開成、芝、巣鴨、高輪、本郷、明大付中野、立教池袋、慶應義塾普通部、サレジオ学院各1など　▼私立（女子）：鷗友学園女子4、洗足学園、浦和明の星女子各3、東洋英和女学院、豊島岡女子学園各2、桜蔭、大妻、香蘭女学校、品川女子学院、女子学院、日本女子大附各1など

[東京都市大学付属中] 男子9人
[東京都市大学等々力中] 男子4人・女子10人

## トキワ松学園小学校　　　【男子27人・女子16人】

▼国公立：お茶の水女子大附1など　▼私立（共学）：栄東6、国学院大久我山、東京農大一高中等部各2、渋谷教育学園渋谷、玉川学園、東京都市大等々力、三田国際学園、早稲田実業、大宮開成、開智各1など　▼私立（男子）：攻玉社3、芝、高輪、立教池袋各2、麻布、海城、学習院、城北、東京都市大付、桐朋、本郷各1など　▼私立（女子）：大妻、立教女学院、日本女子大附各1など

[トキワ松学園中] 女子4人

## 新渡戸文化小学校　　　【男子31人・女子29人】

▼国公立：筑波大附1など　▼私立（共学）：実践学園3、日本大第二2、慶應義塾中等部、国学院大久我山、成城学園、東海大付高輪台、広尾学園、上智福岡各1など　▼私立（男子）：学習院、京華、佼成学園、東京都市大付、桐朋、武蔵、早稲田、サレジオ学院各1など　▼私立（女子）：吉祥女子3、恵泉女学園2、晃華学園、品川女子学院、豊島岡女子学園、富士見、山脇学園、淑徳与野各1など

[新渡戸文化中] 男子6人・女子7人

## 文教大学付属小学校　　【男子24人・女子29人】

▼国公立：都立白鷗高附1など　▼私立（共学）：栄東5、東京都市大等々力、東邦大付東邦各2、慶應義塾中等部、渋谷教育学園渋谷、成城学園、青稜、帝京大学、東京農大一高中等部、広尾学園、明大付明治、中央大附横浜、法政大第二各1など　▼私立（男子）：麻布、芝、世田谷学園、浅野各1など　▼私立（女子）：香蘭女学校4、学習院女子、品川女子学院、女子学院、洗足学園、浦和明の星女子、淑徳与野各2、吉祥女子、頌栄女子学院、白百合学園、田園調布学園、東京女学館、豊島岡女子学園、普連土学園各1など
[文教大学付属中]　男子10人・女子9人

## 宝仙学園小学校　　【男子35人・女子37人】

▼国公立：筑波大附、都立富士高附各2など　▼私立（共学）：栄東22、広尾学園5、開智日本橋学園、国学院大久我山、芝浦工業大附、中央大附、三田国際学園、渋谷教育学園幕張、東邦大付東邦各2、青山学院、東京農大一高中等部、明大付明治、青山学院横浜英和、西武学園文理、市川各1など　▼私立（男子）：巣鴨7、本郷6、芝4、駒場東邦、早稲田、立教新座各3、海城2、麻布、開成、学習院、高輪、東京都市大付、明大付中野、聖光学院各1など　▼私立（女子）：浦和明の星女子6、豊島岡女子学園、淑徳与野各5、吉祥女子、女子学院各4、東洋英和女学院3、恵泉女学園、普連土学園各2、大妻、学習院女子、品川女子学院、頌栄女子学院、東京女学館、富士見、雙葉、湘南白百合学園、横浜共立学園、横浜雙葉各1など
[宝仙学園共学部理数インター]　男子6人・女子3人

## 武蔵野東小学校　　【男子35人・女子30人】

▼国公立：都立武蔵高附2、東京学芸大附小金井、都立三鷹中等教育学校各1など　▼私立（共学）：成蹊2、国学院大久我山、芝浦工業大附、成城学園、法政大学各1など　▼私立（男子）：桐朋2、駒場東邦、城北、世田谷学園各1など　▼私立（女子）：桜蔭、雙葉各2、晃華学園、東洋英和女学院各1など
[武蔵野東中]　男子12人・女子10人

# ◆ 神 奈 川 県 ◆

## LCA国際小学校　　【男子26人・女子19人】

▼国公立：東京学芸大附国際2、横浜サイエンスフロンティア高附1など　▼私立（共学）：公文国際学園6、三田国際学園、桐光学園各4、桐蔭学園中等教育学校、栄東各3、開智日本橋学園、渋谷教育学園渋谷、大宮開成、西武学園文理各2、法政大学、明大付八王子、山手学院、開智、同志社国際、立命館宇治、早稲田佐賀各1など　▼私立（男子）：麻布、海城、芝、東京都市大付、本郷、栄光学園各1など　▼私立（女子）：淑徳与野1など

## 鎌倉女子大学初等部　　【男子26人・女子36人】

▼国公立：筑波大附駒場1など　▼私立（共学）：栄東2など　▼私立（男子）：逗子開成4、浅野、鎌倉学園各2、開成、栄光学園、聖光学院各1など　▼私立（女子）：湘南白百合学園4、フェリス女学院3、横浜雙葉1など
[鎌倉女子大学中等部]　女子11人

## 関東学院小学校　　【男子44人・女子28人】

▼国公立：筑波大附駒場1など　▼私立（共学）：栄東3、神奈川大附、中央大附、東京都市大等々力、中央大附横浜、山手学院、大宮開成各1など　▼私立（男子）：逗子開成2、麻布、高輪、明大付中野、栄光学園、鎌倉学園各1など
[関東学院中]　男子29人・女子23人
[関東学院六浦中]　男子1人・女子2人

## 精華小学校　　【男子49人・女子31人】
### （データは過去5年間の累計進学者数）

▼男子：聖光学院31、浅野19、開成17、サレジオ学院、栄光学園各16、逗子開成11、鎌倉学園、麻布各10、筑波大附駒場8、学習院、駒場東邦各7、攻玉社、世田谷学園各6、山手学院、関東学院、慶應義塾普通部各5、法政大第二、公文国際学園、日本大学、成城、東京都市大付、北嶺、立正大付立正各3、神奈川大附、関東学院六浦、青山学院、中央大附横浜、東京学芸大附世田谷、暁星、慶應義塾中等部、高輪、芝浦工業大附、芝、森村学園、早稲田、東海大付相模、立教新座各2、広尾学園、桐蔭学園中等教育学校、三田国際学園、青山学院横浜英和、渋谷教育学園渋谷、成城学園、早稲田実業、日大藤沢各1など

▼女子：桜蔭15、フェリス女学院11、豊島岡女子学園9、神奈川学園8、横浜共立学園7、広尾学園、女子学院、洗足学園各5、法政大第二、桐蔭学園中等教育学校、三田国際学園、青山学院横浜英和、鎌倉女学院、品川女子学院各3、山手学院、神奈川大附、横浜サイエンスフロンティア高附、横浜女学院、慶應義塾湘南藤沢、青雲、頌栄女子学院、横浜国立大附横浜各2、公文国際学園、日本大学、関東学院六浦、青山学院、中央大附横浜、東京学芸大附世田谷、渋谷教育学園渋谷、成城学園、早稲田実業、日大藤沢各1など

## 清泉小学校　　【男子10人・女子78人】

▼私立（共学）：公文国際学園1など　▼私立（男子）：逗子開成2、開成、浅野、鎌倉学園各1など　▼私立（女子）：湘南白百合学園2、普連土学園、フェリス女学院、横浜共立学園各1など
[清泉女学院中]　女子72人

## 洗足学園小学校　　【男子36人・女子37人】

▼国公立：筑波大附3、筑波大附駒場1など　▼私立（共学）：栄東27、慶應義塾中等部4、渋谷教育学園渋谷、成城学園、

広尾学園、三田国際学園、中央大附横浜、開智、東邦大付東邦各3、青山学院、東京都市大等々力、明大付明治、神奈川大附、法政大第二、大宮開成、市川、渋谷教育学園幕張各2、成蹊、玉川学園、東京農大一高中等部、桐蔭学園中等教育学校各1など　▼私立（男子）:聖光学院6、攻玉社5、海城、栄光学園各4、麻布、学習院、巣鴨、東京都市大付、浅野、立教新座各3、世田谷学園、慶應義塾普通部各2、開成、駒場東邦、芝、高輪、桐朋、本郷、サレジオ学院、逗子開成各1など　▼私立（女子）:桜蔭7、浦和明の星女子6、豊島岡女子学園5、鷗友学園女子、女子学院各4、頌栄女子学院、日本女子大附各3、大妻、香蘭女学校、品川女子学院、田園調布学園、東京女学館、淑徳与野各2、吉祥女子、恵泉女学園、晃華学園、白百合学園、雙葉、普連土学園、横浜共立学園、横浜雙葉各1など

[洗足学園中] 女子5人

## 日本大学藤沢小学校　　　【男子36人・女子24人】

▼私立（共学）:成城学園、東京都市大等々力、東京農大一高中等部、青山学院横浜英和、公文国際学園、中央大附横浜、法政大第二、山手学院、大宮開成、栄東、東邦大付東邦など　▼私立（男子）:海城、高輪、東京都市大付、浅野、栄光学院、鎌倉学園、サレジオ学院、逗子開成、北嶺・青雲寮コースなど　▼私立（女子）:品川女子学院、フェリス女学院、横浜雙葉など

[日本大学藤沢中] 男女39人

## 森村学園初等部　　　【男子60人・女子59人】

▼私立（共学）:青山学院、公文国際学園、法政大第二、山手学院各1など　▼私立（男子）:東京都市大付、聖光学院各1など　▼私立（女子）:桜蔭、恵泉女学園、横浜共立学園各1など

[森村学園中等部] 男子45人・女子48人

# ◆ 埼 玉 県 ◆

## 開智学園総合部（小学校）　　　【男女94人】

▼国公立:さいたま市立浦和1など　▼私立（共学）:早稲田実業1など　▼私立（男子）:巣鴨1など

[開智中] 78人　　　[開智未来中] 1人
[開智所沢中] 2人

# ◆ 千 葉 県 ◆

## 昭和学院小学校　　　【男子38人・女子45人】

▼国公立:東京学芸大附竹早、千葉県立千葉、千葉市立稲毛国際中等教育学校各1など　▼私立（共学）:東邦大付東邦11、市川8、渋谷教育学園幕張5、栄東、専修大松戸各4、慶應義塾中等部、国学院大久我山、早稲田実業、芝浦工大柏、関西学院中学部、早稲田佐賀各1など　▼私立（男子）:開成、巣鴨各2、麻布、高輪、本郷、早稲田、慶應義塾普通部、函館ラ・サール各1など　▼私立（女子）:桜蔭、浦和明の星女子各4、共立女子3、豊島岡女子学園2、学習院女子、女子学院、立教女学院各1など

[昭和学院中] 男子15人・女子18人
[昭和学院秀英中] 男子3人・女子3人

## 聖徳大学附属小学校　　　【男子26人・女子26人】

▼国公立:筑波大附駒場、千葉県立東葛飾各1など　▼私立（共学）:芝浦工大柏6、東邦大付東邦5、開智、栄東、市川、専修大松戸、江戸川学園取手各4、渋谷教育学園幕張、昭和学院秀英各2など　▼私立（男子）:巣鴨3、早稲田2、開成、芝、立教新座各1など　▼私立（女子）:品川女子学院、東京女学館、浦和明の星女子各1など

[光英VERITAS中] 男子2人・女子8人

## 千葉日本大学第一小学校　　　【男子48人・女子25人】

▼国公立:千葉県立千葉2、千葉大附、千葉市立稲毛国際各1など　▼私立（共学）:市川、東邦大付東邦各2、慶應義塾中等部、栄東、渋谷教育学園幕張、専修大松戸各1など　▼私立（男子）:開成、明大付中野各1など

[日本大学第一中] 男子6人・女子3人
[千葉日本大学第一中] 男子35人・女子20人

## 日出学園小学校　　　【男子56人・女子46人】

▼私立（共学）:東邦大付東邦13、市川10、栄東9、開智8、専修大松戸7、芝浦工大柏5、渋谷教育学園幕張、昭和学院秀英各4、広尾学園3、江戸川学園取手2、慶應義塾中等部、成城学園各1など　▼私立（男子）:巣鴨、高輪、本郷各2、開成、攻玉社、武蔵、明大付中野、早稲田、聖光学院各1など　▼私立（女子）:共立女子4、大妻、学習院女子各3、東京女学館、浦和明の星女子各2、桜蔭、品川女子学院、頌栄女子学院、白百合学園、雙葉各1など

[日出学園中] 男子26人・女子19人

# ◆ 茨 城 県 ◆

## つくば国際大学東風小学校　【男子17人・女子22人】

▼私立（共学）:江戸川学園取手2、開智、専修大松戸各1など　▼私立（男子）:巣鴨1など

# 2024年春の東京圏440高校　主要大学合格者数一覧

　東京に限らず、大都市圏の高校別大学合格者の実績を見ると、"私立校優位"が続いており、今年の東大ランキングベスト20でも、私立中高6か年一貫教育校（小中高12年一貫教育校含む）が15校を占めています。この私立・国立一貫教育校の進学での成果は非常に高く、近年では公立でも全国で中高一貫校が設置され始めているほどです。私立が培ってきた"人材育成"の長年のノウハウは、ますます花開いていくものと思われます。

　本書では、進路決定の一助として、今春の東京圏（埼玉、千葉、東京、神奈川）主要国公私立高等学校×主要大学合格者数一覧をお届けします。ぜひ、ご活用ください。

（地域：埼玉）

| 高校名 | 東京大 | (内現役) | 京都大 | (内現役) | 北海道大 | 東北大 | 大阪大 | 筑波大 | 埼玉大 | 千葉大 | 東京外国語大 | 東京学芸大 | 東京工業大 | 東京農工大 | お茶の水女子大 | 一橋大 | 横浜国立大 | 国公立大医学部 | 東京都立大 | 横浜市立大 | 早稲田大 | 慶應義塾大 | 明治大 | 立教大 | 法政大 | 中央大 |
|---|---|---|---|---|---|---|---|---|---|---|---|---|---|---|---|---|---|---|---|---|---|---|---|---|---|---|
| 上尾 | | | | | | | | | 3 | | | | | | | | | | | | | | 5 | 6 | 7 | 6 |
| 朝霞 | | | | | | | | | 1 | | | | | | | 1 | | | | | 1 | 2 | 5 | 4 | 2 | 6 |
| 伊奈学園総合 | 1 | 1 | | | 3 | | | 3 | 8 | | | 1 | | 3 | 1 | 1 | 1 | | | 1 | 15 | 1 | 36 | 30 | 37 | 22 |
| 浦和・県立 | 44 | 25 | 19 | 5 | 12 | 30 | | 14 | 8 | 8 | | 1 | 9 | 7 | 6 | 2 | 11 | 14 | 19 | | 137 | 76 | 140 | 21 | 49 | 78 |
| 浦和・市立 | 3 | 2 | 3 | 2 | 1 | 13 | 3 | 14 | 14 | 11 | 5 | | 9 | 8 | 2 | 2 | 7 | 10 | 2 | 2 | 47 | 31 | 137 | 143 | 124 | 59 |
| 浦和第一女子 | 2 | 1 | 3 | 2 | 8 | 8 | 5 | 7 | 18 | 17 | 9 | 1 | 4 | 2 | 6 | 6 | 5 | 7 | 9 | | 44 | 16 | 95 | 141 | 76 | 49 |
| 浦和西 | | | | | | | | 4 | 9 | 5 | 1 | | 4 | 3 | | | 5 | | 4 | 2 | 14 | 2 | 74 | 56 | 103 | 42 |
| 浦和南 | | | | | | | | 7 | | | | | | | | | | | | | 4 | | 14 | 8 | 17 | 7 |
| 大宮 | 19 | 15 | 5 | 3 | 9 | 16 | 1 | 16 | 20 | 20 | 3 | 5 | 15 | 10 | 3 | 8 | 10 | 12 | 1 | 1 | 90 | 52 | 189 | 71 | 83 | 79 |
| 大宮北 | | | | | | | 1 | | 2 | 17 | 2 | 1 | | | | | 1 | 1 | 1 | | 2 | | 18 | 21 | 23 | 16 |
| 春日部 | 2 | 1 | 2 | 1 | 13 | 17 | 5 | 22 | 22 | 14 | 4 | 4 | 2 | 2 | | 5 | 4 | 3 | 6 | | 43 | 37 | 142 | 38 | 120 | 64 |
| 春日部女子 | | | | | | | | 1 | 1 | | | | | | | | | | | 1 | 1 | | 2 | 17 | 3 | 10 |
| 春日部東 | | | | | | | | 13 | | | | | | | | | | | | | 5 | | 12 | 14 | 19 | 5 |
| 川口 | | | | | | | | 14 | 2 | 1 | | | | | | | 1 | 1 | 1 | | 8 | 1 | 24 | 26 | 46 | 21 |
| 川口市立 | | | | | | | 2 | 2 | 11 | 2 | | | | 2 | | | | | 1 | 2 | 4 | 21 | 19 | 38 | 22 |
| 川越・県立 | 7 | 3 | 2 | | 7 | 19 | 1 | 7 | 13 | 4 | 2 | 4 | 10 | 13 | | 7 | 6 | 5 | 1 | 1 | 77 | 21 | 118 | 42 | 71 | 75 |
| 川越女子 | 2 | 1 | | | | 4 | 1 | 6 | 14 | 4 | 8 | 16 | | 2 | 7 | 3 | 1 | 3 | 5 | | 35 | 3 | 63 | 82 | 62 | 37 |
| 川越南 | | | | | | 1 | | | 7 | 2 | | | | 1 | | | | | 1 | | 4 | 1 | 35 | 24 | 37 | 15 |
| 熊谷 | | | | | | 4 | 1 | 3 | 9 | 5 | | 2 | | 2 | | | | 2 | 3 | | 14 | 2 | 44 | 33 | 52 | 35 |
| 熊谷女子 | | | | | | | | 2 | 8 | | | 1 | | | 1 | | | | | | 3 | | 11 | 22 | 11 | 7 |
| 熊谷西 | | | | | | 2 | | | 6 | | | 1 | | 1 | | | | | | | 5 | 1 | 10 | 16 | 11 | 5 |
| 越ヶ谷 | | | | | | 1 | | 1 | 12 | 4 | | 1 | 1 | | | | | | 2 | | 9 | | 37 | 42 | 54 | 17 |
| 越谷北 | | | | | 1 | 2 | | 12 | 33 | 12 | | 5 | 2 | 2 | 2 | | 2 | 1 | 3 | | 41 | 6 | 72 | 50 | 78 | 37 |
| 越谷南 | | | | | | | | | 2 | | | | | | | | | | | | | 2 | 12 | 10 | 19 | 6 |
| 坂戸 | | | | | | | | | 7 | | | | | | | | | | | | 4 | 1 | 10 | 9 | 22 | 7 |
| 所沢 | | | | | | | | | 4 | 1 | | | | 1 | | | | | | | 6 | 2 | 24 | 10 | 22 | 32 |
| 所沢北 | | | 1 | 1 | 1 | 2 | | 2 | 31 | 6 | | 3 | 3 | 8 | | | 5 | | 2 | 1 | 16 | 4 | 67 | 75 | 104 | 70 |
| 所沢西 | | | | | | | | | 1 | | | | 1 | | | | | | | | 2 | | 6 | 6 | 10 | 5 |
| 不動岡 | | | | | 4 | 4 | | 8 | 28 | 6 | 2 | 1 | 6 | 1 | | 1 | 1 | | 2 | 3 | 18 | 8 | 54 | 84 | 66 | 42 |
| 松山 | | | | | 1 | | | | 6 | | | | | | | | | | | | | | 16 | 5 | 11 | 13 |
| 与野 | | | | | | | | | 11 | | | 7 | 3 | | 1 | 1 | | | 1 | | 4 | 1 | 9 | 11 | 20 | 11 |
| 和光国際 | | | 1 | | | | | | 11 | | | 7 | 2 | | 1 | | 1 | | 1 | | 7 | 2 | 33 | 47 | 48 | 18 |
| 蕨 | | | 2 | | 4 | 2 | | 4 | 25 | 4 | | 7 | 2 | 6 | 1 | 3 | | 1 | 3 | | 21 | 12 | 76 | 73 | 111 | 67 |
| ◎青山学院浦和ルーテル | | | | | | | | | | | | | | | | | | | | | | 1 | | | | 3 |
| ◎浦和明の星女子 | 2 | 2 | 1 | 1 | 1 | 4 | | | 1 | 3 | 1 | 6 | 1 | 1 | 3 | 1 | 1 | 1 | | | 45 | 17 | 46 | 54 | 33 | 27 |
| ◎浦和学院 | | | | | | | | | 1 | | | | 1 | | | 1 | | | 1 | | | | 2 | 2 | 3 | 8 |
| ◎浦和実業学園 | | | | | | 1 | | | 3 | 1 | | | 1 | | | 1 | | | | | | | 9 | 10 | 16 | 15 |
| ◎浦和麗明 | | | | | | 1 | | | 6 | | | | 2 | | | 1 | | | | | 6 | 1 | 37 | 25 | 45 | 37 |
| ◎叡明 | | | | | | | | | 2 | 1 | | | | | | 2 | | | | | 3 | | 5 | 4 | 14 | 10 |
| ◎大宮開成 | 2 | 1 | | | 7 | 8 | 1 | 6 | 17 | 2 | | 7 | 2 | 1 | | 2 | | | 3 | 1 | 67 | 27 | 91 | 99 | 135 | 75 |
| ◎開智 | 7 | 6 | 4 | 3 | 2 | 12 | 4 | 17 | 18 | 9 | 1 | 3 | 3 | 5 | 6 | 1 | | 14 | 3 | 1 | 135 | 65 | 173 | 126 | 164 | 117 |
| ◎開智未来 | | | | | | 3 | | 3 | 6 | 1 | 2 | | 1 | 1 | | | | | 1 | | 6 | 1 | 17 | 13 | 15 | 13 |
| ◎春日部共栄 | | | | | | 1 | 1 | | 4 | 10 | 2 | | 2 | | | | | 1 | | | 16 | 4 | 32 | 33 | 28 | 13 |
| ◎川越東 | 2 | 2 | 2 | | 5 | 2 | 1 | | 11 | 4 | | | 2 | 3 | | 2 | 3 | 4 | 4 | | 41 | 16 | 86 | 79 | 91 | 69 |
| ◎埼玉栄 | | | | | | | | 1 | 4 | 2 | | | | | | | | | | | 2 | | 25 | 14 | 19 | 18 |
| ◎栄北 | | | | | 1 | 1 | | 2 | 2 | | | | | | | | | | | | 10 | 3 | 14 | 25 | 35 | 30 |
| ◎栄東 | 19 | 17 | 2 | 1 | 10 | 16 | 1 | 6 | 29 | 8 | 3 | 3 | 2 | 8 | 3 | 4 | 7 | 8 | 1 | | 149 | 110 | 167 | 63 | 112 | 72 |
| ◎狭山ヶ丘 | | | | | | | | | 1 | | | | | | | | | | | | 11 | 8 | 19 | 28 | 22 | 29 |
| ◎淑徳与野 | 1 | | | | 4 | | 1 | | 7 | 1 | | | 2 | | | 1 | 1 | 1 | | | 43 | 13 | 79 | 112 | 44 | 44 |
| ◎城西大付川越 | | | | | | 1 | | | 5 | | 1 | | | 2 | | | | | | | 11 | 2 | 33 | 20 | 33 | 29 |

　私立大すべてと、国公立大のうち、筑波大、千葉大、東京農工大、横浜国立大、東京都立大は大学発表のデータ。東京外国語大と横浜市立大は大学通信調べのデータで、前記以外の国公立大については高校発表の合格者データ。「国公立大医学部」は医学部医学科の合格者数合計。そのうち筑波大、千葉大、富山大、金沢大、名古屋市立大、大阪公立大、鳥取大、岡山大、広島大は大学発表で、横浜市立大は大学通信調べのデータ。その他は高校発表。

　表頭の大学に合格者が多い440高校を掲載した。大学発表では、推薦など一部の入試方式を含まない場合がある。高校発表はアンケートによる3/31までの回答分。いくつかの高校は合格者数を公表していない場合があるため空欄はゼロとは限らない。

　高校名の※印は国立、◎印は私立、無印は公立高校。

| 上智大 | 青山学院大 | 学習院大 | 成蹊大 | 成城大 | 武蔵大 | 明治学院大 | 國學院大 | 東京都市大 | 日本大 | 東洋大 | 駒澤大 | 専修大 | 北里大 | 昭和大 | 玉川大 | 帝京大 | 東海大 | 文教大 | 獨協大 | 神奈川大 | 関東学院大 | 日本女子大 | 東京女子大 | 津田塾大 | 学習院女子大 | 白百合女子大 | 聖心女子大 | 清泉女子大 | フェリス女学院大 | 芝浦工業大 | 東京理科大 |
|---|---|---|---|---|---|---|---|---|---|---|---|---|---|---|---|---|---|---|---|---|---|---|---|---|---|---|---|---|---|---|---|
|  | 5 | 4 | 1 | 2 | 10 | 3 | 3 |  | 44 | 74 | 15 | 9 | 1 |  | 3 | 16 | 5 | 28 | 23 | 1 |  |  | 2 |  | 3 | 1 |  |  | 1 | 3 | 1 |
|  | 2 | 1 | 8 | 5 | 5 |  | 8 |  | 31 | 51 | 17 | 28 | 1 |  | 5 | 19 | 1 | 28 | 3 | 1 |  |  | 1 |  | 1 |  |  |  |  | 3 | 2 |
| 8 | 13 | 15 | 15 | 8 | 6 | 9 | 12 | 1 | 83 | 122 | 21 | 18 | 5 |  | 5 | 33 | 17 | 56 | 42 | 11 | 3 |  | 6 | 5 |  | 2 | 1 | 2 | 1 | 11 | 4 |
| 21 | 11 | 5 | 7 | 5 | 1 | 1 |  | 1 | 24 | 21 | 6 | 4 | 2 | 1 |  |  | 1 | 6 |  | 8 |  | 28 | 14 | 6 | 5 |  |  |  |  | 34 | 143 |
| 38 | 40 | 25 | 20 | 20 | 20 | 25 | 9 | 10 | 32 | 154 | 10 | 16 | 4 |  |  | 1 | 6 |  | 8 | 36 | 2 |  |  |  |  |  |  |  |  | 81 | 91 |
| 25 | 44 | 38 | 13 | 17 | 7 | 8 | 12 | 8 | 16 | 87 | 22 | 9 | 2 | 3 | 2 | 4 | 3 | 17 | 21 | 2 |  | 69 | 52 | 34 | 2 |  |  | 1 |  | 72 | 55 |
| 5 | 17 | 17 | 26 | 27 | 33 | 25 | 22 | 17 | 69 | 200 | 48 | 25 | 3 |  |  | 10 | 9 | 15 | 32 | 56 | 5 | 27 | 24 | 10 | 3 |  | 1 | 1 | 1 | 57 | 18 |
| 1 |  | 5 | 9 | 7 | 6 | 12 | 11 | 3 | 68 | 93 | 25 | 39 |  | 1 |  | 5 | 38 | 8 | 36 | 45 | 3 |  |  |  |  |  |  |  | 3 |  |  |
| 16 | 32 | 29 | 17 | 19 | 13 | 17 | 12 | 6 | 26 | 60 | 16 | 11 | 7 |  | 1 | 2 | 5 | 1 | 16 | 6 | 1 |  | 16 | 11 | 4 |  |  |  |  | 48 | 138 |
| 1 | 12 | 17 | 7 | 10 | 22 | 6 | 22 |  | 87 | 150 | 14 | 20 | 8 |  | 1 | 7 | 23 | 12 | 33 | 31 |  |  | 1 | 1 |  |  |  |  |  | 37 | 2 |
| 7 | 30 | 20 | 17 | 14 | 20 | 9 | 5 | 3 | 54 | 94 | 15 | 18 | 4 | 2 | 3 | 6 | 6 | 17 | 25 |  | 1 |  |  |  |  |  |  |  |  | 84 | 98 |
| 4 | 2 | 11 | 3 | 7 | 3 |  | 6 |  | 14 | 40 | 16 | 11 |  |  | 2 | 14 | 1 | 57 | 57 |  | 1 | 19 | 16 | 23 | 1 | 1 | 4 | 2 |  | 4 | 1 |
| 1 | 2 | 7 | 3 | 2 | 9 | 4 | 12 |  | 55 | 92 | 29 | 24 | 3 |  | 8 | 17 | 10 | 119 | 74 | 3 |  |  | 2 |  |  | 3 | 2 |  |  | 4 | 1 |
| 1 | 4 | 3 | 18 | 16 | 16 | 18 | 22 | 4 | 94 | 168 | 38 | 50 | 6 |  | 10 | 31 | 16 | 39 | 51 | 7 | 1 | 6 | 10 | 5 |  | 1 | 2 | 3 |  | 37 | 8 |
|  | 9 |  | 10 | 8 | 6 | 14 | 14 | 5 | 56 | 151 | 30 | 35 | 5 |  | 16 | 18 | 15 | 60 | 77 |  |  |  |  |  |  |  |  |  |  | 18 | 14 |
| 20 | 31 | 14 | 9 | 7 | 7 | 2 | 4 | 30 | 26 | 100 | 19 | 10 | 3 | 1 | 1 | 2 | 10 | 8 | 7 | 1 |  |  |  |  |  |  |  |  |  | 37 | 95 |
| 40 | 24 | 34 | 19 | 14 | 43 | 10 | 8 | 9 | 33 | 110 | 19 | 21 | 9 | 1 |  | 2 | 3 | 29 | 17 |  |  | 56 | 73 | 44 | 4 | 1 |  |  |  | 28 | 15 |
|  | 13 | 14 | 16 | 8 | 42 | 5 | 12 | 4 | 50 | 126 | 33 | 21 | 1 |  | 4 | 28 | 19 | 31 | 28 | 1 |  | 6 | 7 | 3 | 4 | 2 | 2 |  | 1 | 6 | 5 |
| 3 | 2 | 13 | 15 | 12 | 17 | 7 | 13 | 6 | 66 | 152 | 19 | 19 | 3 |  | 5 | 9 | 7 | 11 | 22 | 5 |  | 1 | 24 | 12 | 10 | 2 | 4 | 4 | 6 | 25 | 23 |
| 3 | 2 | 8 | 13 | 6 | 18 | 2 |  | 3 | 19 | 45 | 29 | 19 | 4 |  | 11 | 16 | 9 | 30 | 17 |  | 1 |  |  |  |  |  | 1 | 1 |  | 4 | 2 |
| 3 | 1 | 8 | 6 | 2 | 7 | 2 | 11 | 1 | 44 | 63 | 14 | 10 | 3 | 1 | 3 | 11 | 14 | 28 | 22 | 1 |  | 1 | 1 | 1 |  | 1 |  |  |  | 13 | 4 |
| 1 | 4 | 9 | 8 | 32 | 16 | 17 | 15 |  | 77 | 172 | 35 | 24 | 2 | 1 |  | 11 | 6 | 5 | 58 | 68 | 3 | 1 | 8 | 5 |  | 2 | 1 | 3 |  | 33 | 11 |
| 14 | 12 | 20 | 12 | 13 | 5 | 5 | 9 | 2 | 56 | 218 | 11 | 25 | 9 | 2 |  | 8 | 3 | 63 | 84 | 3 |  | 17 | 16 | 2 | 4 |  |  |  |  | 59 | 51 |
|  | 5 | 8 | 4 | 9 | 6 | 2 | 3 |  | 42 | 76 | 13 | 35 | 1 |  | 4 | 19 | 6 | 29 | 77 |  | 5 | 2 | 4 | 9 | 2 |  | 1 | 1 |  | 5 | 1 |
| 2 | 3 | 9 | 1 | 7 | 24 |  |  | 5 | 28 | 110 | 19 | 18 |  |  | 3 | 27 | 2 | 28 | 23 | 3 |  |  | 1 | 1 |  | 1 | 1 |  |  | 2 | 1 |
| 1 | 2 | 1 | 6 | 20 | 3 | 9 | 9 |  | 28 | 99 | 33 | 46 | 2 |  | 2 | 35 | 15 | 23 | 24 | 2 |  |  | 1 | 1 |  |  | 1 |  |  | 34 | 4 |
| 5 | 9 | 11 | 14 | 6 | 20 | 3 | 9 | 13 | 27 | 109 | 30 | 34 | 2 | 2 | 3 | 8 | 16 | 10 | 80 | 85 |  | 8 | 6 | 6 | 7 |  |  | 1 |  | 15 | 10 |
| 12 | 17 | 33 | 18 | 16 | 26 | 13 | 20 | 11 | 82 | 192 | 40 | 31 | 1 |  | 9 | 14 | 1 | 42 | 73 | 3 |  | 27 | 15 | 15 |  |  |  |  |  | 25 | 28 |
| 1 |  |  | 2 |  | 2 |  | 1 |  | 5 | 7 |  | 4 | 2 |  | 4 | 2 |  | 2 |  |  | 2 | 4 |  |  |  |  |  | 1 |  |  | 2 |
| 28 | 12 | 5 |  |  | 6 | 1 | 4 |  | 14 | 50 | 3 | 13 | 4 | 4 |  | 7 |  |  | 1 |  |  | 9 | 8 |  | 1 |  |  |  | 1 | 14 | 28 |
| 2 | 5 | 2 | 5 | 3 | 5 | 1 | 4 | 2 | 27 | 30 | 8 | 5 | 1 |  | 1 | 50 | 1 | 1 | 18 |  |  | 3 |  | 3 |  | 1 |  | 2 |  | 3 |  |
| 1 | 3 | 6 | 3 | 4 | 4 | 10 | 7 | 13 | 36 | 40 | 15 | 18 |  |  | 9 | 40 | 8 | 16 | 56 | 1 |  | 31 | 31 | 30 | 7 |  | 1 | 1 |  | 12 | 11 |
| 2 | 15 | 38 | 11 | 11 | 44 | 18 | 22 | 1 | 57 | 73 | 40 | 32 | 1 | 12 | 55 | 13 | 19 | 133 | 1 |  | 5 | 14 | 8 | 1 | 3 | 4 | 1 | 12 | 3 | 14 |
| 3 | 2 | 8 | 1 | 6 | 6 |  | 2 | 1 | 35 | 41 | 8 | 11 | 4 |  | 4 | 42 | 3 | 33 | 55 | 1 | 1 | 4 | 1 |  | 1 |  |  | 1 | 34 | 2 |
| 25 | 48 | 39 | 15 | 25 | 15 | 20 | 12 | 2 | 127 | 251 | 29 | 38 | 9 |  | 6 | 21 | 10 | 22 | 92 |  |  | 18 | 8 | 8 | 4 | 7 |  | 4 | 39 | 66 |
| 51 | 66 | 53 | 33 | 42 | 26 | 33 | 29 | 18 | 118 | 156 | 26 | 28 | 12 |  | 11 | 27 | 12 | 16 | 66 | 3 |  | 39 | 29 | 16 | 3 |  | 3 | 105 | 132 |
| 3 | 9 | 10 | 4 | 4 | 25 | 4 | 4 | 2 | 40 | 50 | 12 | 28 | 2 | 1 |  | 16 | 6 | 4 |  |  | 10 | 3 | 4 |  | 2 | 1 | 2 | 20 | 14 |
| 7 | 10 | 11 | 5 | 15 | 12 | 11 | 18 | 18 | 76 | 102 | 22 | 16 | 2 | 1 | 10 | 33 | 10 | 35 | 47 | 1 |  | 2 | 8 | 5 | 7 |  | 13 | 10 |
| 9 | 20 | 34 | 25 | 25 | 24 | 16 | 20 | 6 | 115 | 236 | 26 | 25 | 7 |  | 2 | 10 | 11 | 6 | 22 | 3 | 1 |  | 47 | 54 |
|  | 12 |  |  | 5 | 5 | 7 | 5 | 7 | 8 | 42 | 70 | 23 | 22 | 4 | 14 | 69 | 16 | 17 | 18 | 2 | 3 | 4 | 4 | 2 | 5 | 3 |
| 2 | 6 | 9 | 8 | 22 | 31 | 14 | 8 | 24 | 64 | 95 | 13 | 21 | 2 |  | 1 | 14 | 1 | 8 | 66 | 2 |  | 6 | 6 | 5 | 1 | 6 | 1 | 2 | 1 | 1 | 45 |
| 25 | 41 | 31 | 17 | 29 | 10 | 17 | 15 | 7 | 86 | 94 | 18 | 27 | 12 | 10 | 2 | 16 | 3 | 9 | 56 | 1 |  | 31 | 31 | 30 | 7 |  | 313 | 227 |
| 9 | 13 | 4 | 9 |  | 15 | 4 | 5 |  | 35 | 57 | 17 | 16 | 4 |  | 3 | 22 | 3 | 12 | 33 |  | 19 | 12 |
| 50 | 23 | 33 | 16 | 20 | 16 | 10 | 10 | 1 | 15 | 57 | 17 | 16 | 3 |  | 4 | 23 | 5 | 2 | 12 |  | 82 | 58 | 17 | 6 | 4 | 2 | 6 | 31 | 29 |
| 5 | 6 | 11 | 9 | 4 | 9 |  | 9 | 94 | 68 | 6 | 15 | 3 |  | 5 | 31 | 15 | 30 | 12 |  | 11 | 10 |

| 高校名 | 東京大 | （内現役） | 京都大 | （内現役） | 北海道大 | 東北大 | 大阪大 | 筑波大 | 埼玉大 | 千葉大 | 東京外国語大 | 東京学芸大 | 東京工業大 | 東京農工大 | お茶の水女子大 | 一橋大 | 横浜国立大 | 国公立大医学部 | 東京都立大 | 横浜市立大 | 早稲田大 | 慶應義塾 | 明治大 | 立教大 | 法政大 | 中央大 |
|---|---|---|---|---|---|---|---|---|---|---|---|---|---|---|---|---|---|---|---|---|---|---|---|---|---|---|
| ◎昌　　　　平 | 1 | 1 |  |  | 1 | 1 |  | 9 | 6 | 3 | 1 | 1 | 3 | 1 | 2 | 1 | 1 |  |  |  | 10 | 5 | 44 | 37 | 20 | 33 |
| ◎城　北　埼　玉 | 1 | 1 |  |  | 1 | 1 |  | 9 | 2 | 4 |  | 1 | 1 | 1 |  |  |  |  | 1 |  | 15 | 9 | 18 | 23 | 28 | 31 |
| ◎西武学園文理 | 1 |  |  |  | 1 | 1 |  | 2 | 1 | 4 | 5 | 2 | 1 | 1 |  | 1 | 1 | 2 |  | 1 | 10 | 9 | 18 | 25 | 25 | 21 |
| ◎西　　　　武　　台 |  |  |  |  |  |  |  | 2 |  |  |  |  |  |  |  |  |  |  |  |  | 2 | 1 | 2 | 4 | 6 | 8 |
| ◎聖　望　学　園 |  |  |  |  |  |  |  |  |  |  | 1 |  |  |  |  |  |  |  |  |  | 4 | 1 | 9 | 3 | 11 | 7 |
| ◎東京農業大第三 |  |  |  |  |  |  |  | 3 |  |  |  |  | 1 |  |  |  | 1 |  |  |  | 3 |  | 6 | 9 | 11 | 10 |
| ◎獨　協　埼　玉 |  |  |  |  |  |  |  | 1 |  |  | 1 |  |  | 1 |  |  | 1 |  |  |  | 8 |  | 20 | 49 | 31 | 22 |
| ◎花　咲　徳　栄 |  |  |  |  | 1 | 1 |  | 3 |  |  |  |  |  |  |  |  |  |  |  |  |  |  | 3 |  | 4 | 2 |
| ◎東　　　　　野 |  |  |  |  |  |  |  |  |  |  |  |  |  |  |  |  |  |  |  |  | 2 |  | 6 | 3 | 3 | 8 |
| ◎武　　　　　南 |  |  |  |  |  |  |  | 2 | 6 | 1 |  | 1 |  | 2 |  |  |  |  |  | 1 | 16 | 3 | 19 | 27 | 18 | 18 |
| ◎星　　　　　野 | 1 |  |  |  | 1 | 1 |  | 4 | 9 | 3 |  | 6 |  | 2 | 2 |  |  |  | 2 | 1 | 11 | 2 | 27 | 60 | 62 | 27 |
| ◎細　田　学　園 | 1 |  |  |  |  |  |  | 1 | 7 | 1 | 1 |  |  |  |  |  |  |  |  |  | 9 | 6 | 14 | 12 | 3 |  |
| ◎本　　　庄　　東 |  |  |  |  | 1 | 5 | 1 | 2 | 6 |  | 2 | 3 | 2 |  |  |  | 4 |  | 1 |  | 15 | 5 | 29 | 26 | 47 | 20 |
| ◎山　村　学　園 |  |  |  |  |  |  |  | 1 |  | 1 |  |  |  | 1 |  |  |  | 1 |  |  | 1 | 2 | 4 | 18 | 11 | 11 |
| ◎立　教　新　座 |  |  |  | 1 | 3 |  |  |  |  |  |  |  |  |  |  | 1 | 1 | 3 |  |  | 10 | 10 | 14 | 4 | 1 | 6 |
| 安　　　　　房 |  |  |  |  | 2 |  |  |  | 1 | 3 |  |  |  |  |  |  | 1 | 1 |  | 1 | 7 | 2 | 13 | 3 | 19 | 26 |
| 稲　　　　　毛 |  |  | 1 | 1 | 2 |  |  |  | 2 | 17 | 1 | 5 | 1 |  | 1 | 1 | 1 | 3 |  |  | 46 | 14 | 78 | 83 | 88 | 36 |
| 柏　・　県　立 | 1 | 1 |  |  |  |  |  | 4 | 9 | 16 | 1 |  | 1 |  |  | 1 | 2 |  | 3 |  | 19 | 2 | 63 | 44 | 80 | 47 |
| 柏　　中　　央 |  |  |  |  |  |  |  |  |  | 1 |  |  |  |  |  |  |  |  |  |  | 1 |  | 3 | 14 | 9 | 3 |
| 柏　　の　　葉 |  |  |  |  |  |  |  |  |  | 1 |  |  |  |  |  |  |  |  |  |  | 1 | 1 | 9 | 7 | 12 | 3 |
| 柏　　　　　南 |  |  |  |  |  |  |  | 1 | 1 | 1 |  |  |  | 1 |  |  |  |  |  | 2 | 6 |  | 31 | 49 | 66 | 15 |
| 鎌　　ケ　　谷 |  |  |  |  |  |  |  |  | 1 | 5 |  |  |  | 2 |  |  | 1 |  |  |  | 8 |  | 27 | 28 | 49 | 15 |
| 木　　更　　津 |  |  | 3 |  |  |  |  | 2 | 2 | 35 |  | 1 | 1 | 1 |  |  | 1 | 1 | 2 | 2 | 8 | 1 | 47 | 18 | 64 | 32 |
| 検　　見　　川 |  |  |  |  |  |  |  |  | 1 | 1 |  |  |  |  |  |  | 1 |  |  | 1 | 6 | 1 | 10 | 16 | 28 | 16 |
| 国　　府　　台 |  |  |  |  |  |  |  |  | 1 | 6 |  |  |  | 1 |  |  | 1 |  |  |  | 8 | 2 | 51 | 23 | 60 | 18 |
| 小　　　　　金 |  |  |  |  | 1 |  | 1 | 15 | 3 | 18 | 2 | 2 | 1 |  |  | 1 |  | 4 |  |  | 25 | 11 | 87 | 119 | 132 | 49 |
| 国　　　　　分 |  |  |  |  |  |  |  |  |  | 1 |  |  |  |  |  |  |  |  |  |  | 1 |  | 10 | 7 | 27 | 7 |
| 佐　　　　　倉 | 1 | 1 |  |  | 4 | 11 |  | 8 | 2 | 30 | 3 | 2 | 2 |  | 1 | 3 | 2 | 2 | 6 | 2 | 46 | 21 | 81 | 76 | 100 | 75 |
| 佐　　　　　原 |  |  |  |  |  | 3 |  | 3 | 1 | 14 |  | 1 |  |  |  |  | 1 | 1 | 4 | 4 | 4 | 1 | 13 | 8 | 20 | 21 |
| 千　葉　・　県　立 | 21 | 8 | 10 | 4 | 4 | 10 | 5 | 11 |  | 38 | 2 |  | 11 | 1 | 3 |  | 2 | 16 | 3 | 1 | 113 | 92 | 108 | 40 | 45 | 65 |
| 千　葉　・　市　立 | 1 | 1 |  |  | 1 | 4 |  | 4 | 1 | 53 | 3 | 3 | 3 |  |  | 1 | 3 | 1 | 1 |  | 34 | 12 | 90 | 62 | 118 | 65 |
| 千　　葉　　西 |  |  |  |  |  |  |  |  |  | 3 |  |  |  |  |  |  |  |  |  |  | 1 |  | 25 | 14 | 46 | 8 |
| 千　　葉　　東 |  |  | 3 |  | 7 | 1 |  | 9 | 1 | 37 | 1 | 1 | 4 | 1 | 1 | 4 | 6 | 1 | 1 | 1 | 55 | 20 | 114 | 89 | 116 | 71 |
| 千　　葉　　南 |  |  |  |  |  |  |  |  |  | 1 |  |  |  |  |  |  |  |  |  |  | 1 | 2 | 8 | 3 | 12 | 1 |
| 銚　子　・　市　立 |  |  |  |  |  |  |  |  |  | 5 |  |  |  |  |  |  |  |  | 2 | 1 |  | 4 | 8 | 7 | 5 |
| 長　　　　　生 | 1 | 1 |  | 1 | 1 | 3 | 1 |  |  | 21 | 1 |  |  |  |  |  |  |  |  |  | 16 | 3 | 49 | 17 | 47 | 41 |
| 津　　田　　沼 |  |  |  |  |  |  |  |  | 2 | 1 |  | 1 |  |  |  |  |  |  |  |  | 8 | 1 | 22 | 8 | 40 | 6 |
| 成　田　国　際 |  |  |  |  |  |  |  | 1 | 2 | 10 |  | 1 | 1 |  |  |  | 1 |  |  |  | 10 | 1 | 31 | 41 | 29 | 10 |
| 成　　　　　東 |  |  |  |  |  |  |  | 2 | 2 | 12 |  |  |  |  |  |  | 1 |  |  |  | 6 | 1 | 20 | 4 | 24 | 12 |
| 東　　葛　　飾 | 9 | 5 |  |  | 4 | 4 | 1 | 28 | 4 | 25 | 5 |  | 11 | 2 | 6 | 5 | 4 | 5 | 1 | 1 | 104 | 34 | 126 | 87 | 107 | 73 |
| 船　橋　・　県　立 | 21 | 17 | 8 | 3 | 6 | 13 | 5 | 16 |  | 51 | 5 | 1 | 21 | 2 | 2 | 20 |  | 10 | 3 |  | 129 | 57 | 145 | 92 | 99 | 68 |
| 船　　橋　　東 |  |  |  |  |  |  |  |  |  | 16 |  | 2 | 1 |  |  | 1 |  |  | 3 | 2 | 10 | 2 | 53 | 50 | 62 | 29 |
| 幕　張　総　合 |  |  |  | 1 |  |  |  |  | 1 | 8 |  | 1 | 3 | 1 |  |  | 1 |  |  |  | 15 | 9 | 73 | 44 | 67 | 34 |
| 松　戸　国　際 |  |  |  |  |  |  |  |  |  | 3 |  |  |  |  |  |  |  |  |  |  | 2 |  | 10 | 13 | 21 | 5 |
| 薬　　園　　台 |  |  |  |  |  |  |  | 1 |  | 24 | 2 |  | 1 |  |  |  | 1 |  |  |  | 31 | 12 | 102 | 72 | 99 | 29 |
| 八　　千　　代 |  |  |  |  |  |  |  |  | 1 | 7 |  | 2 | 1 |  |  | 1 |  |  |  |  | 16 | 5 | 45 | 28 | 50 | 19 |
| ◎市　　　　　川 | 31 | 27 | 5 | 4 | 17 | 6 | 3 | 9 | 5 | 31 | 2 |  | 9 | 4 | 4 | 10 | 11 | 17 | 2 | 2 | 160 | 106 | 178 | 70 | 75 | 96 |
| ◎市　原　中　央 |  |  |  |  |  |  |  |  |  | 6 |  |  |  |  |  |  |  |  |  |  | 1 |  | 19 | 5 | 13 | 10 |
| ◎敬　愛　学　園 |  |  |  |  |  |  |  |  |  | 2 |  |  |  |  |  |  |  |  |  |  | 3 | 1 | 9 | 6 | 21 | 8 |
| ◎国府台女子学院 |  |  |  |  | 1 |  |  |  |  | 3 |  | 3 |  |  |  |  |  |  | 1 |  | 13 | 5 | 22 | 13 | 22 | 18 |
| ◎志　　学　　館 |  |  | 1 | 1 |  |  |  |  |  | 8 |  | 1 |  |  |  |  |  |  |  |  | 8 | 3 | 14 | 21 | 10 | 18 |
| ◎芝浦工業大柏 | 4 | 4 |  |  |  | 2 |  | 2 |  | 14 |  | 1 | 1 |  | 2 |  | 4 |  |  |  | 31 | 5 | 59 | 30 | 57 | 46 |
| ◎渋谷教育学園幕張 | 64 | 51 | 13 | 6 | 5 | 10 | 2 | 11 |  | 24 |  |  | 11 |  |  | 7 | 4 | 29 | 2 | 1 | 202 | 142 | 76 | 31 | 34 | 41 |
| ◎昭　和　学　院 |  |  |  |  |  |  |  |  |  |  | 1 | 1 |  |  |  |  |  |  |  |  | 6 | 3 | 10 | 10 | 12 | 7 |
| ◎昭和学院秀英 | 6 | 5 | 3 | 3 | 5 | 3 | 1 | 4 |  | 36 | 2 |  | 10 | 1 |  | 11 | 5 |  |  |  | 67 | 50 | 118 | 66 | 71 | 46 |
| ◎専　修　大　松　戸 | 1 |  |  | 1 | 1 | 5 |  | 1 |  | 9 | 1 | 15 |  | 2 |  |  |  | 1 |  |  | 4 | 1 | 31 | 15 | 74 | 85 | 85 | 52 |
| ◎千　葉　英　和 |  |  |  |  |  |  |  |  |  | 1 |  |  |  |  |  |  |  |  |  |  | 1 | 1 | 5 | 7 | 1 | 6 |
| ◎千　葉　敬　愛 |  |  |  |  |  |  |  |  |  | 1 |  |  |  |  |  |  |  |  |  | 5 |  | 23 | 10 | 23 | 20 |
| ◎千　葉　日　大　第　一 |  |  |  |  |  |  |  |  |  | 9 |  |  |  |  |  |  |  |  |  | 5 | 1 | 20 | 13 | 32 | 21 |
| ◎千　葉　明　徳 |  |  |  |  | 2 | 2 |  | 1 |  | 6 |  |  |  |  |  |  |  |  |  |  | 6 |  | 8 | 21 | 24 | 5 |
| ◎中　央　国　際 |  |  |  |  |  |  |  |  |  |  |  |  |  |  |  |  | 1 |  |  |  |  | 2 |  | 7 | 15 | 10 | 9 |
| ◎東京学館浦安 |  |  |  |  |  |  |  |  |  |  |  |  |  |  |  |  |  |  |  |  | 4 |  | 8 | 3 | 9 | 9 |
| ◎東邦大付東邦 | 10 | 6 | 2 |  | 5 | 4 | 1 | 1 | 5 | 22 | 2 |  | 7 | 2 | 3 | 5 | 2 | 19 | 1 | 1 | 58 | 48 | 92 | 42 | 77 | 51 |
| ◎東　　　　　葉 |  |  |  |  |  |  |  |  |  |  |  |  |  |  |  | 1 |  |  |  |  | 2 | 3 | 3 | 11 | 8 | 4 |
| ◎成　　　　　田 |  |  |  | 1 | 1 | 2 |  |  |  | 3 | 4 | 11 | 1 |  |  |  |  |  | 1 |  | 7 | 4 | 23 | 13 | 28 | 20 |

| 上智大 | 青山学院大 | 学習院大 | 成蹊大 | 成城大 | 武蔵大 | 明治学院大 | 國學院大 | 東京都市大 | 日本大 | 東洋大 | 駒澤大 | 専修大 | 北里大 | 昭和大 | 玉川大 | 帝京大 | 東海大 | 文教大 | 獨協大 | 神奈川大 | 関東学院大 | 日本女子大 | 東京女子大 | 津田塾大 | 学習院女子大 | 白百合女子大 | 聖心女子大 | 清泉女子大 | フェリス女学院大 | 芝浦工業大 | 東京理科大 |
|---|---|---|---|---|---|---|---|---|---|---|---|---|---|---|---|---|---|---|---|---|---|---|---|---|---|---|---|---|---|---|---|
| 15 | 15 | 16 | 14 | 16 | 13 | 8 | 15 |  | 71 | 119 | 28 | 30 | 3 | 4 | 3 | 26 | 11 | 31 | 55 | 2 | 3 | 4 | 4 |  | 1 | 1 | 1 |  |  | 15 | 17 |
| 2 | 4 | 12 | 14 | 7 | 18 | 10 | 12 | 9 | 75 | 73 | 11 | 16 | 4 | 1 | 3 | 20 | 21 | 27 | 6 | 2 |  |  |  |  |  |  |  |  |  | 19 | 22 |
| 10 | 8 | 7 | 10 | 11 | 9 | 4 | 2 | 3 | 46 | 47 | 5 | 15 | 13 |  | 1 | 13 | 12 | 2 | 13 |  |  | 10 | 1 | 5 |  | 1 | 1 | 3 |  | 29 | 8 |
|  | 1 | 3 | 2 | 1 | 4 | 1 | 2 |  | 21 | 27 | 10 | 9 |  |  | 2 | 50 | 1 | 4 | 4 | 3 |  | 6 | 7 |  |  | 1 |  |  |  | 1 | 2 |
| 1 | 7 | 5 | 6 | 3 | 19 | 1 | 6 |  | 7 | 24 | 13 | 2 | 1 |  | 4 | 49 | 10 | 2 | 6 |  |  | 6 | 4 |  |  |  | 1 |  |  | 1 |  |
| 1 | 5 | 4 | 4 | 6 | 23 | 3 | 9 | 2 | 15 | 38 | 17 | 10 | 10 |  | 16 | 27 | 17 | 2 | 2 | 4 | 2 |  |  | 1 |  | 1 |  | 1 |  | 3 |  |
| 9 | 11 | 13 | 7 | 20 | 13 | 10 | 16 | 18 | 58 | 65 | 21 | 28 | 1 | 2 | 10 | 18 | 4 | 15 | 32 | 2 |  | 11 | 5 | 3 | 7 | 2 | 2 | 4 |  | 10 | 3 |
|  |  | 2 | 1 | 3 |  |  | 1 |  | 16 | 30 | 12 | 4 |  |  |  | 20 | 4 | 25 | 25 | 1 |  | 4 |  |  | 1 |  | 3 | 1 |  | 2 |  |
|  | 4 |  | 1 |  | 18 | 1 |  |  | 41 | 111 | 12 | 12 |  |  | 2 | 29 | 2 |  | 26 |  |  |  |  |  |  |  |  |  |  | 2 |  |
| 3 | 12 | 5 | 1 | 13 | 29 | 15 | 7 | 2 | 42 | 101 | 10 | 14 | 1 | 1 | 6 | 23 | 6 | 11 | 39 |  | 1 | 3 | 4 | 3 |  |  |  |  |  | 15 | 3 |
| 8 | 6 | 13 | 19 | 10 | 33 | 9 | 11 | 10 | 61 | 137 | 34 | 35 | 10 | 3 | 8 | 45 | 17 | 23 | 38 | 6 | 3 | 21 | 23 | 20 | 5 | 4 | 7 | 9 | 2 | 25 | 8 |
| 4 | 4 | 3 | 6 | 1 | 2 | 2 | 4 | 1 | 32 | 41 | 16 | 21 | 3 |  | 2 | 51 | 8 | 22 | 18 |  |  | 3 | 3 | 1 |  |  |  | 1 |  | 6 | 2 |
| 15 | 13 | 6 | 10 | 20 | 14 | 13 | 14 | 2 | 65 | 88 | 18 | 16 | 6 | 2 | 11 | 18 | 28 | 34 | 42 | 8 |  | 8 | 17 | 8 | 5 | 4 | 1 | 5 | 4 | 10 | 30 |
|  | 7 | 3 | 3 | 1 | 6 | 2 | 5 |  | 21 | 33 | 13 | 10 |  |  | 6 | 37 | 4 | 6 | 9 | 1 |  |  | 3 | 1 |  |  |  |  |  | 10 | 7 |
| 8 | 5 |  | 1 |  |  |  |  | 1 | 6 | 10 |  | 1 |  |  |  | 4 | 2 | 1 |  |  |  |  |  |  |  |  |  |  |  | 4 | 8 |
| 2 | 4 | 7 | 4 | 4 | 1 | 3 | 3 |  | 43 | 20 | 13 | 12 | 3 |  | 3 | 2 | 26 | 17 | 9 | 12 | 5 |  |  | 5 |  |  |  |  | 1 | 1 | 3 |
| 16 | 31 | 18 | 21 | 28 | 7 | 26 | 35 | 3 | 120 | 183 | 34 | 45 |  |  | 6 | 5 | 5 | 13 | 18 | 7 |  | 8 | 5 | 5 | 1 | 1 |  | 1 | 3 | 24 | 22 |
| 14 | 12 | 23 | 14 | 22 | 21 | 12 | 25 | 4 | 99 | 73 | 19 | 22 | 4 |  | 1 | 2 | 6 | 19 | 34 | 2 | 2 | 3 | 6 | 5 | 1 | 1 |  | 1 |  | 42 | 27 |
|  | 2 | 9 | 2 | 6 | 14 | 6 | 4 | 1 | 76 | 48 | 13 | 28 |  |  | 6 | 24 | 11 | 11 | 31 | 2 |  |  | 1 |  |  |  |  | 2 |  |  |  |
|  | 2 | 1 | 3 | 3 | 4 | 4 | 4 | 1 | 57 | 32 | 20 | 25 |  |  |  | 5 | 6 | 12 | 31 | 2 |  |  |  |  |  |  |  | 1 |  | 1 | 2 |
| 2 | 14 | 13 | 13 | 28 | 36 | 4 | 28 | 4 | 120 | 123 | 55 | 34 | 1 | 2 | 2 | 10 | 12 | 12 | 63 | 1 | 4 | 26 | 2 |  | 5 |  |  | 1 |  | 12 | 10 |
| 1 | 5 | 8 | 14 | 16 | 21 | 5 | 13 |  | 110 | 107 | 33 | 43 | 1 | 1 |  | 12 | 19 | 23 | 51 | 1 |  | 3 | 6 |  | 1 |  |  | 1 |  | 4 | 8 |
| 1 | 12 | 11 | 10 | 4 | 6 | 15 | 11 | 16 | 130 | 82 | 21 | 18 | 7 |  | 4 | 12 | 7 | 13 | 2 | 9 |  | 12 | 3 |  | 2 | 3 | 3 |  |  | 9 | 22 |
| 4 | 5 | 4 | 9 | 3 | 10 | 6 | 13 |  | 93 | 76 | 22 | 47 | 3 |  | 13 | 8 | 21 | 10 | 13 | 4 |  | 3 | 5 |  | 3 |  |  | 1 |  | 6 | 4 |
| 3 | 5 | 18 | 33 | 21 | 15 | 14 | 32 | 2 | 101 | 145 | 45 | 39 | 5 |  | 8 | 15 | 3 | 21 | 44 | 2 | 4 | 13 | 4 | 1 | 3 |  | 3 | 2 |  | 5 | 8 |
| 13 | 24 | 27 | 30 | 39 | 25 | 27 | 44 | 7 | 91 | 197 | 31 | 31 | 2 |  | 1 | 1 |  | 9 | 35 | 1 |  | 53 | 15 | 8 | 6 | 2 | 1 | 1 |  | 34 | 36 |
|  |  |  | 6 | 1 | 2 | 2 | 7 |  | 98 | 51 | 29 | 21 |  |  | 1 | 9 | 6 | 15 | 15 | 3 |  | 1 | 2 |  |  | 2 |  |  |  | 9 | 2 |
| 35 | 29 | 21 | 21 | 7 | 19 | 12 | 11 | 6 | 107 | 120 | 29 | 20 | 3 |  | 1 | 2 | 3 | 6 | 10 | 1 |  | 28 | 13 | 8 | 2 |  |  | 1 |  | 47 | 98 |
| 1 | 3 | 8 | 11 | 6 | 6 | 14 | 7 |  | 65 | 61 | 20 | 25 | 1 | 2 | 1 | 7 | 28 | 11 | 17 | 9 | 5 | 5 | 1 |  |  |  |  |  |  | 7 | 10 |
| 35 | 18 | 12 | 3 | 2 | 4 | 5 | 11 | 2 | 26 | 32 | 6 | 6 | 3 |  |  | 3 |  |  |  |  |  | 3 | 4 | 2 |  | 1 | 1 |  |  | 27 | 141 |
| 21 | 20 | 48 | 15 | 6 | 7 | 24 | 26 | 7 | 137 | 130 | 24 | 26 | 8 | 1 | 5 | 2 | 3 | 1 | 2 |  |  | 17 | 7 | 1 |  |  | 1 |  | 1 | 38 | 77 |
|  |  | 5 | 11 | 4 | 3 | 11 | 22 | 5 | 125 | 100 | 36 | 57 | 3 | 1 | 4 | 3 | 3 | 7 | 4 | 5 | 1 | 3 | 5 | 1 |  |  |  |  |  | 7 | 10 |
| 12 | 35 | 28 | 15 | 12 | 4 | 14 | 23 | 17 | 72 | 66 | 21 | 15 | 3 | 1 | 5 |  |  |  | 5 | 6 | 2 | 18 | 21 | 4 |  | 1 |  |  |  | 43 | 97 |
|  |  | 3 | 3 | 4 | 2 | 1 | 1 | 4 | 103 | 63 | 28 | 9 |  |  | 5 | 13 | 16 | 9 |  | 2 | 2 |  |  | 1 |  |  |  |  |  | 3 |  |
|  |  | 2 | 2 | 1 | 7 | 5 | 7 | 2 | 31 | 33 | 14 | 24 | 4 |  |  | 7 | 11 | 33 | 9 | 9 | 7 | 11 |  | 2 |  |  |  |  |  | 2 |  |
| 7 | 13 | 14 | 10 | 6 | 7 | 6 | 22 | 2 | 103 | 60 | 23 | 21 | 4 |  | 3 | 5 | 7 | 8 | 9 | 1 |  | 6 | 1 | 3 | 1 |  |  |  |  | 27 | 21 |
|  | 9 | 10 | 8 | 11 | 5 | 6 | 5 | 15 | 80 | 107 | 31 | 35 | 2 |  |  | 7 | 10 | 12 | 13 | 7 |  |  | 1 | 2 | 1 | 1 |  |  | 2 | 4 | 5 |
| 5 | 11 | 13 | 5 | 5 | 6 | 5 | 15 | 3 | 80 | 93 | 31 | 27 | 1 |  | 1 | 5 | 6 | 5 | 14 | 2 |  | 13 | 2 | 1 | 4 |  |  |  | 1 | 4 | 5 |
|  | 5 | 8 | 8 | 3 |  | 14 | 7 |  | 72 | 72 | 20 | 43 | 5 | 1 | 4 | 4 | 19 | 4 | 4 | 2 | 1 | 3 | 1 | 3 | 1 |  |  | 2 |  | 4 | 5 |
| 35 | 53 | 30 | 10 | 19 | 10 | 11 | 7 | 6 | 59 | 64 | 10 | 8 | 11 |  | 2 | 1 | 6 | 8 | 3 |  |  | 19 | 20 | 7 |  |  |  |  |  | 42 | 158 |
| 52 | 35 | 26 | 11 | 10 | 1 | 10 | 9 |  | 32 | 39 | 4 | 8 | 4 | 1 |  |  |  | 2 | 2 |  |  | 18 | 10 | 4 | 1 |  |  |  |  | 33 | 203 |
| 5 | 7 | 24 | 37 | 19 | 18 | 11 | 45 | 9 | 126 | 153 | 41 | 36 | 7 |  | 8 | 3 | 6 | 24 | 37 | 1 |  | 21 | 17 | 1 | 2 |  | 1 |  |  | 15 | 19 |
| 15 | 28 | 18 | 20 | 28 | 25 | 25 | 41 | 5 | 218 | 190 | 57 | 72 | 12 | 2 | 5 | 13 | 16 | 25 | 21 | 6 | 1 | 7 | 6 | 1 | 5 | 4 | 3 | 1 |  | 32 | 18 |
| 1 | 7 | 7 | 6 | 5 | 5 | 4 | 7 |  | 55 | 73 | 14 | 17 | 1 |  | 4 | 10 | 10 | 15 | 26 |  |  | 3 | 3 | 2 |  |  | 1 | 2 |  | 7 | 5 |
| 3 | 35 | 19 | 17 | 38 | 18 | 23 | 18 |  | 116 | 115 | 20 | 25 | 5 |  | 2 |  |  | 1 | 5 | 10 | 4 |  | 25 | 16 | 2 |  |  |  | 1 | 18 | 55 |
| 5 | 12 | 17 | 8 | 10 | 18 | 29 | 20 | 2 | 109 | 106 | 21 | 26 | 1 | 1 | 3 | 5 | 1 | 4 | 17 | 5 |  | 10 | 5 | 1 |  |  |  |  |  | 7 | 10 |
| 62 | 57 | 16 | 5 | 9 | 10 | 9 | 11 | 8 | 33 | 26 | 9 | 7 | 9 | 3 | 2 | 1 | 2 | 1 | 1 |  |  | 3 | 2 |  |  |  |  |  |  | 44 | 162 |
|  |  | 4 | 1 | 2 | 5 | 6 | 1 | 7 | 33 | 17 | 11 | 30 | 2 |  | 2 | 15 | 8 | 4 | 9 | 1 |  | 1 | 3 | 2 |  |  |  |  | 4 | 3 | 10 |
|  | 1 | 2 | 5 | 4 | 2 | 9 | 4 | 4 | 53 | 36 | 12 | 14 | 4 |  | 1 | 4 | 3 | 3 | 1 | 4 |  | 2 |  |  |  |  |  |  | 1 | 3 | 6 |
| 8 | 12 | 13 | 6 | 17 | 2 | 16 | 9 |  | 22 | 21 | 8 | 6 | 1 | 9 | 8 |  |  |  | 4 |  |  | 24 | 16 | 7 | 2 | 3 | 4 | 4 |  | 4 | 6 |
| 5 | 10 | 2 | 6 |  | 5 | 9 | 7 | 4 | 46 | 45 | 8 | 18 | 6 | 3 | 1 | 13 | 10 | 2 |  | 11 | 4 | 3 | 6 |  |  | 1 |  |  | 3 | 1 | 6 |
| 10 | 16 | 12 | 13 | 13 | 5 | 7 | 13 | 5 | 71 | 60 | 7 | 16 | 10 | 6 | 2 | 5 | 12 |  | 13 | 2 |  | 4 | 1 | 1 | 2 |  |  |  | 1 | 50 | 69 |
| 38 | 10 | 10 | 1 | 4 |  | 4 | 6 | 3 | 15 | 14 |  |  | 2 | 4 |  | 2 |  | 3 | 2 |  |  | 3 | 1 | 1 |  |  |  |  |  | 4 | 136 |
| 4 | 4 | 2 | 5 | 3 |  | 3 | 5 | 4 | 19 | 20 | 9 | 15 | 1 | 1 |  | 10 | 10 | 6 | 11 |  |  |  | 1 | 1 |  |  | 1 |  |  | 2 | 3 |
| 52 | 41 | 18 | 12 | 8 | 8 | 11 | 12 | 3 | 46 | 32 | 10 | 12 | 5 | 1 |  | 2 | 1 | 8 | 1 |  |  | 21 | 15 | 4 | 4 |  |  | 4 |  | 33 | 127 |
| 29 | 31 | 22 | 15 | 27 | 23 | 12 | 24 | 6 | 99 | 107 | 22 | 27 | 5 | 2 | 1 | 3 | 6 | 9 | 29 | 2 | 1 | 8 | 11 | 9 | 1 |  |  | 1 | 3 | 24 | 35 |
| 1 |  | 1 | 2 | 5 | 11 | 1 | 4 |  | 44 | 27 | 13 | 16 |  |  | 6 | 4 | 2 | 8 | 17 | 1 |  |  | 1 |  |  | 1 | 3 |  |  | 4 | 1 |
|  | 3 | 13 | 5 | 6 | 1 | 6 | 4 | 1 | 57 | 45 | 13 | 21 | 1 |  | 2 | 2 | 8 | 6 |  | 3 |  | 3 | 6 |  | 2 |  |  | 6 |  | 6 | 1 |
| 2 | 3 | 8 | 5 | 6 | 1 | 6 | 4 | 1 |  | 13 | 5 | 4 |  | 1 |  | 9 |  | 4 |  | 1 |  | 3 | 3 |  |  |  |  |  |  | 6 | 6 |
| 4 | 4 | 6 | 8 | 7 | 1 | 15 | 5 |  | 36 | 42 | 13 | 19 |  |  | 1 | 16 | 6 | 4 | 17 |  |  | 3 | 3 |  |  | 1 | 1 |  |  | 4 | 7 |
| 5 | 7 | 8 | 9 | 9 | 3 | 8 | 8 | 8 | 21 | 41 | 13 | 23 | 2 |  | 1 | 26 | 18 | 5 | 8 | 9 | 22 | 3 | 3 | 4 | 1 | 6 |  | 2 | 6 | 3 |  |
| 2 | 3 | 4 | 2 | 2 | 13 | 6 | 3 | 1 | 22 | 18 | 9 | 2 |  |  | 4 | 10 | 2 | 6 | 8 |  |  |  |  |  |  |  |  |  |  | 7 | 1 |
| 29 | 26 | 17 | 10 | 12 | 2 | 12 | 4 | 17 | 68 | 38 |  | 15 | 22 | 9 |  | 4 | 10 | 3 | 4 |  | 1 | 19 | 3 | 3 | 1 | 2 |  | 2 |  | 60 | 175 |
| 1 | 1 | 1 | 2 | 5 | 2 | 5 | 4 | 1 | 33 | 55 | 10 | 10 | 1 | 1 |  | 2 | 9 | 5 | 5 |  |  | 1 | 8 |  |  |  |  |  |  | 1 | 1 |
| 6 | 16 | 17 | 5 | 17 | 3 | 3 | 14 | 7 | 88 | 47 | 17 | 20 | 4 | 2 | 11 | 7 | 10 | 5 | 9 |  |  | 1 | 7 | 8 |  |  |  |  |  | 6 | 10 |

| 高校名 | 東京大 | （内現役） | 京都大 | （内現役） | 北海道大 | 東北大 | 大阪大 | 筑波大 | 埼玉大 | 千葉大 | 東京外国語大 | 東京学芸大 | 東京工業大 | 東京農工大 | お茶の水女子大 | 一橋大 | 横浜国立大 | 国公立大医学部 | 東京都立大 | 横浜市立大 | 早稲田 | 慶應義塾 | 明治 | 立教 | 法政 | 中央 |
|---|---|---|---|---|---|---|---|---|---|---|---|---|---|---|---|---|---|---|---|---|---|---|---|---|---|---|
| **千葉** ◎二松学舎大附柏 | | | | | | | | | | 4 | | | | | | | | | 1 | | 5 | 3 | 17 | 14 | 19 | 12 |
| ◎日大習志野 | | | | | 3 | 1 | 1 | | 1 | 15 | 2 | 1 | | | | | | | 1 | 1 | 24 | 11 | 64 | 49 | 57 | 53 |
| ◎日出学園 | | | | | | | | 1 | | 4 | | | | | | | | | | | 5 | | 37 | 17 | 38 | 14 |
| ◎八千代松陰 | | | | | 4 | | | 2 | 1 | 15 | | 3 | 1 | 1 | | | 2 | | | | 11 | 5 | 39 | 40 | 64 | 35 |
| ◎流通経済大付柏 | | | | | | | | 1 | 2 | 1 | | | | | 1 | | | | | | 8 | | 10 | 8 | 15 | 6 |
| ◎麗澤 | | | 1 | 1 | | | | 1 | | 7 | 1 | 5 | 3 | | | | | 1 | | 1 | 21 | 3 | 35 | 27 | 34 | 20 |
| ◎わせがく | | | | | | | | | | 1 | | | | | | | | | | | | | | | 12 | 2 |
| **東京** ※お茶の水女子大附 | 5 | 5 | | | 1 | 2 | | 3 | 1 | 3 | | 2 | 3 | 3 | 8 | 4 | 1 | 6 | | 1 | 36 | 24 | 45 | 28 | 22 | 19 |
| ※筑波大附 | 36 | 28 | 9 | 5 | 4 | 4 | 3 | 4 | | 11 | 1 | 2 | 1 | 4 | 2 | 7 | 4 | 27 | 4 | | 104 | 70 | 73 | 26 | 25 | 60 |
| ※筑波大附駒場 | 90 | 69 | 4 | 3 | 2 | | 1 | 1 | | 1 | | | 1 | | | 3 | 2 | 27 | | 3 | 118 | 70 | 26 | 1 | 9 | 12 |
| ※東京学芸大附 | 21 | 13 | 5 | 1 | 4 | 5 | 2 | 10 | 2 | 4 | 4 | 11 | 9 | 5 | 4 | 5 | 5 | 19 | 1 | | 92 | 82 | 89 | 34 | 35 | 77 |
| ※東京学芸大附国際中教 | 5 | 4 | 2 | 2 | 1 | 2 | 1 | 5 | | 1 | 1 | 6 | 3 | 1 | | 3 | 2 | | 1 | | 26 | 22 | 11 | 16 | 13 | 17 |
| ※東京工業大附科学技術 | | | | | 1 | | 2 | | | 1 | | 1 | 6 | 1 | | | 3 | | 3 | | 11 | 10 | 11 | 3 | 10 | 12 |
| ※東京大附中教 | 2 | 2 | 1 | 1 | | | | 3 | | | 1 | | 2 | 1 | | 3 | 2 | | 3 | | 10 | 8 | 16 | 14 | 16 | 15 |
| 青山 | 7 | 3 | | | 6 | 3 | 7 | 8 | | 18 | 10 | 2 | 2 | 8 | 1 | 14 | 13 | 7 | 5 | | 69 | 49 | 158 | 39 | 88 | 57 |
| 井草 | | | | | | | | | | | 1 | 1 | | | | | 2 | | 5 | | 14 | 6 | 44 | 51 | 57 | 39 |
| 上野 | | | | | | | | 3 | 3 | 2 | 5 | | | | | 1 | 1 | | 2 | | 15 | 4 | 48 | 36 | 84 | 28 |
| 江戸川 | | | | | | | | 2 | | | | | | | | | | | 1 | | 1 | 1 | 20 | 15 | 35 | 6 |
| 桜修館中教 | 5 | 5 | 3 | 2 | | | | 4 | 1 | 1 | 2 | 5 | 5 | 1 | | 11 | 9 | 9 | 3 | | 74 | 46 | 86 | 43 | 38 | 18 |
| 大泉 | 5 | 5 | | | | | | | | 3 | 2 | | 5 | 5 | | 6 | 1 | 3 | | | 41 | 17 | 55 | 59 | 39 | 31 |
| 北園 | | | 1 | | | | | 3 | 7 | 1 | 2 | 2 | 4 | 2 | | 1 | | 2 | 7 | | 43 | 12 | 63 | 70 | 94 | 38 |
| 清瀬 | | | | | | | | 2 | | | | | | | | | | | | | 5 | | 23 | 30 | 37 | 26 |
| 九段中教 | 1 | 1 | | | 1 | 1 | | 7 | | 4 | 1 | 3 | 2 | | | 1 | 1 | 4 | | | 30 | 9 | 47 | 38 | 25 | 26 |
| 国立 | 17 | 11 | 7 | 3 | 8 | 11 | 1 | 4 | 1 | 2 | 12 | 4 | 9 | 17 | 4 | 19 | 13 | 8 | 12 | 1 | 90 | 61 | 144 | 30 | 44 | 79 |
| 小石川中教 | 16 | 14 | 7 | 6 | 1 | | 1 | 2 | | 12 | | | 7 | 4 | 3 | 6 | 3 | 1 | | | 61 | 30 | 48 | 42 | 33 | 32 |
| 小岩 | | | | | | | | 1 | | | | | | | | | | | 3 | | 6 | 1 | 9 | 4 | 9 | 14 |
| 小金井北 | | | | | 1 | | | | | 3 | 2 | 2 | 8 | 5 | | 1 | 1 | | 9 | 1 | 22 | 5 | 79 | 57 | 91 | 69 |
| 国際 | | | | | 7 | | | | | 1 | 5 | 1 | | | | | 1 | | 1 | | 27 | 13 | 41 | 49 | 25 | 16 |
| 国分寺 | 1 | 1 | | | 5 | | 2 | 1 | | 7 | 2 | 5 | 17 | 4 | 11 | 1 | 5 | 2 | | | 31 | 14 | 84 | 57 | 103 | 70 |
| 小平 | | | | | | | | | | | 1 | | | | | 2 | | | 4 | | 15 | 1 | 28 | 71 | 49 | 41 |
| 小平南 | | | | | | | | | | | | 1 | 1 | | | | | | 1 | | 5 | 2 | 15 | 4 | 18 | 11 |
| 狛江 | | | | | | | | | | | 1 | 4 | 1 | | | | 2 | | 12 | | 6 | 4 | 36 | 18 | 74 | 59 |
| 小松川 | | | 1 | 1 | 1 | 5 | 2 | 6 | 7 | 19 | 2 | 8 | 2 | 2 | 1 | 2 | 3 | 1 | 2 | | 41 | 9 | 91 | 85 | 86 | 55 |
| 駒場 | | | 2 | 1 | 3 | | | 10 | | 2 | | 2 | 2 | 6 | | 2 | 3 | | 9 | | 51 | 30 | 132 | 62 | 83 | 74 |
| 小山台 | | | 1 | | 6 | 3 | | 8 | 4 | 13 | 4 | 2 | 3 | 2 | | 4 | 9 | 4 | | | 46 | 36 | 116 | 58 | 76 | 45 |
| 石神井 | | | | | | | | | | | 1 | 1 | | | | 1 | | | | | 4 | 1 | 19 | 28 | 33 | 21 |
| 城東 | | | | | | | | 1 | 1 | 12 | | 2 | | 1 | | 1 | 2 | | | | 24 | 2 | 90 | 56 | 124 | 23 |
| 昭和 | | | | | | | | 1 | 1 | 1 | | 3 | 7 | 1 | | 1 | 2 | 14 | 2 | 2 | 18 | 5 | 48 | 15 | 75 | 83 |
| 新宿 | 3 | 2 | 1 | 1 | 4 | 8 | 1 | 3 | 1 | 12 | 4 | 2 | 6 | 7 | 2 | 5 | 6 | 1 | 15 | 2 | 83 | 24 | 166 | 119 | 87 | 60 |
| 新宿山吹 | | | | | | | | 1 | | | | | | | | | 1 | | | | 3 | 2 | 10 | 9 | 7 | 10 |
| 神代 | | | | | | | | | | | | | | | | | | | 1 | | 12 | 4 | 35 | 29 | 29 | 39 |
| 杉並 | | | | | | | | | | | 1 | | | | | | | | 1 | | 3 | | 5 | 1 | 6 | 5 |
| 墨田川 | | | | | | | | | 4 | 2 | | 4 | | 1 | | | 1 | | 3 | | 3 | | 6 | 4 | 14 | 10 |
| 竹早 | 1 | 1 | 1 | 1 | 8 | | 2 | 2 | | | 2 | 6 | 2 | | | 1 | 2 | | 8 | | 31 | 6 | 92 | 56 | 80 | 31 |
| 立川 | 1 | 1 | 3 | 3 | 6 | 6 | 2 | 8 | | 4 | 9 | 14 | 5 | 12 | 4 | 9 | 6 | 5 | 26 | 1 | 60 | 21 | 137 | 71 | 110 | 97 |
| 立川国際中教 | | | | | | | | | | | 3 | | | | | | 4 | | | | 32 | 16 | 35 | 31 | 37 | 36 |
| 多摩科学技術 | | | | | | | 1 | | | 1 | | | 1 | 9 | | | | | 3 | | 7 | 2 | 15 | 8 | 24 | 14 |
| 調布北 | | | | | | | | 3 | | 1 | 1 | 1 | | 1 | | | 1 | | | | 16 | 5 | 75 | 53 | 89 | 65 |
| 調布南 | | | | | | | | | | 2 | 1 | 1 | | | | | | | | | 3 | | 10 | 12 | 21 | 19 |
| 田園調布 | | | | | | | | | | | | | | | | 1 | | | | 1 | 7 | 1 | 14 | 6 | 20 | 10 |
| 豊島 | | | | | | | | | | | | | | | | | | | | | 2 | 1 | 18 | 13 | 46 | 60 |
| 戸山 | 12 | 8 | 8 | 7 | 15 | 9 | 2 | 7 | 3 | 11 | 5 | 2 | 10 | 8 | 4 | 15 | 15 | 9 | 9 | 1 | 80 | 57 | 142 | 48 | 46 | 60 |
| 豊多摩 | 1 | | | | | | | | | | | | | 1 | | | | | 7 | 1 | 27 | 11 | 95 | 53 | 83 | 52 |
| 成瀬 | | | | | | | | | | | | | | 2 | | | | | 3 | | 2 | 1 | 11 | 4 | 17 | 20 |
| 西 | 17 | 6 | 19 | 10 | 12 | 14 | 4 | 8 | 1 | 5 | 4 | 6 | 12 | 5 | 13 | 13 | 9 | 13 | 8 | 1 | 129 | 74 | 166 | 49 | 58 | 76 |
| 白鷗 | 3 | 2 | | | | | | 2 | 2 | 6 | 2 | 1 | 1 | | | 3 | 2 | | 1 | 1 | 30 | 15 | 55 | 31 | 47 | 23 |
| 八王子東 | 1 | | | | 5 | | 3 | | | 2 | 13 | 13 | 8 | 10 | 3 | 6 | | | 23 | 3 | 45 | 27 | 100 | 48 | 99 | 118 |
| 東大和南 | | | | | | | | | | | | | | 2 | | | 1 | | 4 | | | | 19 | 8 | 33 | 33 |
| 日野台 | 1 | | | | | | | 1 | | 1 | 3 | 8 | | 8 | 1 | 1 | 1 | | 14 | | 16 | 1 | 49 | 37 | 107 | 95 |
| 日比谷 | 60 | 52 | 11 | 7 | 12 | 7 | 2 | 7 | | 13 | 7 | 1 | 7 | 6 | 4 | 16 | 14 | 42 | 5 | 3 | 204 | 163 | 108 | 46 | 31 | 62 |
| 広尾 | | | | | | | | | | | | | | | | | 1 | | | | 3 | 1 | 7 | 8 | 3 | 3 |
| 深川 | | | | | | | | 1 | | 1 | | | | | | | 1 | | | | | | 28 | 26 | 47 | 11 |
| 富士 | 3 | 3 | 1 | 1 | 2 | | 1 | 3 | 3 | 2 | | 4 | 5 | 1 | | 1 | 3 | | | | 37 | 13 | 38 | 24 | 28 | 39 |

| 上智大 | 青山学院大 | 学習院大 | 成蹊大 | 成城大 | 武蔵大 | 明治学院大 | 國學院大 | 東京都市大 | 日本大 | 東洋大 | 駒澤大 | 専修大 | 北里大 | 昭和大 | 玉川大 | 帝京大 | 東海大 | 文教大 | 獨協大 | 神奈川大 | 関東学院大 | 日本女子大 | 東京女子大 | 津田塾大 | 学習院女子大 | 白百合女子大 | 聖心女子大 | 清泉女子大 | フェリス女学院大 | 芝浦工業大 | 東京理科大 |
|---|---|---|---|---|---|---|---|---|---|---|---|---|---|---|---|---|---|---|---|---|---|---|---|---|---|---|---|---|---|---|---|
| 4 | 9 | 4 | 1 | 10 | 10 | 9 | 9 |  | 43 | 30 | 14 | 13 |  | 2 | 2 | 5 | 2 | 27 | 30 | 1 |  | 6 | 4 | 1 | 1 | 1 |  |  |  | 3 | 7 |
| 15 | 14 | 20 | 8 | 14 | 24 | 17 | 8 | 2 |  | 44 |  | 10 | 10 | 1 | 2 | 2 |  | 4 | 4 | 1 |  | 6 | 3 |  | 1 |  | 3 |  |  | 13 | 22 |
| 4 | 9 | 17 | 9 | 17 | 7 | 20 | 4 | 5 | 67 | 48 | 23 | 45 | 2 |  | 4 | 7 | 8 | 4 | 29 |  | 7 | 5 | 5 | 3 | 3 |  | 1 | 1 | 3 | 28 | 13 |
| 7 | 16 | 16 | 24 | 26 | 13 | 24 | 21 | 4 | 180 | 85 | 20 | 31 | 2 | 1 | 10 | 23 | 18 | 11 | 53 | 7 | 5 | 4 |  | 1 |  | 1 | 3 | 3 |  | 12 | 32 |
| 2 |  |  | 2 | 4 | 2 | 2 | 3 | 1 | 25 | 19 | 14 | 9 |  |  | 4 | 6 | 6 | 5 |  | 4 | 1 |  |  | 1 |  |  |  | 3 |  | 5 | 16 |
| 4 | 19 | 11 | 4 | 10 | 10 | 7 | 12 | 2 | 56 | 44 | 9 | 14 | 1 |  | 13 | 11 | 1 | 22 | 22 |  |  | 7 | 8 | 4 | 2 |  |  | 2 |  | 15 | 26 |
|  |  | 3 | 2 | 1 | 4 | 2 | 4 |  | 37 | 14 | 1 | 3 |  |  | 10 | 3 | 3 | 13 | 10 | 1 |  | 1 | 1 | 1 | 1 | 1 |  | 2 |  |  |  |
| 17 | 20 | 3 | 3 | 4 |  | 3 |  |  | 5 | 8 | 2 | 2 | 4 | 1 |  | 1 |  |  | 3 |  |  | 9 | 2 | 10 | 2 |  |  |  |  | 5 | 31 |
| 40 | 16 | 8 | 10 | 2 | 1 | 5 | 4 | 7 | 19 | 16 | 5 | 8 | 3 | 4 |  | 3 | 1 |  |  |  |  | 2 | 3 |  |  | 1 | 1 | 1 |  | 17 | 89 |
| 22 | 11 |  |  |  |  |  |  |  | 2 |  |  | 1 | 3 | 1 |  | 1 |  |  |  |  |  |  |  |  |  |  |  |  |  | 1 | 30 |
| 51 | 28 | 9 | 7 | 8 | 4 | 10 | 2 | 3 | 29 | 11 | 3 | 1 | 8 | 3 | 2 |  | 3 |  | 12 | 1 |  | 9 | 9 | 20 |  |  | 1 | 4 | 1 | 21 | 62 |
| 29 | 10 | 1 |  | 4 | 2 | 5 | 1 |  | 11 | 6 |  |  |  |  |  | 1 |  |  | 2 | 1 |  | 4 | 2 |  |  |  | 1 |  |  | 6 | 13 |
| 6 | 7 | 2 | 4 | 2 |  | 3 | 2 | 32 | 16 | 8 | 3 | 2 | 4 |  |  |  | 11 | 2 |  | 6 |  |  | 1 |  |  |  |  | 4 |  | 15 | 32 |
| 8 | 7 | 9 | 4 | 4 |  | 3 | 2 | 4 | 20 | 5 | 5 | 11 | 2 | 1 | 1 | 5 | 3 | 1 | 1 | 3 | 1 | 1 |  | 1 | 7 |  |  |  |  | 7 | 8 |
| 42 | 57 | 11 | 11 | 9 | 3 | 43 | 9 | 4 | 22 | 36 | 7 | 4 | 1 | 4 | 2 |  | 2 | 1 | 4 | 8 | 1 | 5 |  | 4 |  |  |  |  |  | 33 | 68 |
| 5 | 18 | 10 | 25 | 17 | 56 | 16 | 15 |  | 70 | 101 | 28 | 43 |  | 2 | 17 | 11 | 2 | 8 |  |  | 2 | 8 | 7 | 7 | 2 |  |  |  |  | 8 | 11 |
| 11 | 30 | 13 | 13 | 12 | 20 | 17 | 21 | 7 | 67 | 135 | 39 | 49 | 1 | 3 | 8 | 15 | 7 | 13 | 59 | 9 |  | 6 | 6 |  | 2 | 1 | 3 |  |  | 15 | 12 |
|  | 6 | 5 | 24 | 9 | 29 | 4 | 22 | 3 | 109 | 101 | 29 | 49 | 1 |  |  | 20 | 10 | 10 | 38 | 1 |  | 2 | 2 | 1 |  | 1 |  | 2 |  | 9 | 3 |
| 42 | 36 | 5 | 9 | 10 | 6 | 19 | 4 | 18 | 13 | 18 | 10 | 7 | 4 | 1 | 2 | 1 | 1 |  |  | 2 |  | 4 | 6 | 4 |  |  |  | 1 |  | 16 | 34 |
| 20 | 21 | 15 | 15 | 9 | 23 | 4 | 8 | 4 | 37 | 38 | 19 | 9 | 1 |  | 6 | 5 | 3 | 6 | 1 | 1 |  | 10 | 5 | 6 | 1 | 3 |  | 1 |  | 16 | 40 |
| 15 | 27 | 24 | 18 | 21 | 49 | 19 | 15 | 12 | 69 | 191 | 22 | 52 | 4 |  | 3 | 8 | 17 | 2 | 47 | 2 | 3 | 15 | 19 | 9 | 3 |  |  |  | 3 | 28 | 9 |
| 2 | 8 | 11 | 21 | 9 | 38 | 9 | 10 | 5 | 44 | 75 | 32 | 31 | 2 | 1 | 7 | 23 | 6 | 2 |  |  |  | 2 | 1 | 2 |  |  |  | 3 |  | 13 | 2 |
| 8 | 33 | 9 | 11 | 9 | 1 | 17 | 5 | 5 | 22 | 30 | 3 | 26 | 4 | 1 | 5 | 3 | 6 | 4 | 5 |  |  | 3 | 4 | 1 | 2 |  |  |  |  | 20 | 17 |
| 46 | 46 | 7 | 6 | 4 | 1 | 5 |  | 6 | 8 | 14 | 5 | 5 | 12 | 2 | 1 |  |  |  | 1 |  |  | 7 | 7 | 12 |  |  |  |  |  | 14 | 79 |
| 36 | 11 | 3 | 3 | 2 | 2 | 3 |  | 1 | 8 | 19 |  | 4 | 1 |  |  |  |  |  |  |  |  | 2 | 5 | 4 |  |  |  |  |  | 12 | 58 |
|  | 4 | 1 | 1 | 1 | 22 | 6 | 1 |  | 30 | 20 | 20 | 13 | 1 |  | 1 | 14 | 22 | 9 | 30 |  |  | 1 |  |  |  |  |  |  |  |  | 2 |
| 3 | 2 | 5 | 7 | 6 | 9 | 7 | 12 | 1 | 49 | 79 | 16 | 16 | 1 |  | 3 | 10 | 7 | 54 | 60 | 2 | 14 | 3 | 1 | 2 | 1 |  | 1 | 2 |  | 9 | 2 |
| 9 | 25 | 9 | 39 | 19 | 21 | 11 | 20 | 4 | 39 | 112 | 60 | 47 | 3 |  | 5 | 8 | 1 | 6 | 4 |  |  | 11 | 9 | 4 | 2 | 3 |  |  |  | 10 | 10 |
| 55 | 34 | 7 | 12 | 14 | 19 | 3 | 3 | 12 | 66 | 20 | 4 | 4 |  | 1 |  | 5 |  |  | 2 | 1 |  | 7 | 2 | 18 | 1 | 1 | 1 | 3 | 2 | 2 | 1 |
| 13 | 38 | 7 | 35 | 16 | 30 | 10 | 18 | 8 | 34 | 85 | 10 | 23 | 10 | 4 | 10 | 7 | 4 | 4 | 3 | 2 |  | 14 | 23 | 36 | 1 | 1 | 2 | 1 |  | 20 | 28 |
| 15 | 25 | 12 | 31 | 13 | 57 | 20 | 15 | 5 | 36 | 148 | 46 | 46 | 5 |  | 2 | 17 | 4 | 5 | 17 | 5 |  | 10 | 14 | 6 | 6 | 3 | 1 | 1 |  | 7 | 2 |
|  | 2 | 4 | 11 | 6 | 6 | 4 | 14 |  | 51 | 96 | 15 | 44 | 1 |  | 8 | 44 | 16 | 3 | 3 | 6 |  |  | 4 |  | 2 | 2 |  |  |  | 5 | 7 |
| 3 | 29 | 5 | 24 | 24 | 10 | 30 | 19 | 27 | 77 | 66 | 29 | 91 | 11 | 2 | 8 | 28 | 51 | 3 | 6 | 13 | 11 | 11 | 4 | 4 |  | 2 |  |  | 1 | 7 | 6 |
| 19 | 29 | 21 | 14 | 22 | 29 | 34 | 27 | 7 | 83 | 161 | 36 | 32 | 16 | 1 | 2 | 7 | 6 | 17 | 27 | 3 |  | 7 | 5 | 2 | 1 |  |  | 2 |  | 39 | 37 |
| 19 | 52 | 17 | 26 | 27 | 6 | 38 | 22 | 16 | 55 | 72 | 26 | 31 | 9 | 3 | 4 | 8 | 17 | 4 | 5 | 7 |  | 5 | 15 | 5 |  |  |  | 2 |  | 37 | 32 |
| 17 | 56 | 27 | 13 | 14 | 12 | 47 | 26 | 15 | 71 | 81 | 16 | 21 | 7 | 3 | 10 | 4 | 4 | 5 | 8 | 5 |  | 17 | 14 | 8 | 1 |  |  |  |  | 52 | 46 |
| 3 | 13 | 14 | 18 | 13 | 17 | 7 | 31 | 5 | 89 | 98 | 30 | 44 | 7 |  | 3 | 27 | 19 | 4 | 7 |  |  | 2 | 1 |  |  |  |  | 1 |  | 10 |  |
| 11 | 24 | 10 | 31 | 23 | 23 | 30 | 30 | 7 | 86 | 207 | 41 | 43 | 5 | 3 | 3 | 10 | 12 | 17 | 72 | 5 |  | 9 | 2 |  | 2 | 1 |  | 1 | 2 | 33 | 22 |
| 12 | 13 | 5 | 36 | 14 | 25 | 6 | 28 | 25 | 59 | 91 | 46 | 45 | 8 |  | 10 | 9 | 8 | 1 | 1 | 4 | 1 | 9 | 6 | 7 | 1 |  |  |  |  | 9 | 3 |
| 52 | 64 | 23 | 26 | 15 | 16 | 16 | 8 | 11 | 37 | 55 | 22 | 10 | 3 | 3 |  | 5 |  | 6 | 3 | 3 |  | 31 | 34 | 15 |  |  | 1 |  |  | 34 | 65 |
|  | 7 | 1 | 7 | 12 | 6 | 16 | 6 | 7 | 40 | 21 | 13 | 19 |  |  | 9 | 4 | 26 | 2 | 4 | 5 |  | 2 | 6 | 3 | 1 | 2 |  | 1 | 1 | 1 |  |
|  | 9 | 2 | 24 | 21 | 13 | 12 | 7 |  | 63 | 56 | 31 | 56 | 2 | 1 | 8 | 28 | 25 | 2 | 1 | 7 |  | 2 | 5 |  | 3 | 2 |  | 2 | 2 | 3 | 1 |
|  | 1 | 2 | 13 | 3 | 11 | 2 |  | 2 | 36 | 33 | 8 | 23 | 3 | 2 | 8 | 19 | 11 | 1 | 5 | 3 |  | 2 | 4 |  | 1 | 3 |  | 2 |  | 3 | 1 |
| 2 | 7 | 2 | 3 | 7 | 6 | 11 | 9 | 12 | 46 | 54 | 19 | 24 | 2 |  | 8 | 9 | 12 | 28 | 30 | 4 |  | 4 | 3 |  | 1 | 2 |  |  |  | 10 | 4 |
| 10 | 38 | 20 | 12 | 22 | 16 | 28 | 14 | 5 | 56 | 95 | 14 | 20 | 11 |  | 3 | 2 |  | 10 | 10 | 4 |  | 13 | 8 | 5 |  | 1 |  |  |  | 38 | 29 |
| 37 | 32 | 17 | 38 | 9 | 8 | 7 | 11 | 18 | 21 | 25 | 21 | 13 | 7 |  | 6 | 2 | 2 | 4 |  |  |  | 8 | 16 | 9 |  |  |  |  | 1 | 27 | 47 |
| 33 | 12 | 5 | 12 | 6 | 12 | 7 |  | 3 | 20 | 30 | 2 | 22 |  |  | 5 | 3 | 4 | 2 |  | 1 |  | 7 | 1 | 6 | 2 | 3 |  |  |  | 24 | 19 |
| 4 | 7 | 4 | 16 | 2 | 2 |  | 1 | 10 | 20 | 14 | 3 | 12 | 14 |  | 14 | 3 | 10 |  | 3 | 1 |  | 3 |  |  |  |  |  |  |  | 31 | 17 |
| 13 | 28 | 11 | 69 | 26 | 20 | 21 | 24 | 16 | 79 | 81 | 38 | 33 | 7 |  | 8 | 14 | 14 | 5 | 2 |  |  | 7 | 17 | 8 | 3 | 4 | 1 |  |  | 9 | 6 |
|  | 2 | 5 | 16 | 10 | 19 | 6 | 3 | 2 | 51 | 41 | 15 | 46 | 5 |  | 8 | 39 | 25 | 4 |  | 10 | 1 |  | 1 |  |  | 1 |  | 1 |  |  | 6 |
| 1 | 8 | 5 | 2 | 13 | 4 | 21 | 11 | 14 | 54 | 46 | 26 | 31 | 3 | 3 | 9 | 10 | 32 | 7 | 3 | 29 | 22 | 4 | 3 | 3 |  |  | 1 | 1 |  | 3 | 3 |
|  | 6 | 16 | 10 | 10 | 34 | 14 | 11 | 3 | 29 | 84 | 35 | 34 | 2 |  | 6 | 17 | 2 | 3 | 14 | 3 |  |  |  |  | 2 |  |  | 3 |  | 6 | 1 |
| 38 | 28 | 14 | 19 | 2 | 1 | 4 | 5 | 13 | 25 | 27 | 10 | 11 | 9 |  | 8 | 2 | 4 | 3 | 1 | 1 |  | 10 | 6 | 11 | 1 |  | 2 |  |  | 28 | 98 |
| 15 | 35 | 20 | 29 | 22 | 18 | 15 | 20 | 6 | 71 | 87 | 19 | 31 | 4 |  | 6 | 6 | 2 |  | 13 | 3 |  | 13 | 27 | 9 | 10 | 2 | 1 |  |  | 17 | 20 |
|  | 5 | 3 | 8 | 6 | 7 | 6 | 8 | 4 | 41 | 29 | 32 | 47 | 7 |  | 11 | 16 | 56 | 1 |  | 21 | 9 | 2 | 2 | 2 |  |  | 1 |  |  |  | 1 |
| 53 | 22 | 14 | 17 | 5 | 3 | 11 | 6 | 9 | 24 | 16 | 7 | 8 | 10 |  |  | 3 | 11 | 1 |  |  |  | 10 | 11 | 21 |  |  |  |  |  | 31 | 121 |
| 21 | 20 | 16 | 13 | 15 | 13 | 15 | 15 | 9 | 41 | 45 | 7 | 12 | 11 | 3 | 8 | 5 | 8 | 9 | 20 | 4 |  | 7 | 8 | 25 | 3 |  | 2 | 2 |  | 4 | 14 |
| 33 | 59 | 18 | 24 | 17 | 12 | 29 | 15 | 10 | 41 | 45 | 24 | 25 | 11 | 1 | 5 | 5 | 3 |  | 8 | 4 | 1 | 7 | 8 | 25 | 3 |  | 2 | 2 |  | 10 | 45 |
|  | 4 | 6 | 4 | 4 | 12 | 2 | 8 |  | 39 | 55 | 11 | 30 |  | 1 | 8 | 18 | 9 | 22 | 1 |  | 1 |  | 4 |  |  |  |  |  |  | 2 | 2 |
| 2 | 3 | 5 | 22 | 13 | 40 | 8 | 3 | 5 | 43 | 87 | 18 | 44 | 3 |  | 4 | 23 | 2 | 4 | 3 | 3 |  | 4 | 10 |  | 2 | 2 | 3 | 2 |  | 2 | 2 |
| 10 | 33 | 8 | 29 | 10 | 4 | 19 | 13 | 12 | 47 | 118 | 11 | 51 | 14 | 3 | 11 | 14 | 9 | 1 | 12 | 6 |  | 12 | 3 | 13 | 3 | 1 |  | 1 | 1 | 23 | 22 |
| 66 | 35 | 6 | 5 | 2 |  | 4 | 3 | 7 | 11 | 7 | 3 | 5 | 8 | 6 |  | 3 | 2 | 6 |  |  |  | 9 | 2 | 6 |  |  | 2 |  |  | 17 | 149 |
| 1 | 15 | 10 | 13 | 11 | 31 | 17 | 23 | 3 | 49 | 37 | 31 | 31 | 3 |  | 4 | 3 | 3 |  | 14 | 57 |  | 6 | 5 | 4 |  | 2 | 1 | 2 | 1 | 5 | 7 |
| 13 | 11 | 8 | 9 | 4 | 6 | 7 | 14 |  | 31 | 37 | 5 | 7 | 1 | 2 |  | 2 |  |  | 1 | 3 | 8 | 7 |  |  | 1 |  |  | 1 |  | 17 | 24 |

| | 高校名＼大学名 | 東京大 | （内現役） | 京都大 | （内現役） | 北海道大 | 東北大 | 大阪大 | 筑波大 | 埼玉大 | 千葉大 | 東京外国語大 | 東京学芸大 | 東京工業大 | 東京農工大 | お茶の水女子大 | 一橋大 | 横浜国立大 | 国公立大医学部 | 東京都立大 | 横浜市立大 | 早稲田大 | 慶應義塾大 | 明治大 | 立教大 | 法政大 | 中央大 |
|---|---|---|---|---|---|---|---|---|---|---|---|---|---|---|---|---|---|---|---|---|---|---|---|---|---|---|---|
| 東京 | 文京 | | | | | | 1 | | 3 | 6 | 3 | | 4 | | 1 | 1 | | | | 5 | 1 | 17 | 4 | 56 | 76 | 60 | 26 |
| | 保谷 | | | | | | | | | | | | | | | | | | | | | | | 8 | 11 | 4 | 10 |
| | 本所 | | | | | | | | | | | | | | | | | | | | | 1 | | 3 | 9 | 13 | 4 |
| | 町田 | | | 1 | | 3 | | | | | 1 | 2 | 3 | 3 | 1 | | 2 | 3 | 1 | 20 | 1 | 32 | 8 | 89 | 26 | 86 | 97 |
| | 松が谷 | | | | | | | | | | | | | | | | | | | | | 1 | 1 | 6 | 4 | 5 | 13 |
| | 三田 | | | 1 | | 2 | 2 | | 1 | 1 | 4 | 2 | 6 | | 2 | | | 3 | 1 | 9 | 1 | 54 | 13 | 115 | 88 | 102 | 45 |
| | 三鷹中教 | 2 | 2 | 3 | 3 | 2 | 2 | 1 | 2 | | 1 | 3 | 6 | 3 | 2 | 3 | 1 | 3 | 1 | 4 | | 43 | 25 | 73 | 37 | 50 | 32 |
| | 南平 | | | | | | | | | | | 1 | 3 | | | | | | | 9 | | 5 | 2 | 24 | 18 | 77 | 89 |
| | 南多摩中教 | 11 | 9 | 1 | 1 | | 4 | 1 | 2 | | 1 | 1 | | 5 | 2 | | 5 | 6 | | 9 | 1 | 50 | 17 | 58 | 26 | 41 | 48 |
| | 向丘 | | | | | | | | | | | | | | 1 | | | | | | | | 1 | 5 | 23 | 19 | 13 |
| | 武蔵・都立 | 5 | 3 | 3 | 1 | 1 | 3 | | 3 | 1 | 1 | | | 7 | 6 | 1 | 6 | 2 | 5 | 5 | | 47 | 26 | 60 | 29 | 27 | 39 |
| | 武蔵丘 | | | | | | | | | | 1 | | | | | | | | | | | 3 | | 8 | 9 | 12 | 6 |
| | 武蔵野北 | | | | | 2 | 1 | | 2 | 2 | 2 | 4 | 8 | 3 | 5 | 2 | | 5 | | 10 | | 33 | 3 | 72 | 80 | 85 | 32 |
| | 目黒・都立 | | | | | | | | | | | | 1 | | | | | 1 | | 7 | | 7 | 4 | 28 | 26 | 48 | 37 |
| | 雪谷 | | | | | | | | | | 1 | | | | | | | 1 | | 2 | | 9 | 1 | 38 | 30 | 29 | 15 |
| | 両国 | 8 | 8 | 1 | 1 | | 2 | | 2 | 1 | 8 | | 2 | 2 | 2 | | | 2 | 4 | 4 | | 39 | 13 | 40 | 32 | 34 | 18 |
| | 芦花 | | | | | | | | | | | 1 | 1 | | 1 | | | | | | | | 1 | 9 | 3 | 4 | 5 |
| | ◎青山学院 | 1 | 1 | | | | | | | | | 1 | 1 | 1 | | | | | | | 1 | 9 | 17 | 12 | 6 | 7 | 8 |
| | ◎麻布 | 55 | 38 | 18 | 5 | 5 | 2 | 2 | 5 | | 3 | | 1 | 12 | 2 | | 7 | 4 | 19 | 4 | 6 | 151 | 110 | 82 | 20 | 39 | 37 |
| | ◎足立学園 | 1 | 1 | 1 | | | 1 | | 2 | 3 | 2 | | | 3 | | | | | | | | 10 | 5 | 24 | 14 | 19 | 24 |
| | ◎跡見学園 | | | | | | | | | | 1 | | | | | | | | | | | 4 | 2 | 7 | 4 | 4 | 4 |
| | ◎郁文館 | | | | | | | | 2 | | 1 | | | | | | | | | | | 6 | 1 | 18 | 4 | 6 | 11 |
| | ◎頴明館 | 2 | 2 | 1 | | 2 | 1 | | | | 1 | | 1 | 2 | 2 | 2 | | 2 | 3 | 3 | 1 | 21 | 5 | 52 | 8 | 33 | 42 |
| | ◎江戸川女子 | 1 | 1 | | | 1 | | | 2 | 1 | 5 | | 4 | | | 1 | | | 2 | 2 | | 9 | 3 | 24 | 35 | 16 | 22 |
| | ◎NHK学園 | 1 | | | | | | | | | 1 | | | | | | | | 1 | 2 | | 4 | 1 | 11 | 2 | 6 | 6 |
| | ◎桜蔭 | 63 | 52 | 4 | 3 | 1 | 1 | 1 | 4 | | 6 | | | | 2 | 9 | 4 | 3 | 46 | 1 | 2 | 120 | 82 | 66 | 27 | 12 | 42 |
| | ◎桜美林 | 1 | 1 | | | 1 | | | 1 | 1 | 2 | 3 | 4 | | 2 | 1 | 1 | 2 | | 3 | 1 | 11 | 11 | 49 | 35 | 68 | 69 |
| | ◎鷗友学園女子 | 13 | 12 | 3 | 3 | 3 | 3 | 1 | 2 | 1 | 4 | 4 | 3 | 2 | 1 | 5 | 8 | | 8 | 5 | 2 | 89 | 50 | 111 | 93 | 41 | 36 |
| | ◎大妻 | | | | | | 1 | | 2 | 1 | 4 | 1 | 1 | 2 | 1 | 4 | 4 | 1 | | | 2 | 32 | 25 | 74 | 75 | 73 | 41 |
| | ◎大妻多摩 | | | | | 1 | 1 | | | | | | 1 | | | | | 1 | | 2 | | 6 | 4 | 18 | 8 | 20 | 16 |
| | ◎大妻中野 | | | | | | | | | 2 | | | 1 | | | 1 | | | | | | 2 | | 12 | 24 | 15 | 18 |
| | ◎海城 | 49 | 42 | 7 | 7 | 7 | 9 | 2 | 5 | 1 | 4 | 1 | | 11 | | | 20 | 5 | 47 | 3 | | 138 | 127 | 97 | 17 | 28 | 43 |
| | ◎開成 | 149 | 117 | 19 | 15 | 6 | 7 | 1 | 6 | | 14 | | | 9 | 2 | | 4 | 7 | 53 | 1 | 4 | 273 | 196 | 58 | 9 | 12 | 28 |
| | ◎開智日本橋学園 | | | | | 1 | 2 | 1 | 2 | | 4 | | | | 2 | | 1 | 3 | 1 | | | 18 | 7 | 29 | 29 | 23 | 17 |
| | ◎かえつ有明 | 1 | 1 | | | | | | | | 1 | | | | | | | | | | | 10 | 7 | 13 | 5 | 12 | 12 |
| | ◎学習院 | | | | | 1 | 2 | 1 | | | 2 | | | 1 | | | | | 1 | | | 6 | 17 | 14 | 3 | 11 | 11 |
| | ◎学習院女子 | | | 1 | 1 | | | | 1 | | | | | | | | | | 1 | | | 7 | 7 | 14 | 16 | 5 | 11 |
| | ◎川村 | | | | | | | | | | | | | | | | | | | | | | | | | | 1 |
| | ◎関東第一 | | | | | | | | 1 | 1 | | 1 | 1 | | | | | | | | | 2 | 2 | 2 | 11 | 7 | 8 |
| | ◎吉祥女子 | 1 | 1 | 4 | 3 | 2 | 8 | 4 | 2 | | 2 | 3 | 4 | 8 | 7 | 2 | 7 | 2 | 9 | 6 | 1 | 70 | 49 | 146 | 76 | 85 | 92 |
| | ◎暁星 | 3 | 3 | 1 | 1 | 1 | 1 | | 4 | | 1 | 1 | | 1 | | | 2 | 2 | 9 | 2 | | 50 | 42 | 52 | 18 | 23 | 33 |
| | ◎共立女子 | | | | | 1 | 1 | 1 | 1 | | 5 | 2 | 1 | 1 | | | 1 | | 1 | 1 | 1 | 40 | 26 | 85 | 88 | 39 | 32 |
| | ◎錦城 | 1 | | | | 3 | 2 | | 1 | 6 | 2 | 5 | 4 | 1 | 5 | 2 | 1 | 3 | 2 | 5 | 1 | 19 | 19 | 65 | 53 | 63 | 86 |
| | ◎国立音楽大附 | | | | | | | | | | | | | | | | | | | | | 2 | 3 | 1 | 3 | 6 | 7 |
| | ◎国本女子 | | | | | | | | | | | | | | | | | | | | | | | | | | |
| | ◎京華 | | | | | | | | | | 1 | | | | | | | | | | | 1 | | 5 | 28 | 22 | 9 |
| | ◎恵泉女学園 | 1 | 1 | | | | 1 | | 1 | | | 1 | | | | | | 1 | | 1 | | 8 | 8 | 24 | 37 | 20 | 16 |
| | ◎啓明学園 | | | | | | | | 1 | | | | | | | | | | | | | | | | | 6 | 6 |
| | ◎光塩女子学院 | 3 | 2 | | | | 1 | | | | | 1 | 1 | 1 | 1 | | 2 | | 2 | | | 11 | 7 | 17 | 6 | 9 | 7 |
| | ◎晃華学園 | 3 | 3 | 1 | | | 1 | | 1 | 1 | 1 | 1 | 1 | 1 | 1 | | 1 | | | 2 | | 12 | 8 | 19 | 22 | 27 | 18 |
| | ◎攻玉社 | 9 | 8 | 2 | 2 | 1 | 3 | 2 | | | 3 | 1 | | 12 | 3 | | 5 | 5 | 3 | 3 | | 104 | 106 | 129 | 33 | 64 | 64 |
| | ◎佼成学園 | | | | | 2 | | | 1 | | 2 | 1 | | | | | | 1 | | 2 | | 15 | 5 | 30 | 16 | 28 | 24 |
| | ◎国学院 | | | | | 2 | | | | | 2 | 1 | | | | | | | | 3 | | 27 | 13 | 84 | 79 | 90 | 87 |
| | ◎国学院大久我山 | 5 | 3 | | | 3 | 3 | 1 | 4 | | 2 | 4 | 2 | 1 | 3 | 1 | 5 | 3 | 3 | 6 | 1 | 81 | 55 | 164 | 119 | 110 | 97 |
| | ◎国際基督教大 | 3 | 1 | | | | 2 | | 1 | | | 2 | 1 | 1 | 1 | 2 | 2 | | 5 | 2 | 1 | 16 | 26 | 16 | 12 | 23 | 16 |
| | ◎駒込 | | | | | | | | | 2 | 1 | 1 | | | 1 | | | 3 | | 2 | | 13 | 4 | 29 | 55 | 83 | 44 |
| | ◎駒澤大 | | | | | | | | 1 | | 1 | 1 | 1 | | | | | 1 | | | | 10 | 2 | 20 | 20 | 31 | 43 |
| | ◎駒場学園 | | | | | | | | | | | | | | | | | | | | | | | 2 | 6 | 9 | 10 |
| | ◎駒場東邦 | 44 | 36 | 8 | 3 | 13 | 3 | | 2 | | 1 | | | 4 | | | 7 | 6 | 16 | | | 94 | 73 | 46 | 8 | 21 | 30 |
| | ◎桜丘 | 1 | | | | 2 | | 2 | 1 | 6 | 5 | | 1 | | | | | | | 1 | 1 | 6 | | 12 | 46 | 49 | 24 |
| | ◎サレジアン国際学園 | | | | | | | | | 1 | | | | | | | | | 1 | | | 3 | | 3 | | | 1 |
| | ◎サレジアン国際学園世田谷 | | | | | | | | | | | | | | | 1 | | | | | | 1 | | | | 2 | 2 |
| | ◎実践学園 | | | | | | | | | | | | | | | | | | | | 1 | 6 | | 15 | 8 | 11 | 8 |
| | ◎品川翔英 | | | | | | | | | | | | | | | | | | | | | 3 | 4 | 5 | 6 | 12 | 13 |
| | ◎品川女子学院 | 1 | 1 | | | 1 | | 1 | | | 2 | | | | | 1 | | 3 | | | 1 | 9 | 3 | 15 | 32 | 21 | 12 |

| 上智大 | 青山学院大 | 学習院大 | 成蹊大 | 成城大 | 武蔵大 | 明治学院大 | 國學院大 | 東京都市大 | 日本大 | 東洋大 | 駒澤大 | 専修大 | 北里大 | 昭和大 | 玉川大 | 帝京大 | 東海大 | 文教大 | 獨協大 | 神奈川大 | 関東学院大 | 日本女子大 | 東京女子大 | 津田塾大 | 学習院女子大 | 白百合女子大 | 聖心女子大 | 清泉女子大 | フェリス女学院大 | 芝浦工業大 | 東京理科大 |
|---|---|---|---|---|---|---|---|---|---|---|---|---|---|---|---|---|---|---|---|---|---|---|---|---|---|---|---|---|---|---|---|
| 13 | 19 | 14 | 12 | 15 | 54 | 15 | 28 | 11 | 86 | 218 | 34 | 62 | 3 | 2 | 7 | 8 | 17 | 17 | 39 | 5 | 1 | 4 | 6 | 5 | 4 | 1 |  |  | 4 | 22 | 15 |
|  | 2 | 3 | 11 | 2 | 25 | 8 | 4 | 1 | 45 | 44 | 12 | 46 |  |  |  | 28 | 4 | 2 | 8 | 24 | 2 |  |  | 1 |  |  |  |  | 5 | 2 | 1 |
| 4 | 3 |  |  | 2 | 3 | 1 | 1 | 2 | 30 | 26 | 16 | 23 |  | 2 | 16 | 3 | 7 |  | 24 | 2 | 13 | 2 |  |  | 1 |  |  |  | 2 | 3 | |
|  | 50 | 6 | 25 | 58 | 6 | 19 | 22 | 70 | 95 | 38 | 37 | 61 | 7 | 1 | 12 | 11 | 35 | 2 | 4 | 25 | 5 | 14 | 6 | 7 |  |  |  | 2 | 2 | 19 | 17 |
|  | 3 |  | 2 |  | 2 |  |  |  | 12 | 32 | 7 | 35 |  | 1 | 13 | 30 | 32 | 2 |  | 5 |  |  |  | 2 |  |  | 1 |  | 2 | 1 | |
| 26 | 72 | 26 | 10 | 29 | 17 | 70 | 16 | 16 | 47 | 106 | 25 | 35 | 12 | 2 | 2 | 3 | 2 | 2 | 10 | 3 | 1 | 7 | 8 | 4 | 1 |  |  | 2 | 26 | 22 | |
| 26 | 38 | 4 | 15 | 9 | 15 | 8 | 10 | 10 | 31 | 11 | 27 | 22 | 4 |  | 1 | 1 |  | 3 | 1 |  |  | 4 | 4 | 2 |  | 1 |  |  | 12 | 30 | |
| 2 | 22 | 8 | 22 | 27 | 8 | 14 | 29 | 5 | 63 | 98 | 30 | 61 | 7 |  | 18 | 37 | 28 | 6 | 6 | 10 |  | 7 | 11 | 3 |  | 7 |  |  | 2 | 3 | |
| 13 | 23 | 4 | 15 | 9 | 17 | 6 | 3 | 8 | 9 | 12 | 6 | 24 | 7 |  | 2 | 3 | 11 |  | 40 |  | 3 | 1 | 2 |  |  | 3 | 1 |  | 16 | 23 | |
|  |  |  | 3 | 8 | 7 | 20 | 10 | 12 | 49 | 74 | 37 | 35 |  | 2 | 2 | 10 | 13 | 15 |  |  |  |  |  |  |  |  |  |  | 3 | 1 | |
| 24 | 12 | 3 | 13 | 3 | 1 | 1 | 6 | 1 | 6 | 10 | 3 | 1 | 5 | 1 | 1 |  |  |  | 1 | 7 | 4 |  |  |  |  |  |  | 10 | 30 | | |
|  | 6 | 4 | 4 | 2 | 27 | 6 | 8 | 1 | 41 | 58 | 10 | 31 | 3 | 2 | 4 | 20 | 14 | 2 | 13 | 3 |  | 1 |  | 1 | 1 | 3 | 3 |  | 11 | 20 | |
| 8 | 31 | 7 | 47 | 15 | 21 | 17 | 19 | 6 | 53 | 87 | 21 | 34 | 1 | 2 | 14 | 6 | 2 | 9 | 3 | 2 |  | 10 | 14 | 3 | 2 | 1 |  |  | 11 | 20 | |
| 4 | 27 | 15 | 15 | 15 | 7 | 51 | 14 | 11 | 60 | 94 | 33 | 24 |  | 5 | 7 | 13 | 39 | 5 | 5 | 23 | 9 | 7 | 3 | 7 |  | 2 | 3 | 5 | 1 | 14 | 11 |
| 1 | 9 | 4 | 10 | 9 | 24 | 30 | 12 | 21 | 48 | 53 | 15 | 32 | 4 | 5 | 4 | 12 | 46 | 3 | 5 | 22 | 22 |  | 1 |  |  | 2 | 1 | 1 | 4 | |
| 14 | 17 | 9 | 7 | 13 | 4 | 23 | 8 | 2 | 23 | 40 | 6 | 21 | 9 | 3 |  | 3 | 7 | 5 | 4 |  |  | 9 | 4 |  | 7 | 2 | 2 |  | 1 | 13 | 37 |
|  | 5 | 1 | 10 | 4 | 7 |  | 8 | 3 | 27 | 19 | 6 | 27 | 25 | 5 |  | 19 | 30 | 1 |  | 2 | 1 |  |  |  | 5 | 1 | 1 | 1 |  | 1 | 10 |
| 9 | 4 | 3 |  |  |  | 3 |  |  | 8 | 1 | 1 |  | 2 | 3 | 9 | 7 | 4 |  |  |  |  |  |  |  |  |  |  |  | 1 | 10 | |
| 36 | 29 | 7 | 1 | 3 | 2 | 5 | 2 | 26 | 15 | 8 | 6 | 8 | 3 | 5 |  | 1 |  |  | 4 |  |  |  |  |  |  |  |  |  | 13 | 96 | |
| 9 | 7 | 6 | 12 |  | 10 | 6 | 12 | 1 | 37 | 47 | 6 | 4 | 2 |  |  | 10 | 13 | 14 | 5 | 3 |  |  |  | 1 |  |  |  |  | 20 | 8 | |
| 4 | 3 | 7 | 1 | 6 | 7 |  | 1 | 1 | 13 | 15 | 2 | 5 | 2 |  | 1 | 8 | 1 |  |  | 1 | 12 | 5 | 3 | 2 | 4 | 6 | 7 | 14 |  | 4 | 5 |
| 1 | 7 | 3 | 4 | 1 |  | 3 | 5 | 6 | 44 | 30 | 6 | 5 | 2 | 1 | 5 | 9 | 13 |  | 11 | 3 | 4 |  |  | 3 |  |  |  |  | 4 | 5 | |
| 2 | 26 | 1 | 9 | 7 | 7 | 11 | 3 | 25 | 36 | 9 | 5 | 19 | 7 | 4 |  | 12 | 14 | 1 |  | 5 | 7 |  | 1 | 3 | 2 |  |  |  | 8 | 13 | |
| 25 | 7 | 12 | 9 | 5 | 3 | 15 | 5 | 2 | 24 | 44 | 18 | 20 | 4 | 1 | 4 | 6 | 4 | 8 | 4 | 4 |  | 27 | 11 | 9 | 4 | 2 | 5 | 5 |  | 6 | 14 |
| 2 | 3 |  | 4 | 3 |  | 5 | 9 | 1 | 8 | 6 |  | 13 | 20 |  | 3 | 15 | 17 | 4 | 1 |  | 13 | 2 | 10 | 4 |  |  | 1 |  |  | | 3 |
| 44 | 23 | 6 | 1 | 2 | 2 | 2 | 2 |  | 10 | 3 |  |  | 2 | 4 |  | 3 | 1 |  |  |  |  | 2 | 4 |  | 1 |  |  |  |  | | 38 |
| 14 | 34 | 8 | 19 | 20 | 5 | 48 | 24 | 40 | 64 | 42 | 31 | 96 | 17 | 7 | 12 | 22 | 67 | 3 | 6 | 21 | 7 | 20 | 17 | 25 | 8 | 3 | 3 | 1 | 10 | 11 |
| 85 | 39 | 9 | 7 | 8 | 4 | 19 | 2 | 35 | 37 | 22 | 1 | 4 | 22 | 5 | 6 | 1 | 6 | 1 | 3 |  | 1 | 4 | 25 | 37 | 18 | 4 | 1 |  | 3 | 27 | 59 |
| 40 | 41 | 28 | 18 | 27 | 10 | 34 | 4 | 18 | 45 | 81 | 17 | 19 | 12 | 6 | 7 | 5 | 2 | 1 | 3 | 1 | 4 | 52 | 60 | 29 | 7 | 7 |  |  | 3 | 35 | 32 |
| 10 | 13 | 2 | 4 | 6 | 7 | 3 | 6 | 6 | 20 | 10 | 3 | 8 | 9 | 1 | 3 |  | 4 |  | 4 | 1 | 4 | 11 | 10 | 7 | 1 | 3 |  |  |  | 6 | 5 |
| 5 | 4 |  | 9 | 6 | 12 | 5 | 4 |  | 13 | 22 | 11 | 5 | 2 | 4 | 2 | 10 | 4 | 1 |  |  |  | 5 | 6 | 8 | 1 |  | 3 |  |  | 2 | 2 |
| 33 | 8 | 2 | 1 | 1 | 2 |  | 2 | 5 | 18 | 15 | 6 | 4 | 12 | 2 |  | 6 | 1 |  |  |  |  |  |  |  |  |  |  |  |  | 15 | 69 |
| 40 | 7 | 2 | 2 | 1 |  |  | 2 | 6 | 11 | 4 | 2 | 10 | 2 | 7 |  | 3 | 1 |  | 1 |  |  |  |  | 1 |  |  | 4 | 3 | 1 | 6 | 125 |
| 12 | 13 | 7 | 8 | 10 | 3 | 7 | 7 | 5 | 31 | 41 | 11 | 16 | 5 | 3 |  | 3 | 11 | 5 | 10 | 3 |  | 2 | 1 |  | 1 |  | 4 | 1 | 3 | 6 | 17 |
| 13 | 3 | 2 | 7 | 2 |  | 9 | 5 | 7 | 12 | 19 | 3 | 10 | 1 | 3 | 3 | 9 | 1 |  | 2 | 1 |  | 1 |  |  | 1 |  |  |  |  | 4 | 6 |
| 9 | 11 | 6 | 2 |  |  | 4 |  |  | 15 | 6 | 1 | 2 | 1 |  |  | 4 |  | 1 |  | 2 |  |  |  |  |  |  |  |  |  | 7 | 8 |
| 16 | 2 | 5 |  |  | 4 | 5 |  |  | 13 | 1 | 2 | 1 |  | 4 |  | 2 |  |  |  |  |  | 3 | 6 | 2 |  | 1 | 2 |  | 1 | 2 | |
|  | 2 |  |  |  | 3 |  |  |  | 3 | 1 |  |  |  |  | 2 | 2 |  |  |  |  |  |  |  |  |  |  |  |  | 1 | 2 | |
| 1 | 3 | 3 | 1 |  | 4 | 13 | 8 | 1 | 59 | 67 | 22 | 66 |  | 3 | 51 | 9 | 14 | 24 | 1 |  | 1 |  |  | 1 |  |  |  | 1 | 30 | 113 |
| 51 | 49 | 7 | 19 | 13 | 6 | 10 | 11 | 13 | 45 | 34 | 9 | 15 | 15 | 7 | 1 | 9 | 6 |  | 6 | 3 |  | 40 | 64 | 16 | 1 | 6 | 2 |  |  | 30 | 113 |
| 33 | 24 | 4 | 8 | 8 | 3 | 1 | 2 |  | 26 | 1 | 3 | 3 | 6 | 4 |  | 4 | 5 | 3 |  | 1 | 1 |  |  |  |  |  |  |  |  | 16 | 29 |
| 38 | 26 | 11 | 3 | 17 | 5 | 32 | 13 | 14 | 17 | 39 | 4 | 47 | 5 | 2 |  | 5 | 6 | 2 |  | 3 |  | 42 | 25 | 5 | 6 | 7 | 2 | 2 |  | 16 | 15 |
| 29 | 34 | 14 | 52 | 11 | 23 | 15 | 15 | 6 | 68 | 105 | 27 | 34 | 16 | 2 | 15 | 19 | 13 | 5 | 13 | 8 | 1 | 16 | 16 | 22 | 3 |  | 1 | 2 | 2 | 19 | 20 |
|  | 5 | 2 | 3 |  | 6 | 1 |  |  | 1 | 2 |  | 2 |  |  |  | 3 | 1 | 2 |  | 2 | 2 | 1 | 1 |  |  |  |  |  |  |  | |
|  |  |  |  |  |  |  |  |  |  | 1 |  |  |  |  |  | 1 | 2 |  |  |  |  |  |  |  |  |  |  |  |  |  | |
| 4 | 5 |  | 2 | 11 | 33 | 8 | 7 | 6 | 40 | 124 | 6 | 35 | 3 |  | 7 | 32 | 9 | 1 | 24 | 4 | 2 |  |  |  |  |  |  |  | 7 | 3 |
| 5 | 23 | 10 | 8 | 12 | 4 | 23 | 14 | 6 | 36 | 24 | 7 | 1 | 1 | 1 | 20 | 3 | 4 |  | 2 |  |  | 21 | 25 | 16 | 9 | 3 | 4 | 4 | 13 | 17 | |
| 2 | 5 | 2 |  |  |  |  |  |  | 5 |  |  | 1 | 1 |  |  | 2 | 3 | 10 |  |  |  |  |  |  |  |  |  |  | 6 | 2 | |
| 6 | 5 | 8 | 11 | 3 | 3 | 5 | 4 |  | 22 | 5 |  | 7 | 10 | 4 | 1 | 3 | 8 | 1 |  |  |  | 5 | 9 | 2 | 2 | 3 | 2 | 1 | 2 | 6 | |
| 18 | 18 | 2 | 10 | 13 | 1 | 11 | 4 | 4 | 9 | 5 | 4 | 14 | 3 | 2 | 3 | 6 | 11 |  |  | 1 |  | 4 | 17 | 8 | 4 | 2 | 2 | 3 | 9 | 6 |
| 28 | 36 | 11 | 10 | 12 | 3 | 23 | 9 | 9 | 79 | 17 | 19 | 21 | 14 | 2 |  | 6 | 5 |  | 1 | 8 | 7 |  |  |  |  |  |  |  | 45 | 90 |
| 6 | 15 | 5 | 7 | 5 | 5 | 2 | 2 | 5 | 30 | 12 | 5 | 12 | 5 | 1 | 15 | 6 | 3 |  | 11 | 2 |  |  |  |  |  |  |  |  | 10 | 23 |
| 22 | 43 | 38 | 29 | 29 | 12 | 33 | 34 | 20 | 124 | 121 | 43 | 62 | 7 | 4 | 12 | 34 | 12 | 2 | 10 | 14 | 1 | 5 | 7 | 10 | 7 | 3 | 1 | 4 | 1 | 27 | 14 |
| 60 | 89 | 14 | 41 | 15 | 14 | 31 | 23 | 33 | 97 | 60 | 25 | 21 | 13 | 7 | 4 | 12 | 11 | 2 | 5 | 3 | 3 | 17 | 21 | 2 | 4 | 2 |  |  | 71 | 50 |
| 56 | 13 | 5 | 6 | 5 | 8 | 3 |  | 3 | 6 | 2 |  | 3 | 3 |  |  | 1 | 6 |  |  | 3 |  | 1 | 3 |  |  |  |  |  | 7 | 18 |
| 7 | 20 | 13 | 15 | 24 | 24 | 44 | 18 | 6 | 104 | 143 | 20 | 48 | 10 |  | 13 | 27 | 11 | 14 | 30 | 1 | 11 | 4 | 1 | 1 | 2 | 2 |  | 2 | 7 | 28 | 36 |
| 3 | 19 | 1 | 3 | 7 | 33 | 11 | 11 | 11 | 21 | 30 | 344 | 3 | 3 | 1 | 4 | 4 | 1 |  | 6 | 6 |  |  | 3 |  |  |  |  |  | 6 | 7 |
|  | 8 |  | 1 | 14 | 11 | 8 | 13 | 11 | 35 | 22 | 23 | 61 | 3 |  | 14 | 34 | 64 | 3 | 6 | 12 | 26 | 1 | 4 | 4 | 3 | 3 |  | 5 | 1 | |
| 7 | 13 | 4 | 2 |  |  | 4 | 3 | 10 | 13 | 5 | 1 | 7 | 1 | 9 |  | 1 |  |  |  | 3 |  |  |  |  |  |  |  |  | 8 | 55 |
| 5 | 8 | 13 | 6 | 6 | 3 | 12 | 8 | 3 | 59 | 122 | 15 | 29 | 3 |  | 6 | 28 | 8 | 11 | 38 | 1 | 3 | 3 | 2 | 9 |  | 4 | 15 | 13 | 13 | |
| 6 |  |  |  |  | 1 |  | 1 |  | 2 |  |  |  | 2 |  |  | 1 |  | 1 |  |  |  |  | 2 |  | 3 | 1 |  |  |  | 1 | |
| 7 |  |  | 1 |  |  | 1 |  |  | 6 |  |  |  |  |  | 5 | 1 | 4 |  |  |  |  | 1 |  | 1 |  |  | 8 | 2 |  | |
| 1 | 4 |  | 5 | 2 | 12 | 4 | 4 | 4 | 32 | 19 | 8 | 10 | 3 | 2 | 8 | 18 | 11 |  | 4 | 2 |  |  | 9 | 1 |  |  |  |  | 3 | 3 |
| 3 | 12 | 3 | 4 | 5 | 4 | 10 | 1 | 4 | 28 | 21 | 14 | 20 | 2 | 3 | 26 | 34 | 34 | 2 | 15 | 27 | 26 |  |  | 2 |  | 4 | 6 | 2 | 3 | 4 |
| 10 | 15 | 5 | 4 | 10 | 11 | 28 | 8 | 10 | 17 | 29 | 5 | 11 | 4 | 3 |  | 6 | 11 |  | 4 | 8 | 8 | 20 | 1 | 10 | 1 | 2 | 4 | 2 | 17 | 14 |

大学名 / 高校名 別 合格者数一覧（東京）

| 高校名 | 東京大 | （内現役） | 京都大 | （内現役） | 北海道大 | 東北大 | 大阪大 | 筑波大 | 埼玉大 | 千葉大 | 東京外国語大 | 東京学芸大 | 東京工業大 | 東京農工大 | お茶の水女子大 | 一橋大 | 横浜国立大 | 国公立大医学部 | 東京都立大 | 横浜市立大 | 早稲田大 | 慶應義塾大 | 明治大 | 立教大 | 法政大 | 中央大 |
|---|---|---|---|---|---|---|---|---|---|---|---|---|---|---|---|---|---|---|---|---|---|---|---|---|---|---|
| ◎芝 | 18 | 16 | 4 | 3 | 22 | 10 | 2 | 1 | 1 |  | 5 | 1 | 4 | 11 | 4 |  | 5 | 8 | 13 | 3 | 99 | 87 | 126 | 22 | 34 | 62 |
| ◎芝浦工業大附 |  |  |  |  |  |  |  |  |  | 1 |  |  | 5 | 3 | 1 |  | 1 |  |  |  | 3 | 3 | 11 | 3 | 12 | 8 |
| ◎渋谷教育学園渋谷 | 43 | 36 | 6 | 4 | 1 |  |  |  |  | 2 | 1 | 2 |  |  |  | 8 | 7 | 18 | 3 | 1 | 121 | 92 | 52 | 21 | 11 | 23 |
| ◎修徳 |  |  |  |  |  |  |  |  |  |  |  |  |  |  |  |  |  |  |  |  | 2 | 3 | 6 | 2 | 6 | 1 |
| ◎十文字 |  |  |  |  |  |  |  |  |  | 2 |  |  |  |  | 1 |  |  |  |  | 1 | 16 | 1 | 9 | 27 | 16 | 7 |
| ◎淑徳 | 1 |  | 1 |  | 1 | 1 |  | 2 | 6 | 6 | 3 | 4 | 1 | 2 | 4 | 1 | 6 |  | 1 | 2 | 17 | 9 | 58 | 41 | 71 | 73 |
| ◎淑徳巣鴨 |  |  |  |  |  |  |  | 1 | 1 | 2 |  |  | 4 | 1 |  |  | 1 |  |  |  | 16 | 10 | 52 | 72 | 58 | 59 |
| ◎順天 | 1 | 1 |  |  | 1 | 1 |  | 1 | 1 | 2 | 1 |  | 1 |  |  |  | 1 |  | 1 |  | 13 | 4 | 33 | 45 | 37 | 32 |
| ◎頌栄女子学院 | 4 | 3 | 1 | 1 | 1 |  |  |  |  | 2 |  | 1 | 7 | 1 | 4 | 3 | 3 |  | 3 |  | 118 | 128 | 126 | 123 | 52 | 48 |
| ◎聖徳学園 |  |  |  |  |  |  |  |  |  | 1 |  |  |  |  |  |  |  |  | 1 |  | 10 | 3 | 9 | 9 | 23 | 18 |
| ◎城北 | 7 | 5 | 7 | 5 | 5 | 8 | 4 | 4 | 5 | 3 | 2 | 2 | 10 | 9 |  | 9 | 6 | 6 | 1 |  | 73 | 54 | 134 | 52 | 61 | 72 |
| ◎昭和女子大附昭和 |  |  |  |  |  |  |  | 1 |  |  |  |  |  |  |  |  |  |  |  |  | 1 | 2 | 5 | 3 | 4 | 10 |
| ◎昭和第一学園 |  |  |  |  |  |  |  |  |  |  |  |  |  |  |  |  |  |  |  |  | 1 |  | 6 | 15 | 2 | 14 |
| ◎女子学院 | 26 | 25 | 7 | 6 | 2 | 2 | 1 | 3 |  | 1 | 1 |  | 9 | 8 | 5 | 6 | 2 | 9 | 1 | 1 | 127 | 75 | 68 | 30 | 22 | 34 |
| ◎女子聖学院 |  |  |  |  |  |  |  |  |  | 1 |  |  |  |  |  |  |  |  | 1 |  | 1 | 1 | 3 | 2 | 1 |  |
| ◎白百合学園 | 3 | 2 | 1 |  |  |  |  |  |  | 1 | 1 |  | 2 | 2 | 1 | 1 | 7 | 2 |  |  | 24 | 27 | 36 | 36 | 22 | 17 |
| ◎巣鴨 | 5 | 3 |  |  | 3 | 5 |  | 4 | 1 | 4 | 1 |  | 2 | 1 |  | 1 | 3 | 11 | 2 | 1 | 24 | 22 | 43 | 17 | 31 | 46 |
| ◎杉並学院 |  |  |  |  |  |  |  |  |  |  |  |  | 1 |  |  |  | 1 |  | 2 |  | 1 | 1 | 5 | 3 | 16 | 11 |
| ◎聖学院 |  |  |  |  |  |  |  |  | 1 |  |  |  |  |  |  |  | 1 |  | 1 |  | 4 | 3 | 9 | 7 | 7 | 7 |
| ◎成蹊 | 2 | 2 |  |  | 1 |  |  |  |  | 1 |  |  |  |  | 1 | 1 |  | 1 | 1 |  | 21 | 16 | 33 | 20 | 32 | 30 |
| ◎成城 | 3 | 1 |  |  | 2 |  |  |  |  |  |  |  | 3 |  |  | 3 | 1 |  | 1 | 1 | 32 | 23 | 95 | 45 | 71 | 47 |
| ◎成城学園 |  |  |  |  |  |  |  |  | 3 |  |  |  |  |  |  |  | 1 |  | 1 |  | 9 | 14 | 12 | 13 | 8 | 21 |
| ◎聖心女子学院 | 1 | 1 |  |  |  |  |  |  |  |  |  |  |  |  |  |  | 1 |  | 1 |  | 10 | 10 | 6 | 10 | 3 | 18 |
| ◎成立学園 |  |  |  |  |  |  |  |  |  |  |  |  |  |  |  |  | 1 |  | 1 |  | 7 | 1 | 14 | 10 | 35 | 64 |
| ◎青稜 |  |  |  |  | 7 | 1 |  |  |  | 2 | 1 |  | 2 | 4 | 5 |  |  | 3 | 4 |  | 35 | 14 | 98 | 58 | 80 | 67 |
| ◎世田谷学園 | 5 | 4 | 1 |  | 4 | 2 |  |  |  |  |  |  | 4 | 3 |  | 3 | 4 | 3 | 2 |  | 55 | 64 | 90 | 18 | 44 | 56 |
| ◎大成 |  |  |  |  |  |  |  |  |  |  |  |  |  |  |  |  | 1 |  |  |  | 4 | 1 | 13 | 3 | 20 | 3 |
| ◎大東文化大第一 |  |  |  |  |  |  |  |  | 1 |  |  |  |  |  |  |  |  |  |  |  |  |  | 2 | 1 | 2 | 3 |
| ◎高輪 | 2 | 2 | 1 | 2 | 3 | 1 | 3 |  | 1 | 3 |  |  | 2 | 2 |  | 2 | 1 | 1 | 1 |  | 47 | 27 | 50 | 24 | 42 | 39 |
| ◎拓殖大第一 |  |  |  |  |  |  |  |  | 1 | 3 | 2 | 2 | 2 | 4 |  |  | 2 |  | 7 |  | 16 | 7 | 43 | 34 | 79 | 73 |
| ◎玉川学園 |  |  |  |  | 1 |  |  |  |  |  |  |  |  |  |  |  |  |  |  |  |  |  | 1 | 1 |  | 4 |
| ◎多摩大目黒 |  |  |  |  |  |  |  |  |  |  |  |  | 1 |  |  |  | 1 |  |  |  | 6 | 6 | 19 | 15 | 24 | 15 |
| ◎帝京 |  |  |  |  |  |  |  |  |  |  |  | 1 |  |  |  |  |  |  |  |  |  |  | 1 | 1 | 2 | 5 |
| ◎帝京大 | 2 | 1 |  |  | 3 |  |  | 1 |  | 1 |  |  | 2 | 3 | 1 |  | 2 | 3 | 6 |  | 30 | 19 | 68 | 28 | 58 | 49 |
| ◎帝京八王子 |  |  |  |  |  |  |  |  |  |  |  |  |  |  |  |  |  |  |  |  |  |  |  |  |  |  |
| ◎田園調布学園 | 1 | 1 | 1 |  |  |  |  |  |  |  | 1 | 1 | 1 |  | 1 | 1 |  |  | 2 | 4 | 12 | 12 | 19 | 34 | 23 | 34 |
| ◎田園調布雙葉 |  |  |  |  |  |  |  |  |  |  |  |  |  |  |  | 1 |  | 1 |  | 2 | 5 | 8 | 7 | 4 | 11 | 11 |
| ◎東亜学園 |  |  |  |  |  |  |  |  |  |  |  |  |  |  |  |  |  |  |  |  | 2 | 1 | 7 | 1 | 5 | 7 |
| ◎東京 |  |  |  |  |  |  |  |  |  | 1 |  |  |  |  |  |  |  |  |  | 1 | 2 | 2 | 7 | 1 | 5 | 7 |
| ◎東京女学館 | 1 | 1 |  |  |  |  |  |  |  |  |  | 1 |  |  |  |  | 1 |  | 1 | 1 | 29 | 20 | 27 | 49 | 20 | 21 |
| ◎東京成徳大 |  |  |  |  |  |  |  |  |  |  |  |  |  |  |  |  |  |  | 3 |  | 1 |  | 22 | 22 | 48 | 22 |
| ◎東京電機大 |  |  |  |  |  |  |  |  |  |  |  |  |  |  |  |  |  |  |  |  | 8 | 3 | 21 | 7 | 36 | 31 |
| ◎東京都市大等々力 | 2 | 1 |  |  | 4 | 2 | 2 |  |  | 2 | 6 | 1 | 1 | 1 |  | 1 | 7 | 4 |  | 1 | 58 | 35 | 139 | 84 | 84 | 88 |
| ◎東京都市大付 | 6 | 6 | 2 | 2 | 4 | 8 | 2 | 1 |  | 2 |  |  | 8 | 3 |  | 6 | 4 | 6 | 1 | 3 | 75 | 74 | 140 | 25 | 61 | 88 |
| ◎東京農業大第一 | 1 |  | 2 | 2 | 3 |  | 1 | 1 |  | 4 | 3 |  | 7 | 3 | 4 |  | 5 |  | 5 | 1 | 54 | 51 | 99 | 74 | 73 | 74 |
| ◎桐朋 | 12 | 6 | 8 | 4 | 10 | 12 | 3 | 3 | 3 | 4 | 3 | 2 | 10 | 3 |  | 4 | 2 |  | 10 |  | 64 | 80 | 120 | 22 | 42 | 92 |
| ◎桐朋女子 |  |  |  |  |  |  |  |  |  |  |  |  |  |  |  | 1 |  |  | 1 | 3 | 6 | 2 | 4 | 6 | 9 | 12 |
| ◎東洋 |  |  |  |  |  |  |  | 2 | 2 | 7 |  |  |  |  |  |  |  |  | 1 |  | 16 | 3 | 47 | 27 | 59 | 29 |
| ◎東洋英和女学院 | 3 | 2 | 1 |  | 2 |  |  |  |  | 1 | 1 |  |  |  | 2 |  | 1 |  | 2 |  | 47 | 19 | 37 | 46 | 27 | 16 |
| ◎東洋大京北 |  |  |  |  |  |  |  |  | 3 | 1 |  |  |  |  |  |  | 1 |  |  |  | 7 | 3 | 28 | 24 | 38 | 26 |
| ◎豊島岡女子学園 | 26 | 22 | 3 | 1 | 2 |  |  | 1 |  | 5 | 3 |  | 8 | 6 | 6 | 6 | 3 | 35 | 1 | 3 | 121 | 92 | 115 | 61 | 31 | 70 |
| ◎豊島学院 |  |  |  |  |  |  |  |  |  |  | 1 | 1 |  |  |  |  |  |  |  |  | 1 | 1 | 13 | 7 | 12 | 4 |
| ◎獨協 |  |  |  |  |  |  |  | 3 | 1 |  |  |  |  |  |  |  | 1 |  |  |  | 9 | 5 | 29 | 5 | 17 | 19 |
| ◎日本工大駒場 |  |  |  |  |  |  |  |  |  |  |  |  | 2 |  |  |  | 1 |  | 3 |  | 13 |  | 9 | 9 | 20 | 8 |
| ◎日大櫻丘 |  |  |  |  |  |  |  |  |  | 1 |  | 1 |  |  |  |  | 1 |  |  |  | 4 |  | 14 | 15 | 32 | 19 |
| ◎日大第二 | 1 |  |  |  |  |  |  |  |  | 1 | 1 |  |  |  |  |  |  |  |  | 1 | 11 | 3 | 23 | 8 | 37 | 41 |
| ◎日大第三 |  |  |  |  |  |  |  |  |  | 2 |  |  |  |  |  |  |  |  |  |  | 9 | 2 | 21 | 13 | 22 | 23 |
| ◎八王子学園八王子 |  |  |  |  | 3 | 1 |  |  |  |  |  |  | 3 | 2 |  |  | 2 |  | 5 |  | 1 |  | 14 | 44 | 18 | 49 | 35 |
| ◎八王子実践 |  |  |  |  |  |  |  |  |  |  |  |  | 3 | 3 |  |  | 2 |  |  |  | 1 | 7 | 4 | 12 | 11 | 12 |
| ◎広尾学園 | 9 | 9 | 5 | 3 | 5 | 4 |  | 3 |  | 4 |  |  | 7 | 2 | 1 | 3 | 7 | 9 | 1 | 1 | 113 | 86 | 149 | 78 | 43 | 66 |
| ◎広尾学園小石川 |  |  |  |  |  |  |  |  |  | 1 |  |  |  |  |  |  |  | 1 | 1 |  | 5 | 5 | 16 | 9 | 12 | 16 |
| ◎富士見 | 1 | 1 |  |  |  |  |  |  |  | 3 | 1 | 2 |  |  |  |  |  |  | 2 |  | 14 | 10 | 53 | 74 | 52 | 30 |
| ◎雙葉 | 8 | 7 | 3 | 2 |  | 2 |  |  |  | 1 | 1 | 2 |  | 2 | 1 | 1 |  | 8 | 1 |  | 82 | 44 | 72 | 48 | 24 | 41 |
| ◎普連土学園 |  |  |  |  |  |  |  |  |  | 1 | 2 |  |  |  |  |  |  |  |  |  | 19 | 3 | 20 | 34 | 29 | 12 |
| ◎文化学園大杉並 |  |  |  |  |  |  |  |  |  |  |  |  |  |  |  |  |  |  |  |  | 3 | 1 | 7 | 18 | 12 | 22 |

（左欄 地区：東京）

| 上智大 | 青山学院大 | 学習院大 | 成蹊大 | 成城大 | 武蔵大 | 明治学院大 | 國學院大 | 東京都市大 | 日本大 | 東洋大 | 駒澤大 | 専修大 | 北里大 | 昭和大 | 玉川大 | 帝京大 | 東海大 | 文教大 | 獨協大 | 神奈川大 | 関東学院大 | 日本女子大 | 東京女子大 | 津田塾大 | 学習院女子大 | 白百合女子大 | 聖心女子大 | 清泉女子大 | フェリス女学院大 | 芝浦工業大 | 東京理科大 |
|---|---|---|---|---|---|---|---|---|---|---|---|---|---|---|---|---|---|---|---|---|---|---|---|---|---|---|---|---|---|---|---|
| 37 | 30 | 9 | 1 | 7 | 7 | 4 | 6 | 4 | 32 | 27 | 9 | 8 | 10 | 8 | 1 | 2 | 5 | | 5 | 7 | | | | | | | | | | 56 | 145 |
| 5 | 4 | | 7 | 2 | | 3 | 4 | | 10 | 4 | 3 | | | 1 | 2 | 4 | 1 | | | | | | | | | | | | | 31 | 21 |
| 56 | 12 | 6 | 5 | 2 | | 2 | 6 | 2 | 3 | 1 | 1 | 2 | 1 | | | 1 | 3 | | 1 | 1 | | 1 | | 2 | | | | | | 12 | 55 |
| | 8 | | 3 | 1 | | 2 | | | 32 | 52 | 7 | 20 | | | 4 | 17 | 12 | 11 | 17 | 1 | | 22 | 10 | 7 | 6 | 3 | 3 | 2 | | | 1 |
| 9 | | 2 | 4 | 11 | 1 | 3 | 4 | 6 | 8 | 27 | 6 | 8 | 3 | 1 | 6 | 10 | 3 | | 8 | 1 | | | | | | | | | | 11 | 2 |
| 28 | 34 | 21 | 20 | 19 | 14 | 18 | 18 | 15 | 86 | 121 | 25 | 35 | 3 | 4 | 4 | 25 | 11 | 4 | 20 | | | 13 | 13 | 3 | 2 | 1 | | 4 | 1 | 29 | 44 |
| 27 | 21 | 15 | 9 | 34 | 47 | 44 | 15 | 3 | 93 | 168 | 48 | 79 | 6 | 2 | 17 | 22 | 29 | 11 | 80 | 5 | | 11 | 9 | 12 | 5 | 9 | | 9 | 2 | 5 | 9 |
| 10 | 25 | 18 | 16 | 27 | 21 | 14 | 11 | 5 | 56 | 89 | 16 | 30 | 5 | | 9 | 8 | 7 | 4 | 28 | | 1 | 3 | 4 | 4 | 1 | 4 | 1 | 1 | | 10 | 18 |
| 154 | 65 | 18 | 9 | 14 | 6 | 23 | 3 | 9 | 13 | 23 | 13 | 11 | 4 | 2 | | 3 | 4 | 2 | | | | 35 | 45 | 10 | 4 | | | 3 | | 24 | 46 |
| 5 | | 18 | 1 | 9 | 10 | 2 | 3 | 4 | 14 | 13 | 4 | 4 | | | 9 | 19 | 6 | 2 | 1 | 2 | | | | 5 | | 1 | 1 | | | 2 | 4 |
| 30 | 41 | 19 | 9 | 8 | 17 | 15 | 17 | 20 | 96 | 33 | 13 | 17 | 4 | 6 | | 11 | 10 | | 4 | 3 | | | | | | | | | | 162 | 132 |
| 11 | 11 | 3 | 1 | 3 | | 4 | 1 | 1 | 5 | 4 | | 2 | 3 | 5 | 1 | 7 | | | | 1 | | 2 | | 1 | | | | | | 1 | 4 |
| 7 | 2 | 3 | 2 | 11 | 3 | 4 | 2 | 3 | 9 | 18 | 12 | 26 | | | 6 | 78 | 8 | | 1 | | 11 | | | | | | | | | 1 | 3 |
| 78 | 25 | 4 | 1 | 4 | | 11 | 1 | 17 | 9 | 3 | | 3 | 14 | 1 | | 8 | | | 1 | | 3 | 11 | 6 | 9 | | | | 3 | 1 | 11 | 96 |
| 1 | | | 2 | 1 | 5 | 1 | | | 2 | 5 | 2 | 3 | 2 | 1 | 4 | 8 | | | | 1 | | 1 | 8 | 2 | | 2 | | | 1 | | |
| 29 | 28 | 8 | 5 | 5 | | 17 | 4 | 7 | 12 | 8 | 11 | 4 | 5 | 7 | | 2 | | | | | | 17 | 13 | 17 | 2 | 9 | 1 | | 1 | 27 | 16 |
| 13 | 12 | 3 | 9 | 3 | | 6 | 3 | | 37 | 21 | 8 | 9 | 12 | 5 | 1 | 9 | 5 | | 7 | | | | | | | | | | | 20 | 48 |
| 4 | 14 | 3 | 10 | 10 | 8 | 1 | 4 | 1 | 52 | 27 | 7 | 27 | 1 | 1 | 2 | 24 | 7 | 1 | 10 | 7 | 3 | 6 | 4 | | | 4 | 1 | | 2 | 9 | 9 |
| | 8 | 3 | 1 | 3 | 24 | 10 | 3 | 4 | 26 | 34 | 5 | 16 | 4 | | 13 | 9 | 5 | 4 | 11 | 6 | | | | | | | | | | 9 | 4 |
| 46 | 26 | 4 | 7 | 2 | 7 | 12 | 2 | 2 | 24 | 21 | 9 | 4 | 4 | 1 | 5 | 4 | | | 9 | 3 | | 7 | 2 | 1 | | | | | | 9 | 10 |
| 15 | 21 | 10 | 27 | 12 | 12 | 28 | 17 | 38 | 95 | 80 | 18 | 19 | 7 | 3 | 6 | 8 | 15 | | 1 | 11 | 2 | | | | | | | | | 46 | 33 |
| 14 | 6 | 4 | 4 | 5 | 1 | 10 | 1 | | 13 | 3 | 3 | | 3 | | 1 | 2 | 1 | | | 3 | 1 | | | 1 | | | | | | | 1 |
| 24 | 7 | | 1 | 5 | | | | | | 2 | | | | 1 | 2 | | 1 | | | | | 5 | 1 | 2 | 1 | | 10 | | | 10 | 7 |
| 1 | 19 | 11 | 1 | | 8 | 3 | 2 | 14 | 147 | 87 | 23 | 6 | 2 | | 3 | 76 | 3 | 2 | 43 | 1 | 1 | 5 | | | | 10 | 1 | 4 | | 3 | 3 |
| 12 | 44 | 24 | 13 | 27 | 11 | 64 | 15 | 35 | 69 | 81 | 31 | 47 | 11 | 8 | 8 | 17 | 42 | 5 | 5 | 29 | 12 | 7 | 2 | 8 | | 2 | 3 | 2 | 1 | 49 | 25 |
| 25 | 31 | 10 | 7 | 10 | 3 | 8 | 13 | 17 | 60 | 24 | 20 | 11 | 3 | 2 | 2 | 19 | 20 | | 9 | 9 | 1 | | | | | | | | | 48 | 86 |
| 4 | 4 | | 4 | 13 | 3 | 4 | 2 | 3 | 36 | 31 | 9 | 32 | 5 | 1 | 7 | 68 | 4 | | | 2 | | | 2 | 2 | 3 | 2 | 1 | | | 1 | |
| | | 3 | 3 | 1 | 1 | 1 | 8 | 1 | 26 | 28 | 17 | 23 | | | 6 | 14 | 11 | | 1 | | | | | | | | | | | | 1 |
| 18 | 30 | 9 | 10 | 17 | 3 | 12 | 9 | 17 | 73 | 39 | 10 | 17 | 2 | | 5 | 5 | 16 | 4 | 12 | 14 | 5 | | | | | | | | | 46 | 63 |
| 5 | 34 | 18 | 54 | 27 | 24 | 13 | 28 | 21 | 119 | 153 | 32 | 55 | 6 | 1 | 21 | 48 | 22 | 4 | 17 | | | 14 | 16 | 14 | 4 | 5 | 6 | 2 | 4 | 24 | 10 |
| 11 | | | 1 | 2 | | 1 | | | 12 | | | 2 | 1 | 1 | | 2 | 4 | | | 2 | | 1 | | 1 | | | | | | 1 | 2 |
| | 13 | 1 | 12 | 12 | 3 | 12 | 5 | 7 | 48 | 15 | 13 | 14 | 1 | 1 | 5 | 7 | 15 | 2 | 1 | 9 | 13 | 3 | 4 | 3 | | 2 | | 3 | | 11 | 1 |
| 6 | | 2 | 1 | 1 | | | | 2 | 12 | 15 | 6 | 11 | 3 | | 5 | 19 | 16 | 2 | 1 | | | | | 1 | 1 | | | | | | |
| 30 | 33 | 4 | 16 | 12 | 2 | 14 | 7 | 12 | 29 | 18 | 7 | 22 | 8 | | 17 | 8 | 33 | | | 2 | | 8 | 5 | 3 | | | | 2 | | 19 | 37 |
| | | | | | | | | | 3 | | 2 | | 2 | | | | 14 | | | | | | | | | | | | | | |
| 12 | 30 | 14 | 4 | 8 | 2 | 20 | 8 | 26 | 30 | 14 | 8 | 8 | 4 | 10 | 4 | 7 | 17 | 3 | 2 | 5 | 9 | 17 | 6 | 8 | | | | 1 | 1 | 8 | 6 |
| 15 | 5 | 5 | | 3 | | 3 | | 4 | 6 | | 2 | 1 | 3 | 5 | | 2 | 2 | | 3 | 6 | 4 | 1 | | 2 | | 3 | | 9 | 5 | | |
| 9 | 4 | 5 | 4 | | 6 | 1 | 1 | 3 | 27 | 24 | 9 | 2 | 1 | | 8 | 21 | 22 | 5 | 1 | 5 | 1 | 2 | | 2 | | 2 | 3 | 1 | 2 | | |
| 1 | 1 | 4 | 1 | 3 | 1 | 4 | 1 | 4 | 8 | 8 | 8 | 12 | 1 | 1 | 11 | 26 | 19 | 1 | 7 | 12 | 21 | | 1 | | 1 | | 2 | 8 | 1 | 2 | |
| 43 | 39 | 14 | 12 | 31 | 6 | 19 | 6 | 12 | 27 | 24 | 9 | 5 | 3 | 5 | 5 | 5 | 5 | | 4 | 1 | | 20 | 23 | 13 | 17 | 7 | 16 | 7 | 8 | 7 | 8 |
| 4 | 8 | 5 | 22 | 7 | 15 | 16 | 9 | 33 | 68 | 94 | 35 | 38 | 2 | 1 | 13 | 52 | 7 | 7 | 42 | 7 | | 5 | 4 | | | 4 | | | | 4 | 3 |
| 4 | 8 | 10 | 16 | 3 | 8 | 3 | 16 | 15 | 13 | 5 | 15 | 4 | | 7 | 5 | 7 | 1 | 6 | 6 | | | 6 | | 1 | 2 | | | 23 | 5 | | |
| 46 | 76 | 29 | 20 | 12 | 2 | 50 | 18 | 44 | 83 | 48 | 37 | 31 | 13 | 1 | 3 | 14 | 7 | 16 | 29 | 11 | 2 | 6 | 3 | | | 1 | 2 | 40 | 80 | | |
| 32 | 31 | 6 | 13 | 5 | 5 | 6 | 14 | 31 | 18 | 15 | 10 | 17 | 10 | 2 | 2 | 8 | 8 | 2 | | 2 | | 2 | 2 | 4 | 2 | 34 | 66 | | | | |
| 35 | 56 | 21 | 26 | 31 | 16 | 29 | 18 | 12 | 65 | 38 | 21 | 15 | 12 | 7 | 6 | 8 | 23 | 1 | 8 | 7 | 11 | 2 | 2 | 4 | 2 | 24 | 43 | | | | |
| 25 | 28 | 11 | 12 | 14 | 9 | 8 | 8 | 7 | 61 | 27 | 17 | 16 | 4 | 3 | 1 | 7 | 12 | 5 | 2 | 2 | | | | | | 1 | 1 | | | 19 | 102 |
| 8 | 5 | 3 | | 5 | 1 | 3 | 2 | 2 | 8 | 4 | 3 | 2 | | | 2 | 6 | 2 | | | 1 | | | | | | | | | | 8 | 5 |
| 5 | 21 | 19 | 17 | 20 | 27 | 30 | 18 | 11 | 93 | 117 | 33 | 49 | 6 | 7 | 16 | 20 | 22 | 14 | 19 | 3 | | 10 | 12 | 3 | 2 | 4 | 3 | | | 13 | 17 |
| 37 | 42 | 8 | 14 | 13 | 3 | 17 | 3 | 6 | 14 | 17 | 4 | 3 | 14 | 3 | 3 | 5 | 1 | | 2 | | | 15 | 31 | 5 | 7 | | 4 | 3 | | 2 | 9 |
| 4 | 13 | 14 | 12 | 18 | 16 | 18 | 3 | 7 | 23 | 40 | 14 | 15 | 7 | | 14 | 11 | 7 | 13 | 4 | 4 | 4 | 5 | 13 | 4 | | 2 | | | | 10 | 9 |
| 53 | 39 | 12 | 2 | 3 | 6 | 8 | 3 | 3 | 18 | 15 | 2 | 3 | 13 | 10 | 1 | 6 | 7 | | 5 | 3 | | 8 | 11 | 13 | 5 | | 2 | 1 | | 18 | 110 |
| | 5 | 3 | 13 | 3 | 17 | 9 | 11 | 2 | 49 | 67 | 29 | 25 | 5 | | 4 | 36 | 17 | 7 | 26 | 4 | | 4 | 7 | 5 | | 1 | | 3 | 3 | 11 | 3 |
| | 4 | 10 | 14 | 8 | 14 | 9 | 12 | 7 | 56 | 24 | 10 | 12 | 8 | 2 | 10 | 18 | 19 | 1 | 8 | 2 | 5 | | | | 2 | | | | | 3 | 11 |
| | | 14 | 2 | 4 | 2 | 6 | 3 | 3 | 29 | 15 | 9 | 23 | 11 | | 19 | 28 | 22 | | 2 | 4 | 16 | | | 2 | | | | | | 3 | 7 |
| 2 | 11 | 1 | 17 | 9 | 3 | 11 | 4 | 8 | | 19 | 11 | 4 | 1 | 1 | 5 | 5 | 9 | 3 | | | | 2 | 4 | 2 | | | | | | 5 | 1 |
| 7 | 11 | 9 | 10 | 8 | 14 | 8 | 5 | 15 | | 23 | 6 | 12 | 3 | 1 | 7 | 12 | 7 | 1 | 9 | 2 | 4 | 3 | 5 | | 3 | 1 | 2 | | | 7 | 6 |
| 6 | 19 | 2 | | 8 | 6 | 7 | 3 | | 20 | 7 | 13 | 3 | | | 7 | 6 | 1 | 1 | | 3 | | | | 1 | | | | | 3 | 3 | 2 |
| 4 | 29 | 10 | 13 | 8 | 9 | 21 | 7 | 10 | 57 | 43 | 16 | 37 | 10 | | 14 | 36 | 31 | 1 | 1 | 12 | | 7 | 5 | 6 | 2 | 1 | | 3 | 6 | 2 | 20 |
| | 4 | 2 | 6 | 3 | 5 | 4 | 2 | | 25 | 16 | 15 | 14 | 8 | | 8 | 88 | 27 | 2 | 2 | 4 | | 2 | | | | | | | | 2 | 4 |
| 108 | 47 | 15 | 7 | 7 | 4 | 9 | 4 | 12 | 21 | 13 | 1 | 2 | 7 | 3 | | 5 | 2 | | | 2 | | 4 | 5 | | | | | | | 14 | 98 |
| 4 | 13 | 2 | 4 | 6 | 4 | 8 | 4 | | 22 | 23 | 3 | 13 | | 1 | 1 | 3 | 1 | | 1 | | | 5 | 2 | | 2 | | | | | | 4 |
| 19 | 18 | 12 | 27 | 17 | 30 | 20 | 13 | 6 | 34 | 115 | 18 | 21 | 1 | 2 | 3 | 13 | 6 | | 4 | 6 | | 34 | 23 | 11 | 7 | 2 | 3 | 5 | | 17 | 24 |
| 64 | 24 | 16 | 7 | 9 | 6 | 8 | | 14 | 9 | 22 | 2 | 6 | 6 | | 1 | 2 | 1 | | 1 | | | 10 | 13 | 4 | 2 | 4 | 3 | 2 | | 15 | 26 |
| 14 | 17 | 11 | 9 | 8 | | | 17 | 4 | 9 | 28 | | 6 | 6 | | | 1 | | 1 | | | 12 | 9 | 29 | 4 | 4 | 4 | 2 | 1 | | 23 | 10 |
| 11 | 4 | | 3 | 3 | 7 | | 2 | 5 | 10 | 20 | 5 | 17 | 1 | | 1 | 14 | 2 | | | | | 2 | 1 | | | | | | | 1 | 1 |

コーナーラベル: 大学名 / 高校名

| 地域 | 高校名 | 東京大 | 東京大(内現役) | 京都大 | 京都大(内現役) | 北海道大 | 東北大 | 大阪大 | 筑波大 | 埼玉大 | 千葉大 | 東京外国語大 | 東京学芸大 | 東京工業大 | 東京農工大 | お茶の水女子大 | 一橋大 | 横浜国立大 | 国公立大医学部 | 東京都立大 | 横浜市立大 | 早稲田大 | 慶應義塾大 | 明治大 | 立教大 | 法政大 | 中央大 |
|---|---|---|---|---|---|---|---|---|---|---|---|---|---|---|---|---|---|---|---|---|---|---|---|---|---|---|---|
| 東京 | ◎文教大付 | 1 | 1 |  |  |  |  |  | 1 |  | 1 |  | 2 |  |  |  |  |  |  |  | 1 | 4 |  | 27 | 23 | 21 | 19 |
| | ◎宝仙学園 | 2 | 2 |  |  |  |  |  | 5 |  | 1 | 1 |  | 2 |  |  |  | 1 |  | 2 |  | 17 | 11 | 66 | 46 | 42 | 28 |
| | ◎朋優学院 | 2 |  | 1 |  | 5 |  |  | 4 |  | 5 | 1 | 3 | 2 | 3 | 3 | 2 | 7 | 1 | 7 | 4 | 61 | 23 | 134 | 100 | 172 | 110 |
| | ◎本郷 | 13 | 10 | 2 |  | 8 | 10 | 4 | 6 | 2 | 4 |  | 2 | 6 | 1 |  | 8 | 4 | 12 | 3 | 2 | 119 | 90 | 166 | 28 | 77 | 63 |
| | ◎三田国際学園 | 2 |  | 2 |  |  |  |  | 1 |  | 4 |  |  | 1 |  |  | 1 | 2 |  | 2 |  | 27 | 21 | 35 | 45 | 18 | 20 |
| | ◎明星学園 |  |  |  |  |  |  |  |  |  |  |  | 2 |  |  |  |  |  |  |  |  | 5 | 4 | 9 | 3 | 13 | 9 |
| | ◎三輪田学園 |  |  |  |  |  |  |  |  |  | 1 |  |  |  |  | 2 |  |  |  |  |  | 5 | 1 | 8 | 7 |  | 9 |
| | ◎武蔵 | 26 | 20 | 8 | 3 | 6 | 7 | 1 |  |  | 4 | 1 |  | 2 |  |  | 3 | 4 | 15 |  |  | 73 | 45 | 49 | 25 | 21 | 35 |
| | ◎明治学院 |  |  |  |  |  |  |  |  |  | 1 |  |  | 2 |  |  |  |  |  |  |  | 13 | 1 | 33 | 39 | 20 | 25 |
| | ◎明治学院東村山 |  |  |  |  |  |  |  |  |  |  |  |  |  |  |  |  |  |  |  |  | 3 | 2 | 8 | 28 | 10 | 18 |
| | ◎明星 |  |  |  |  |  |  |  |  |  |  |  | 1 |  |  |  |  |  |  | 2 |  | 7 |  | 19 | 24 | 20 | 17 |
| | ◎明法 |  |  |  |  |  |  |  |  |  |  |  | 1 |  |  |  |  |  |  | 2 |  | 2 |  | 2 | 4 | 13 | 7 |
| | ◎目黒日大 |  |  |  |  |  |  |  |  |  |  |  | 1 |  |  |  |  |  |  |  |  | 4 | 1 | 12 | 10 | 7 | 14 |
| | ◎目白研心 |  |  |  |  |  |  |  |  |  |  |  |  |  |  |  |  |  |  |  |  | 4 | 4 | 9 | 12 | 8 | 13 |
| | ◎安田学園 | 2 | 2 | 1 | 1 | 2 |  |  | 5 | 1 | 6 |  |  | 1 |  |  |  | 2 | 1 |  | 3 | 27 | 19 | 67 | 54 | 75 | 35 |
| | ◎山脇学園 |  |  |  |  |  |  |  |  |  |  |  |  |  |  | 1 |  |  |  |  |  | 14 | 6 | 23 | 52 | 28 | 28 |
| | ◎立教池袋 |  |  |  |  |  |  |  |  |  | 1 |  |  |  |  |  |  |  |  | 1 |  | 3 | 4 | 2 | 1 |  | 9 |
| | ◎立教女学院 |  |  |  |  |  |  |  |  |  | 1 | 1 |  |  |  | 1 | 1 |  |  |  | 1 | 24 | 10 | 21 | 8 | 4 | 6 |
| | ◎立正大付立正 |  |  |  |  |  |  |  |  | 1 | 5 |  |  |  |  |  |  |  |  | 1 |  | 5 | 1 | 13 | 10 | 10 | 6 |
| | ◎早稲田 | 43 | 32 | 11 | 10 | 1 | 5 | 2 |  |  | 5 |  |  | 12 |  |  | 5 | 3 | 15 | 1 |  | 145 | 74 | 33 | 5 | 12 | 16 |
| 神奈川 | 麻溝台 |  |  |  |  |  |  |  |  |  |  |  |  |  |  |  |  |  |  |  | 1 | 1 |  | 14 | 10 | 30 | 20 |
| | 厚木 | 1 |  | 1 | 1 | 2 | 6 | 2 | 10 |  | 2 | 6 | 4 | 11 | 5 | 4 | 6 | 17 | 5 | 16 | 7 | 51 | 33 | 198 | 43 | 111 | 89 |
| | 生田 |  |  |  |  |  |  |  | 1 |  |  |  |  |  | 1 |  |  |  |  |  |  | 7 | 4 | 50 | 30 | 57 | 60 |
| | 伊志田 |  |  |  |  |  |  |  |  |  |  |  |  |  |  |  |  | 1 |  |  | 4 | 5 | 1 | 13 | 12 | 6 | 5 |
| | 市ケ尾 |  |  |  |  |  |  |  |  |  | 1 |  |  | 1 |  |  |  | 4 |  |  | 4 | 15 | 1 | 73 | 39 | 79 | 47 |
| | 海老名 |  |  |  |  |  |  |  | 1 |  |  |  |  |  | 1 |  | 1 | 2 |  | 3 | 1 | 18 | 3 | 55 | 30 | 63 | 67 |
| | 大磯 |  |  |  |  |  |  |  |  |  |  |  |  |  |  |  |  | 3 |  | 2 | 2 | 3 | 2 | 4 | 2 | 7 | 12 |
| | 大船 |  |  |  |  |  |  |  |  |  |  |  |  |  | 3 |  |  | 2 |  | 9 | 6 | 10 |  | 30 | 20 | 55 | 19 |
| | 小田原 |  |  | 1 | 1 | 4 | 2 |  | 5 |  | 4 | 2 |  | 3 |  |  |  | 9 |  | 9 | 6 | 41 | 14 | 107 | 35 | 82 | 67 |
| | 追浜 |  |  |  |  |  | 2 |  |  |  |  |  |  | 1 |  |  |  | 1 |  | 9 | 6 | 16 | 3 | 27 | 24 | 35 | 19 |
| | 金井 |  |  |  |  |  |  |  |  |  |  |  |  |  |  |  |  | 1 |  |  |  |  |  |  |  | 2 | 2 |
| | 神奈川総合 |  |  |  |  |  |  |  |  |  | 1 |  |  |  |  |  | 1 | 1 |  | 2 | 3 | 29 | 13 | 45 | 63 | 33 | 28 |
| | 金沢 |  |  |  |  | 1 |  |  |  |  | 6 |  |  |  | 1 | 2 |  | 8 | 3 | 3 | 15 | 33 | 12 | 67 | 43 | 81 | 27 |
| | 鎌倉 |  |  |  |  | 3 | 3 |  | 1 | 1 | 2 | 3 |  | 1 | 1 | 1 | 1 | 13 |  | 6 | 8 | 32 | 10 | 103 | 76 | 70 | 66 |
| | 上溝南 |  |  |  |  |  |  |  |  |  |  |  |  |  |  |  |  |  |  |  | 2 | 3 |  | 8 | 5 | 9 | 4 |
| | 川崎 |  |  |  |  | 3 |  |  |  |  |  |  |  | 2 |  |  |  | 7 | 1 | 2 | 11 | 27 | 7 | 53 | 19 | 39 | 24 |
| | 川和 | 1 |  | 1 | 1 | 3 |  |  | 1 | 3 | 8 |  |  |  |  |  |  | 27 |  | 2 | 11 | 76 | 48 | 232 | 75 | 131 | 76 |
| | 岸根 |  |  |  |  |  |  |  |  |  |  |  |  |  |  |  |  |  |  |  |  |  |  | 2 | 3 | 14 | 8 |
| | 希望ケ丘 | 1 | 1 |  |  | 3 | 1 | 1 | 2 |  |  | 1 | 2 |  |  |  | 1 | 4 |  | 4 | 11 | 39 | 18 | 105 | 47 | 91 | 52 |
| | 港北 |  |  |  |  |  |  |  |  |  |  |  |  |  |  |  |  | 1 |  | 4 | 11 | 6 | 2 | 13 | 10 | 24 | 15 |
| | 光陵 |  |  |  |  | 3 |  |  |  |  |  | 3 | 3 | 2 | 2 | 1 |  | 14 |  |  | 1 | 19 | 20 | 115 | 50 | 104 | 67 |
| | 相模原・県立 | 2 |  |  |  | 3 |  |  | 2 |  |  |  | 3 | 3 | 1 |  |  | 13 |  | 16 | 3 | 32 | 15 | 72 | 16 | 59 | 73 |
| | 相模原中教 | 2 |  | 1 |  |  | 2 |  |  |  |  | 1 |  | 11 | 3 |  | 2 | 10 |  |  | 4 | 39 | 35 | 84 | 14 | 32 | 30 |
| | 相模原弥栄 |  |  |  |  |  |  |  |  |  |  |  |  | 1 |  |  |  | 1 |  |  | 8 | 7 |  | 15 | 13 | 21 | 28 |
| | 桜丘 |  |  |  |  |  |  |  |  |  |  |  |  |  |  |  |  | 6 |  |  | 8 | 13 | 2 | 31 | 16 | 53 | 35 |
| | 座間 |  |  |  |  |  |  |  |  |  |  |  |  |  |  |  |  | 1 |  |  |  | 15 |  | 31 | 13 | 33 | 20 |
| | 七里ガ浜 |  |  |  |  |  |  |  |  |  |  |  |  |  |  |  |  | 1 |  |  |  | 3 | 2 | 26 | 14 | 40 | 27 |
| | 湘南 | 20 | 14 | 12 | 7 | 20 | 12 | 4 | 5 |  | 2 | 5 |  | 14 |  | 3 | 24 | 32 | 9 | 5 | 3 | 178 | 147 | 256 | 72 | 75 | 74 |
| | 湘南台 |  |  |  |  |  |  |  |  |  |  |  |  |  |  |  |  |  |  |  |  |  |  | 3 | 1 | 15 | 19 |
| | 松陽 |  |  |  |  |  |  |  |  |  |  |  |  |  |  |  |  |  |  |  | 6 | 1 |  | 7 | 11 | 17 | 19 |
| | 新城 |  |  |  |  |  |  |  |  |  |  |  |  |  |  |  |  | 1 |  | 2 |  | 37 | 14 | 91 | 57 | 57 | 51 |
| | 住吉 |  |  |  |  |  |  |  |  |  |  |  |  |  |  |  |  |  |  |  |  |  |  | 3 | 4 | 13 | 8 |
| | 西湘 |  |  |  |  |  |  |  |  |  |  |  |  |  |  |  |  |  |  |  |  | 4 | 1 | 3 |  | 4 | 7 |
| | 橘 |  |  |  |  |  |  |  |  |  |  |  |  |  |  |  |  |  |  | 2 |  | 7 | 2 | 26 | 25 | 30 | 16 |
| | 多摩 | 2 | 1 |  |  |  | 7 | 1 | 1 |  | 2 | 3 | 4 | 5 | 3 | 1 |  | 12 | 2 |  | 8 | 37 | 36 | 118 | 40 | 72 | 74 |
| | 茅ケ崎北陵 |  |  |  |  |  |  |  |  |  |  | 1 |  |  | 1 |  |  | 1 |  | 4 | 5 | 10 | 4 | 36 | 26 | 67 | 42 |
| | 鶴見 |  |  |  |  |  |  |  |  |  |  |  |  | 1 |  |  |  |  |  |  |  | 3 |  | 6 | 4 | 12 | 7 |
| | 鶴嶺 |  |  |  |  |  |  |  |  |  |  |  |  |  | 1 |  |  |  |  |  |  | 2 | 2 | 6 | 6 | 5 | 6 |
| | 戸塚 |  |  |  |  |  |  |  |  |  | 1 |  |  |  |  |  |  | 3 |  |  | 10 | 5 | 1 | 27 | 4 | 56 | 18 |
| | 柏陽 | 1 | 1 | 2 | 2 | 5 | 7 | 7 | 4 | 2 | 7 | 2 | 3 | 12 | 5 | 5 | 1 | 29 | 3 | 4 | 20 | 62 | 42 | 157 | 38 | 102 | 83 |
| | 橋本 |  |  |  |  |  |  |  |  |  |  |  |  |  |  |  |  |  |  |  |  | 3 | 2 | 6 | 9 | 11 | 6 |
| | 秦野 |  |  |  |  |  |  |  |  |  |  |  |  |  |  |  |  | 3 |  |  | 6 | 5 | 1 | 9 | 8 | 23 | 28 |
| | 東 |  |  |  |  |  |  |  |  |  |  |  |  |  |  |  |  | 3 |  |  | 6 |  | 2 | 34 | 15 | 39 | 21 |
| | 平塚中教 | 1 |  |  |  |  |  |  |  |  |  |  |  |  |  |  |  | 9 |  | 3 | 2 | 37 | 14 | 60 | 29 | 44 | 25 |
| | 平塚江南 | 1 |  | 2 |  | 2 |  |  |  |  | 1 |  |  | 2 | 2 |  | 1 | 12 | 2 |  | 6 | 25 | 9 | 81 | 37 | 77 | 39 |

| 上智大 | 青山学院大 | 学習院大 | 成蹊大 | 成城大 | 武蔵大 | 明治学院大 | 國學院大 | 東京都市大 | 日本大 | 東洋大 | 駒澤大 | 専修大 | 北里大 | 昭和大 | 玉川大 | 帝京大 | 東海大 | 文教大 | 獨協大 | 神奈川大 | 関東学院大 | 日本女子大 | 東京女子大 | 津田塾大 | 学習院女子大 | 白百合女子大 | 聖心女子大 | 清泉女子大 | フェリス女学院大 | 芝浦工業大 | 東京理科大 |
|---|---|---|---|---|---|---|---|---|---|---|---|---|---|---|---|---|---|---|---|---|---|---|---|---|---|---|---|---|---|---|---|
| 9 | 17 | 3 | 11 | 5 | 5 | 24 | 11 | 17 | 28 | 47 | 19 | 41 | 5 | 2 | 15 | 10 | 16 | 17 | 7 | 12 | 18 |  | 1 |  | 1 | 1 | 5 |  | 2 | 3 | 2 |
| 7 | 33 | 9 | 21 | 30 | 22 | 33 | 7 | 17 | 53 | 56 | 11 | 27 | 11 | 7 | 10 | 12 | 29 | 6 | 5 | 5 |  | 5 | 4 | 1 | 1 | 2 | 2 |  |  | 17 | 29 |
| 45 | 86 | 24 | 41 | 52 | 25 | 77 | 44 | 63 | 74 | 166 | 34 | 55 | 16 | 1 | 1 | 5 | 31 |  | 35 | 44 | 3 | 37 | 30 | 11 | 2 | 1 |  | 1 |  | 30 | 31 |
| 29 | 20 | 9 | 14 | 7 | 7 | 6 | 18 | 11 | 49 | 33 | 15 | 10 | 5 | 2 |  | 14 |  | 1 | 4 | 2 | 6 | 4 | 5 |  | 2 |  |  | 1 |  | 83 | 146 |
| 21 | 29 | 3 |  | 9 | 3 | 6 | 4 | 12 | 12 | 18 | 6 | 7 | 3 | 1 |  | 6 | 3 |  | 1 | 6 | 4 | 5 | 2 |  |  |  | 1 |  |  | 8 | 13 |
| 1 | 8 | 1 | 1 | 4 | 16 | 3 | 7 | 1 | 16 | 20 | 1 | 6 | 3 |  | 5 | 16 | 9 |  | 6 | 1 |  |  | 2 |  |  | 1 | 5 | 1 |  | 4 |  |
|  | 1 | 1 | 5 | 2 | 3 | 7 | 1 | 1 | 17 | 17 | 5 | 3 | 5 | 2 | 12 | 2 | 1 | 6 | 2 | 1 | 2 | 8 | 1 | 2 | 2 | 2 | 5 | 2 |  | 4 |  |
| 6 | 10 | 9 | 4 | 7 | 6 | 5 | 2 | 5 | 8 | 8 | 2 | 2 | 5 | 3 |  | 2 | 6 | 10 |  | 8 | 1 | 1 | 3 | 3 | 4 | 1 | 2 |  | 1 | 19 | 44 |
| 16 | 16 | 6 | 4 | 8 | 8 | 18 | 6 | 5 | 29 | 24 | 6 | 10 | 1 | 1 | 2 | 6 | 12 |  | 3 | 1 |  | 1 | 1 | 1 |  | 2 |  | 1 | 1 | 5 | 9 |
| 3 | 7 | 3 | 10 | 5 |  | 7 | 4 |  | 12 | 29 | 3 | 6 | 2 | 3 | 18 | 12 | 6 | 3 |  | 1 | 1 |  | 1 | 1 |  |  |  |  |  | 2 | 1 |
| 9 | 15 | 4 | 9 | 7 | 10 | 3 | 2 | 18 | 31 | 22 | 9 | 13 | 7 |  | 16 | 33 | 11 | 1 | 1 |  |  | 3 | 5 | 5 |  | 4 |  |  |  | 8 | 10 |
|  | 2 | 3 | 5 | 2 | 3 | 1 | 2 |  | 19 | 17 | 1 | 8 | 2 | 1 | 3 | 34 |  | 5 |  |  |  | 2 |  |  |  | 1 |  | 3 | 2 | 1 |  |
| 2 | 10 | 4 | 5 | 5 |  | 20 | 3 |  |  | 1 | 3 | 8 |  | 1 | 10 | 11 | 1 |  | 3 | 9 | 3 | 3 |  | 1 | 1 |  | 3 | 2 |  | 2 | 1 |
| 1 | 12 | 2 | 8 | 12 | 12 | 20 | 3 | 6 | 1 |  | 1 | 3 | 24 | 11 | 3 | 7 | 7 |  | 8 | 18 |  | 1 | 2 | 3 | 1 |  |  |  | 1 |  |
| 6 | 34 | 13 | 11 | 17 | 20 | 27 | 24 | 24 | 141 | 139 | 36 | 61 | 11 |  | 3 | 24 | 11 | 3 | 46 | 9 |  | 5 | 6 | 3 | 4 | 4 | 1 |  | 22 | 54 |  |
| 15 | 18 | 5 |  | 9 | 18 | 10 | 35 | 7 | 43 | 55 | 12 | 17 | 3 |  | 1 | 14 | 2 | 5 | 12 | 4 | 1 | 40 | 36 | 13 | 13 | 18 | 17 | 14 | 4 | 14 | 2 |
| 2 | 4 |  |  | 1 |  |  |  | 1 | 3 |  |  | 1 |  |  | 6 | 2 |  |  |  |  |  |  |  |  |  |  | 2 | 3 |  |  |  |
| 20 | 9 | 2 | 3 |  | 1 | 3 | 1 | 5 | 4 | 5 |  | 1 | 3 | 1 | 3 | 1 | 3 |  | 1 | 1 |  | 1 |  |  |  | 1 |  | 3 | 3 |  |  |
| 1 |  | 2 | 2 | 1 | 5 | 9 | 2 | 6 | 13 | 32 | 6 | 10 | 3 | 1 | 7 | 8 | 20 |  | 8 | 18 |  |  |  |  |  |  |  |  | 1 | 7 | 5 |  |
| 13 | 4 |  | 3 |  |  |  |  | 5 | 13 | 9 | 1 | 5 | 2 | 2 |  | 2 | 1 | 1 |  |  |  |  |  |  |  |  |  |  |  | 3 | 55 |  |
| 13 | 2 | 13 | 4 | 3 | 7 | 15 | 17 | 57 | 45 | 22 | 65 | 10 | 4 | 18 | 27 | 102 | 6 |  | 57 | 11 |  |  |  |  |  |  | 4 | 1 | 1 |  |  |  |
| 19 | 108 | 11 | 5 | 32 |  | 16 | 17 | 60 | 24 | 28 | 27 | 31 | 22 |  | 7 | 4 | 23 |  | 18 |  | 6 | 8 | 8 | 1 |  |  |  | 20 | 40 |  |  |
| 2 | 21 | 11 | 9 | 21 | 11 | 27 | 24 | 31 | 78 | 45 | 31 | 72 | 8 |  | 14 | 29 | 75 | 2 | 1 | 36 | 9 | 1 | 3 | 1 |  |  |  | 5 | 3 |  |  |
|  | 6 | 2 |  | 5 |  | 5 | 10 | 11 | 19 | 10 | 7 | 51 | 5 | 1 | 12 | 15 | 81 |  |  | 29 | 7 | 1 |  |  |  | 1 |  | 3 |  |  |  |
| 5 | 38 | 8 | 15 | 23 | 5 | 45 | 30 | 47 | 82 | 85 | 56 | 77 | 14 | 7 | 13 | 16 | 93 |  |  | 81 | 22 | 3 | 3 | 4 | 4 |  | 1 | 2 | 10 | 7 |  |
| 3 | 40 | 18 | 15 | 18 | 7 | 36 | 21 | 40 | 64 | 53 | 35 | 85 | 10 | 4 | 19 | 18 | 109 | 2 | 2 | 68 | 22 | 2 |  | 2 |  |  | 1 | 4 | 6 |  |  |
|  | 3 | 2 | 1 | 5 | 2 | 22 | 6 |  | 15 | 23 | 22 | 50 | 8 |  | 6 | 10 | 108 | 2 | 2 | 28 | 45 |  |  | 2 |  | 1 | 2 | 5 |  |  |  |
| 1 | 8 | 10 | 6 | 18 | 8 | 33 | 24 | 13 | 67 | 33 | 37 | 96 | 8 | 8 | 23 | 23 | 133 | 3 | 2 | 88 | 77 | 8 | 4 | 1 |  |  | 3 | 9 | 20 |  |  |
| 13 | 52 | 9 | 14 | 11 | 3 | 28 | 15 | 47 | 39 | 42 | 16 | 40 | 13 | 3 | 10 | 2 | 51 | 4 |  | 19 | 1 | 3 |  |  |  | 3 | 10 | 6 |  |  |  |
| 2 | 16 | 4 | 6 | 8 |  | 28 | 11 | 16 | 36 | 42 | 27 | 18 | 7 | 5 | 8 | 3 | 54 |  | 4 | 44 | 29 |  |  |  |  | 1 |  |  |  |  |  |
|  |  | 1 |  | 2 | 1 | 3 | 2 | 3 | 14 | 2 | 12 | 18 | 1 | 1 | 17 | 89 | 3 |  | 27 | 93 |  |  |  | 1 | 2 |  |  |  |  |  |  |
| 26 | 40 | 10 | 5 | 4 | 9 | 39 | 11 | 3 | 23 | 27 | 21 | 20 | 4 |  | 7 | 2 | 18 |  | 20 | 13 | 13 | 3 | 1 | 1 |  | 2 | 1 | 1 | 6 | 9 |  |
| 13 | 48 | 15 | 7 | 13 | 1 | 77 | 14 | 40 | 73 | 63 | 32 | 35 | 16 | 6 | 13 | 5 | 37 | 1 | 4 | 64 | 39 | 4 |  |  | 2 |  | 2 |  | 13 | 11 |  |
| 1 | 59 | 10 | 10 | 22 | 3 | 89 | 20 | 37 | 65 | 43 | 19 | 36 | 19 | 4 | 5 | 8 | 47 | 4 | 4 | 40 | 10 | 6 | 3 | 2 |  | 1 | 1 | 11 | 13 |  |  |
|  | 5 |  | 2 | 1 | 10 | 3 | 2 | 5 | 11 | 14 | 13 | 29 | 4 |  | 6 | 31 | 57 |  | 3 | 24 | 24 |  |  |  | 1 |  |  | 6 | 1 |  |  |
| 13 | 21 | 11 | 10 | 10 | 1 | 15 | 8 | 4 | 28 | 25 | 9 | 19 | 5 |  | 4 | 4 |  |  | 19 | 11 | 5 | 6 | 2 |  |  |  | 1 | 20 | 18 |  |  |
| 44 | 79 | 13 | 8 | 18 | 10 | 49 | 21 | 29 | 73 | 51 | 33 | 37 | 19 | 4 |  | 4 | 15 |  | 21 | 2 | 12 | 4 | 3 | 2 |  |  |  | 43 | 57 |  |  |
| 1 | 3 | 1 | 3 | 8 | 7 | 7 | 4 | 2 | 22 | 11 | 5 | 20 | 2 |  | 3 | 6 | 15 | 41 | 1 |  | 42 | 60 |  | 1 |  |  | 1 |  | 7 | 2 |  |
| 23 | 58 | 15 | 16 | 14 | 6 | 66 | 22 | 43 | 59 | 44 | 37 | 73 | 9 |  | 10 | 3 | 33 | 4 |  | 48 | 14 | 8 | 5 | 3 | 2 |  | 1 |  | 20 | 18 |  |
| 3 | 14 | 1 | 4 | 11 | 6 | 15 | 8 | 25 | 49 | 33 | 23 | 46 | 9 | 4 | 13 | 14 | 58 |  | 75 | 44 | 6 | 1 |  |  |  |  | 3 | 4 | 2 |  |  |
| 5 | 61 | 9 | 19 | 19 | 5 | 72 | 13 | 59 | 58 | 60 | 33 | 42 | 14 |  | 5 | 2 | 17 |  | 39 | 9 | 8 | 9 | 9 |  |  |  | 3 | 17 | 35 |  |  |
| 6 | 48 | 10 | 22 | 27 | 2 | 30 | 15 | 40 | 44 | 35 | 24 | 52 | 12 | 1 | 8 | 5 | 40 | 2 | 33 |  | 1 | 10 | 1 |  |  |  |  | 11 | 14 |  |  |
| 15 | 35 | 2 | 2 | 2 | 2 | 13 | 5 | 8 | 8 | 11 | 10 | 13 | 12 |  |  |  | 14 |  |  | 1 | 4 | 2 | 2 | 1 |  |  |  | 13 | 49 |  |  |
| 1 | 13 | 4 | 5 | 10 | 2 | 18 | 14 | 12 | 14 | 19 | 15 | 33 | 6 | 2 | 12 | 13 | 27 |  | 35 | 14 | 2 | 4 | 1 |  |  |  |  | 1 | 2 |  |  |
| 2 | 23 | 11 | 10 | 9 | 11 | 73 | 33 | 28 | 58 | 54 | 26 | 61 | 23 | 4 | 22 | 5 | 71 | 6 | 71 | 43 | 6 | 1 |  |  |  | 1 |  | 3 | 1 |  |  |
|  | 24 | 7 | 6 | 16 |  | 18 | 12 | 27 | 18 | 22 | 18 | 51 | 6 | 1 | 13 | 8 | 96 | 1 | 2 | 47 | 14 |  |  |  |  |  |  | 1 | 5 | 1 | 4 |  |
| 3 | 16 | 6 | 8 | 11 | 3 | 39 | 8 | 21 | 52 | 30 | 23 | 55 | 4 | 3 | 16 | 14 | 99 | 3 | 1 | 72 | 58 | 2 |  | 1 |  |  | 5 |  | 1 | 4 |  |
| 76 | 64 | 7 | 12 | 11 |  | 22 | 2 | 30 | 20 | 15 | 3 | 4 | 7 | 3 | 2 |  | 4 | 1 |  | 2 |  | 5 | 1 | 2 |  |  |  | 2 | 26 | 66 |  |
|  | 6 | 2 | 1 | 1 |  | 11 | 8 | 2 | 22 | 17 | 24 | 34 | 5 | 1 | 7 | 10 | 59 | 1 |  | 60 | 41 |  |  |  |  |  | 1 | 2 | 4 | 1 |  |
|  | 8 | 3 | 9 | 10 | 6 | 27 | 9 | 10 | 49 | 45 | 18 | 53 | 6 |  | 7 | 10 | 53 | 4 | 2 | 61 | 36 |  | 1 |  |  |  |  |  | 4 | 1 |  |
| 13 | 29 | 15 | 15 | 34 | 6 | 38 | 28 | 23 | 56 | 57 | 61 | 65 | 17 |  | 6 | 6 | 35 | 2 | 3 | 64 | 18 | 6 | 11 | 2 | 1 |  | 1 | 3 | 6 | 24 |  |
| 1 |  | 4 | 2 | 3 | 2 | 8 | 4 | 5 | 7 | 38 | 12 | 25 | 54 |  |  | 4 | 20 | 29 | 1 | 49 | 30 |  |  | 1 |  |  | 7 |  | 2 |  |
|  |  | 2 | 3 | 2 | 5 | 9 | 2 | 3 | 9 | 15 | 7 | 42 | 11 |  | 10 | 10 | 92 | 2 |  | 39 | 25 |  | 1 |  |  |  | 1 |  | 2 | 1 |  |
|  | 11 | 1 | 6 | 5 | 5 | 25 | 15 | 5 | 14 | 46 | 19 | 35 | 2 | 6 | 11 | 16 | 29 | 6 |  | 48 | 20 | 2 | 1 |  |  |  | 1 |  | 2 | 1 |  |
| 26 | 83 | 9 | 15 | 20 | 3 | 40 | 20 | 35 | 55 | 42 | 21 | 63 | 4 |  | 9 | 3 | 23 |  | 1 | 21 | 13 | 2 | 10 | 2 |  |  | 1 |  | 16 | 44 |  |
| 3 | 32 | 13 | 10 | 19 | 6 | 37 | 11 | 27 | 42 | 46 | 30 | 57 | 9 |  | 16 | 7 | 71 | 11 | 1 | 30 | 1 | 4 | 3 |  |  |  | 4 | 5 | 8 |  |  |
| 5 | 5 | 2 | 6 | 5 | 2 | 16 | 5 | 12 | 29 | 22 | 19 | 43 | 2 | 3 | 15 | 13 | 69 | 1 |  | 62 | 85 | 4 |  | 1 |  | 2 | 1 |  | 13 | 7 | 2 |
| 3 |  |  | 2 |  | 4 | 13 | 2 | 2 | 11 | 4 | 14 | 31 | 5 |  | 5 | 13 | 53 | 2 |  | 34 | 50 |  |  |  |  |  |  | 12 | 6 | 2 |  |
|  | 19 | 6 | 7 | 8 | 12 | 27 | 11 | 16 | 34 | 34 | 40 | 39 | 11 | 3 | 19 | 5 | 56 |  | 65 | 37 | 1 |  | 1 |  |  |  |  | 10 | 5 |  |  |
| 24 | 65 | 22 | 7 | 10 | 1 | 38 | 22 | 47 | 34 | 27 | 13 | 27 | 19 | 2 |  | 3 | 23 | 1 | 17 | 10 | 10 | 5 | 1 | 2 |  |  |  | 34 | 70 |  |  |
| 1 | 9 | 1 |  | 2 | 1 |  | 4 | 2 | 10 | 13 | 11 | 47 | 2 |  | 5 | 29 | 26 | 1 | 1 | 19 | 3 |  |  |  | 2 |  |  |  | 1 | 3 |  |
| 2 | 21 | 3 | 12 | 10 | 1 | 22 | 11 | 22 | 42 | 21 | 27 | 58 | 4 | 4 | 12 | 16 | 206 | 2 | 2 | 51 | 8 | 2 | 1 |  | 4 |  | 2 |  | 10 | 1 | 3 |
| 1 | 30 | 8 | 6 | 10 | 4 | 30 | 25 | 16 | 51 | 45 | 27 | 40 | 11 | 1 |  | 8 | 31 | 2 |  | 70 | 36 | 1 |  | 2 |  | 1 |  |  | 9 | 1 |  |
| 19 | 30 | 1 | 6 | 3 | 2 | 28 | 8 | 23 | 11 | 25 | 14 | 31 | 4 | 1 |  | 3 | 29 | 6 | 1 | 18 | 1 | 3 |  |  |  |  |  |  | 9 | 19 |  |
| 2 | 45 | 8 | 10 | 11 | 3 | 45 | 14 | 56 | 56 | 38 | 16 | 48 | 26 | 1 | 13 | 6 | 86 | 1 |  | 30 | 6 | 5 | 2 | 1 |  |  |  |  | 12 | 17 |  |

神奈川

| 高校名 | 東京大 | （内現役） | 京都大 | （内現役） | 北海道大 | 東北大 | 大阪大 | 筑波大 | 埼玉大 | 千葉大 | 東京外国語大 | 東京学芸大 | 東京工業大 | 東京農工大 | お茶の水女子大 | 一橋大 | 横浜国立大 | 国公立大医学部 | 東京都立大 | 横浜市立大 | 早稲田大 | 慶應義塾大 | 明治大 | 立教大 | 法政大 | 中央大 |
|---|---|---|---|---|---|---|---|---|---|---|---|---|---|---|---|---|---|---|---|---|---|---|---|---|---|---|
| 藤沢西 | | | | | | | | | | | | | | | | | 1 | | | 1 | 6 | 1 | 11 | 8 | 19 | 19 |
| みなと総合 | | | | | | | | | | | | | | | | | | | 1 | 4 | 5 | 2 | 5 | 2 | 8 | 1 |
| 南 | 5 | 4 | 1 | 1 | | | | | 5 | 1 | 2 | 2 | 9 | 1 | 1 | 8 | 14 | 5 | | 13 | 58 | 38 | 108 | 46 | 44 | 33 |
| 元石川 | | | | | | | | | | | | | | | | | | | | 2 | 2 | 2 | 11 | 6 | 12 | 15 |
| 大和 | | | | | | | | 1 | 7 | 1 | 3 | 2 | 3 | 1 | | | 10 | 2 | 12 | 3 | 33 | 11 | 75 | 44 | 103 | 73 |
| 大和西 | | | 1 | | | | | | | | | | | | | | | | | | 4 | 1 | 64 | 24 | 92 | 34 |
| 横須賀 | | | | | 1 | 1 | | 3 | | 2 | 1 | 1 | 1 | 2 | | 1 | 16 | 2 | 2 | 14 | 28 | 17 | 14 | | 19 | 12 |
| 横須賀大津 | | | | | | | | | | | | | | | | | | | | 2 | 2 | 2 | 22 | 5 | 19 | 12 |
| 横須賀総合 | | | | | | | | | | | | | | | | | | | | | | | 10 | 3 | 10 | 4 |
| 横浜国際 | | | | | | | | 1 | | | 3 | | 1 | | | | 1 | | 1 | 9 | 8 | | 10 | 10 | 26 | 31 |
| 横浜サイエンス | 6 | 5 | 2 | 1 | 7 | 7 | | 3 | 1 | 1 | 1 | | 12 | 4 | 1 | 2 | 14 | 4 | 8 | 8 | 36 | 35 | 64 | 17 | 31 | 34 |
| 横浜栄 | | | | | | | | | 1 | | | | | | | | | | 1 | 1 | 2 | | 10 | 7 | 18 | 16 |
| 横浜翠嵐 | 44 | 37 | 7 | 3 | 13 | 10 | 1 | 3 | | 1 | 1 | 1 | 9 | 6 | 4 | 10 | 42 | 15 | 5 | 12 | 147 | 123 | 170 | 43 | 67 | 48 |
| 横浜清陵 | | | | | | | | | | | | | | | | | | | | | | | 2 | | 4 | 9 |
| 横浜瀬谷 | | | | | | | | | | | | | | 1 | | | 1 | | 1 | | | | 5 | | 20 | 10 |
| 横浜氷取沢 | | | | | | | | | | | | | | | | | | | 2 | 2 | 2 | | 2 | 1 | 1 | 1 |
| 横浜平沼 | | | | | | | | 1 | | 1 | 1 | 2 | 1 | | | | 5 | | 3 | 8 | 15 | 7 | 48 | 30 | 52 | 31 |
| 横浜緑ケ丘 | 2 | 2 | 2 | 1 | 3 | 4 | | 10 | | | 1 | 2 | 1 | | | 2 | 14 | 1 | 3 | 15 | 73 | 44 | 178 | 65 | 102 | 52 |
| ◎青山学院横浜英和 | 1 | 1 | | | | | | | | | | | 2 | | | | 2 | 1 | 1 | 1 | 15 | 7 | 14 | 8 | 10 | 8 |
| ◎浅野 | 45 | 37 | 7 | 5 | 10 | 5 | 5 | 1 | | 3 | | | 13 | 2 | | 13 | 21 | 14 | 3 | 2 | 130 | 148 | 96 | 24 | 48 | 59 |
| ◎麻布大附 | | | | | | | | 1 | | | | 1 | | | | | | | | 1 | 5 | 1 | 18 | 13 | 30 | 15 |
| ◎アレセイア湘南 | | | | | | | | | | | 1 | 1 | | | | | | | | 1 | 8 | 2 | 8 | 6 | 4 | 4 |
| ◎栄光学園 | 47 | 37 | 7 | 4 | 8 | 2 | 2 | 4 | | 3 | 1 | 1 | 6 | 1 | | 10 | 5 | 21 | 2 | 5 | 86 | 75 | 26 | 15 | 12 | 19 |
| ◎神奈川学園 | | | | | | | | | | | | | | | | | | | 1 | | 4 | 5 | 18 | 38 | 21 | 8 |
| ◎神奈川大附 | 4 | 3 | 1 | | | 2 | | | | 1 | 3 | | 1 | 3 | | 4 | 9 | 2 | 9 | 3 | 32 | 24 | 81 | 54 | 70 | 51 |
| ◎鎌倉学園 | | | 1 | 1 | 7 | 4 | | 1 | 7 | | | | 1 | 6 | | 2 | 16 | 1 | 1 | 5 | 73 | 28 | 160 | 54 | 74 | 88 |
| ◎鎌倉女学院 | | | | | 1 | | | | | | 2 | | | | 3 | 1 | 1 | | 1 | 3 | 40 | 15 | 53 | 77 | 29 | 27 |
| ◎カリタス女子 | 1 | 1 | | | | | | | | 1 | | | | 1 | 1 | | 1 | | | 1 | 18 | 5 | 17 | 21 | 11 | 18 |
| ◎関東学院 | | | | | | | | | | | | | 1 | | | | | | 1 | 1 | 16 | 11 | 29 | 35 | 27 | 13 |
| ◎鵠沼 | | | | | 1 | | | | | | | | | | 1 | | | | 1 | 1 | 16 | 2 | 14 | 11 | 14 | |
| ◎公文国際学園 | 5 | 4 | 1 | 1 | | | | 2 | | 3 | | 2 | | | | | 4 | | | 4 | 21 | 10 | 31 | 16 | 25 | 24 |
| ◎向上 | | | | | | | | | | | | | 1 | | | | 1 | | 2 | | 5 | | 12 | 9 | 13 | 15 |
| ◎サレジオ学院 | 11 | 9 | 5 | 4 | 3 | | | 2 | 2 | | | | 7 | 1 | | 10 | 11 | 4 | 2 | | 79 | 55 | 128 | 41 | 42 | 26 |
| ◎自修館中教 | | | | | | | | | | 1 | | | | | | | | | | 1 | 1 | | 5 | 10 | 6 | 12 |
| ◎湘南学院 | | | | | | | | 1 | | | 1 | 2 | | | | | 1 | | 3 | | 7 | 3 | 14 | 8 | 6 | 7 |
| ◎湘南学園 | | | | | | | | 1 | | | 1 | 2 | | | | | 1 | | 3 | | 7 | 2 | 14 | 6 | 7 | 7 |
| ◎湘南工科大附 | | | | | | | | 1 | | | | 1 | | | | | 1 | | 1 | 1 | 1 | 2 | 10 | 1 | 15 | 4 |
| ◎湘南白百合学園 | 1 | 1 | | | | | | | | | | 1 | | 1 | | | 1 | | 2 | 3 | 14 | 21 | 14 | 20 | 12 | 13 |
| ◎逗子開成 | 4 | 3 | 6 | 5 | 14 | 4 | 3 | 3 | | 3 | 1 | 1 | 4 | 3 | | 9 | 17 | 9 | 3 | 5 | 83 | 47 | 120 | 43 | 60 | 65 |
| ◎聖光学院 | 100 | 86 | 5 | 4 | 3 | | | 3 | | 4 | | | 2 | 1 | | 5 | 6 | 22 | | 10 | 190 | 151 | 38 | 4 | 10 | 12 |
| ◎清泉女学院 | | | | | | | | | | | 1 | 1 | | 1 | | | | | | 2 | 11 | 9 | 12 | 9 | 7 | 4 |
| ◎洗足学園 | 15 | 14 | 2 | 1 | 5 | | 4 | | | 1 | 1 | 5 | 1 | 3 | 3 | 2 | 11 | 7 | 2 | 7 | 96 | 78 | 137 | 97 | 65 | 44 |
| ◎相洋 | | | | | | | | | | | | | | | | | 1 | | | 1 | 1 | 1 | 7 | 5 | 8 | 3 |
| ◎立花学園 | | | | | | | | | | | | | | | | | | | | | | | 7 | 2 | 16 | 9 |
| ◎中央大附横浜 | 3 | 3 | 1 | | | | | | | | | | 2 | | | 7 | 10 | | 2 | | 18 | 18 | 32 | 23 | 6 | 8 |
| ◎鶴見大附 | | | | | | | | | | | 2 | 1 | 1 | | 2 | 1 | | | 2 | | 11 | 1 | 11 | 11 | 17 | 9 |
| ◎桐蔭学園 | 2 | 1 | | | 4 | 5 | 1 | 8 | | 1 | 2 | 2 | 5 | 10 | | 5 | 18 | 5 | 6 | | 50 | 55 | 137 | 60 | 111 | 117 |
| ◎桐蔭学園中教 | 2 | 2 | | | | 1 | 1 | 1 | | | | 1 | 5 | 4 | 2 | 2 | 1 | 3 | 3 | 4 | 10 | 16 | 35 | 16 | 24 | 29 |
| ◎桐光学園 | 5 | 3 | 4 | 4 | 1 | 7 | | 2 | 1 | | 3 | | 5 | 5 | 2 | 4 | 8 | | 10 | 5 | 62 | 79 | 158 | 62 | 86 | 120 |
| ◎藤嶺学園藤沢 | | | | | 1 | | | | | | | | | | | | | | | | 1 | 1 | 3 | | 4 | 6 |
| ◎日本女子大附 | | | | | 1 | | | | | | | | | | | | 2 | | | | 7 | 7 | 8 | 9 | | 15 |
| ◎日大 | | | | | | | | | | 1 | | 1 | | 2 | | 1 | 2 | | 7 | | 3 | 1 | 26 | 14 | 23 | 21 |
| ◎日大藤沢 | | | | | 1 | | | | | 1 | | 2 | 1 | 1 | | 1 | 5 | | 2 | 3 | 17 | 11 | 42 | 29 | 41 | 29 |
| ◎平塚学園 | | | | | 1 | | | | | | | | | 1 | | | 1 | | 1 | 1 | 6 | 3 | 17 | 12 | 23 | 15 |
| ◎フェリス女学院 | 6 | 5 | 4 | 1 | | | 4 | 2 | 1 | | 4 | | | 5 | 5 | 4 | 9 | 9 | 4 | 9 | 79 | 44 | 91 | 44 | 38 | 23 |
| ◎森村学園 | | | | | 4 | | 1 | | | 1 | 1 | 1 | | | 1 | 1 | 1 | | 3 | 3 | 15 | 9 | 32 | 21 | 24 | 18 |
| ◎山手学院 | 1 | 1 | | | 5 | 8 | 1 | 1 | | | 3 | 1 | 8 | 7 | | 3 | 12 | 3 | 11 | 7 | 85 | 38 | 200 | 92 | 125 | 96 |
| ◎横須賀学院 | | | | | | | | | | 1 | | 1 | | 2 | | | | | 1 | 2 | 10 | 2 | 21 | 16 | 28 | 29 |
| ◎横浜 | | | | | | | | | | | 1 | | 1 | 1 | | | | | | 2 | 2 | | 6 | 9 | 9 | 6 |
| ◎横浜共立学園 | 1 | 1 | | | | | | 1 | | 2 | | | | 2 | 1 | 1 | | | 3 | 4 | 33 | 19 | 51 | 51 | 26 | 23 |
| ◎横浜翠陵 | | | | | | | | | | | | | | | | | | | | 3 | 3 | | 4 | 3 | 20 | 14 |
| ◎横浜清風 | | | | | | | | | | | | | | | | | | | | 1 | | | 8 | 6 | 4 | 9 |
| ◎横浜創英 | | | | | | | | | | | | 1 | | | | | | | 3 | 3 | 5 | | 12 | 13 | 12 | |
| ◎横浜隼人 | 1 | 1 | | | | | | | | 1 | | | 2 | 2 | | | 6 | | 1 | 4 | 7 | 10 | 20 | 19 | 37 | 29 |
| ◎横浜雙葉 | 2 | 2 | | | | 2 | | | | | 2 | | 1 | 1 | 1 | 2 | | | 3 | 3 | 15 | 17 | 39 | 28 | 15 | 17 |

| 上智大 | 青山学院大 | 学習院大 | 成蹊大 | 成城大 | 武蔵大 | 明治学院大 | 國學院大 | 東京都市大 | 日本大 | 東洋大 | 駒澤大 | 専修大 | 北里大 | 昭和大 | 玉川大 | 帝京大 | 東海大 | 文教大 | 獨協大 | 神奈川大 | 関東学院大 | 日本女子大 | 東京女子大 | 津田塾大 | 学習院女子大 | 白百合女子大 | 聖心女子大 | 清泉女子大 | フェリス女学院大 | 芝浦工業大 | 東京理科大 |
|---|---|---|---|---|---|---|---|---|---|---|---|---|---|---|---|---|---|---|---|---|---|---|---|---|---|---|---|---|---|---|---|
|  | 11 | 1 | 4 | 8 | 1 | 27 | 4 | 1 | 35 | 14 | 14 | 37 | 5 |  | 7 | 7 | 61 | 3 |  | 32 | 33 |  |  |  |  |  |  |  |  |  | 1 |
|  | 11 |  | 1 | 4 | 5 | 11 | 12 | 1 | 13 | 11 | 11 | 16 | 9 |  | 11 | 6 | 30 | 3 |  | 25 | 25 | 1 |  |  |  |  |  | 1 | 2 | 4 | 1 |
| 25 | 42 | 7 | 6 |  | 2 | 23 | 6 | 37 | 16 | 23 | 3 | 16 | 9 | 1 | 3 | 1 | 14 | 79 | 2 | 22 | 15 | 2 | 2 |  |  | 2 |  |  | 2 | 21 | 50 |
| 17 | 62 | 13 | 16 | 12 | 7 | 36 | 30 | 45 | 57 | 61 | 35 | 50 | 12 | 1 | 5 | 2 | 44 | 3 |  | 35 | 7 | 8 | 1 |  | 1 |  |  |  |  | 4 | 12 |
|  | 1 | 2 | 3 | 2 | 3 | 9 | 9 | 1 | 27 | 14 | 13 | 41 | 4 |  | 7 | 18 | 69 | 1 | 1 | 27 | 16 |  |  |  |  |  |  |  |  | 3 | 2 |
| 6 | 34 | 27 | 6 | 7 | 3 | 53 | 23 | 18 | 53 | 36 | 27 | 31 | 6 | 2 | 13 | 2 | 13 | 1 |  | 46 | 38 | 5 | 4 |  |  |  | 1 |  | 2 | 18 | 15 |
| 1 | 11 | 5 | 1 |  |  | 23 | 6 | 8 | 54 | 30 | 16 | 30 | 3 | 1 | 14 | 5 | 28 | 1 |  | 60 | 86 |  |  |  |  |  |  |  |  | 3 | 1 |
| 28 | 9 | 3 | 2 | 2 |  | 27 |  | 4 | 12 | 24 | 1 | 3 | 2 |  | 3 |  | 25 |  |  | 39 | 57 |  |  | 1 |  |  |  |  |  | 6 | 3 |
| 16 | 34 | 3 | 8 |  | 2 | 5 | 2 | 48 | 21 | 12 | 1 | 5 | 20 | 2 |  | 3 | 23 | 2 |  | 27 | 3 | 3 |  |  |  |  |  |  |  | 31 | 93 |
| 3 | 8 | 5 | 6 | 3 |  | 32 | 4 | 19 | 41 | 31 | 29 | 37 | 6 | 1 | 16 | 9 | 77 | 2 | 1 | 83 | 84 |  | 2 |  | 1 | 1 | 1 | 3 | 3 | 2 | 2 |
| 69 | 31 | 2 | 5 | 2 |  | 12 | 2 | 28 | 20 | 7 | 2 | 6 | 10 | 2 |  |  | 1 |  |  | 6 |  | 6 |  |  |  |  |  |  | 5 | 27 | 147 |
|  | 5 |  | 2 | 1 |  | 16 | 2 | 10 | 13 | 25 | 14 | 42 | 2 |  | 9 | 9 | 50 | 1 | 2 | 45 | 98 |  |  |  |  |  |  |  |  | 4 | 1 |
|  | 3 | 3 | 4 | 3 | 6 | 7 | 4 | 1 | 22 | 12 | 10 | 10 | 6 |  | 11 | 11 | 26 |  | 7 | 42 | 83 |  |  |  |  |  | 2 |  | 2 | 1 |  |
| 13 | 28 | 13 | 6 | 17 | 2 | 52 | 27 | 27 | 40 | 52 | 36 | 67 | 6 |  | 11 | 5 | 49 | 3 |  | 42 | 17 | 10 | 4 | 1 | 2 | 1 |  |  | 1 | 7 | 7 |
| 19 | 94 | 14 | 11 | 21 | 1 | 68 | 17 | 50 | 62 | 55 | 18 | 56 | 6 |  | 2 | 2 | 11 | 1 | 1 | 18 | 2 | 13 | 2 | 1 |  |  |  | 1 |  | 23 | 24 |
| 8 | 3 | 1 |  | 2 | 1 | 6 | 2 |  | 1 | 1 | 1 | 2 |  |  | 10 | 1 | 4 |  |  | 11 | 13 | 1 | 1 | 2 | 1 |  |  | 1 |  | 4 | 7 |
| 17 | 32 | 3 | 5 | 6 |  | 13 | 1 | 26 | 9 | 10 | 6 | 6 | 1 | 2 |  | 1 | 4 |  |  | 17 | 2 |  |  |  |  |  |  |  |  | 11 | 93 |
| 4 | 21 | 5 | 9 | 20 | 4 | 11 | 20 | 25 | 31 | 28 | 26 | 64 | 15 | 9 | 18 | 53 | 88 | 2 |  | 33 | 6 |  |  | 1 |  |  |  | 1 |  | 9 | 9 |
| 5 | 4 | 4 | 2 | 2 | 8 | 4 | 1 | 2 | 12 | 10 | 2 | 6 |  |  | 9 | 4 | 23 | 3 |  | 10 | 22 |  |  |  |  |  |  | 2 |  | 1 | 3 |
| 22 | 10 | 4 | 2 | 3 |  |  | 3 | 2 | 13 | 1 | 1 | 6 | 3 | 4 |  |  |  |  |  |  |  |  |  |  |  |  |  |  |  | 6 | 38 |
| 5 | 8 | 7 | 3 | 2 |  | 32 | 6 | 7 | 6 | 9 | 7 | 29 | 5 | 8 | 2 | 12 | 1 | 4 |  | 18 | 17 | 12 | 7 | 2 | 3 | 3 | 1 | 7 | 17 |  | 6 |
| 13 | 52 | 7 | 25 | 32 | 5 | 37 | 3 | 78 | 29 | 22 | 20 | 24 | 19 | 2 | 2 | 4 | 4 |  |  | 11 |  | 2 | 5 |  |  |  |  | 1 |  | 33 | 93 |
| 18 | 44 | 18 | 5 | 15 | 2 | 40 | 26 | 75 | 55 | 39 | 26 | 15 | 10 | 3 |  | 2 | 25 | 3 |  | 20 | 16 |  |  |  |  |  |  |  |  | 20 | 53 |
| 47 | 36 | 14 | 4 | 5 | 1 | 49 | 5 | 22 | 14 | 32 | 7 | 5 | 9 | 2 | 1 | 2 | 14 | 4 |  | 11 | 4 | 19 | 11 | 13 | 6 |  |  |  | 3 | 6 | 20 |
| 14 | 14 | 4 | 3 | 11 |  | 13 | 2 | 8 | 14 | 8 | 4 | 10 | 6 | 4 | 9 | 3 | 9 |  | 7 | 5 | 8 | 7 | 5 |  | 1 | 14 | 6 | 4 | 13 |  | 3 |
| 5 | 11 | 1 | 8 | 7 | 13 | 24 | 6 | 12 | 34 | 45 | 8 | 22 | 6 | 1 | 15 | 10 | 26 | 2 |  | 31 | 33 |  |  |  |  |  |  |  | 7 | 22 | 11 |
| 1 | 4 | 3 | 2 | 4 |  | 11 | 7 | 7 | 32 | 4 | 16 | 20 | 9 | 1 | 5 | 8 | 42 | 1 |  | 17 | 15 | 1 | 1 | 2 |  |  |  |  | 1 |  | 2 |
| 18 | 31 | 4 | 3 | 6 |  | 19 | 6 | 7 | 18 | 10 | 5 |  | 6 | 4 | 3 | 5 | 16 |  |  | 16 | 5 | 2 | 2 |  |  |  |  | 1 | 2 | 12 | 17 |
|  | 13 | 6 | 2 | 7 | 1 | 12 | 11 | 6 | 30 | 15 | 10 | 25 | 4 | 3 | 12 | 32 | 76 | 1 |  | 17 | 16 | 6 | 1 | 1 |  |  |  | 1 | 2 | 1 | 1 |
| 41 | 24 | 9 | 2 | 3 | 6 | 10 | 2 | 33 | 19 | 4 | 8 | 13 | 3 |  | 3 | 2 | 12 | 1 |  | 8 | 4 |  |  |  |  |  |  |  |  | 34 | 62 |
| 4 | 6 |  |  | 1 |  | 10 | 3 | 5 | 4 | 6 | 9 | 23 | 1 | 1 | 9 | 2 | 17 | 1 |  | 6 | 12 |  |  | 2 |  |  |  |  |  | 2 | 4 |
|  | 2 | 1 |  | 3 |  |  |  | 6 | 14 | 14 | 15 | 8 | 1 | 2 | 2 | 25 | 11 | 1 |  | 12 | 16 |  |  |  |  |  |  | 1 | 1 |  |  |
| 6 | 5 | 5 | 2 | 1 | 4 | 15 | 6 | 3 | 27 | 12 | 4 | 7 | 4 | 3 | 7 | 6 | 13 | 2 | 5 | 13 | 10 | 3 | 1 |  |  |  |  |  |  | 6 | 4 |
|  | 3 | 1 | 2 | 3 | 3 | 11 | 4 | 11 | 17 | 20 | 11 | 18 | 2 | 2 | 10 | 34 | 62 | 4 |  | 31 | 66 | 1 | 1 |  |  |  |  |  | 3 | 2 | 12 |
| 30 | 19 | 4 | 1 | 6 | 2 | 12 | 5 | 4 | 16 | 12 | 5 | 17 | 4 | 6 | 2 | 2 | 19 |  |  | 6 | 5 | 20 | 2 | 5 | 1 | 6 | 4 | 2 | 10 | 6 | 10 |
| 39 | 42 | 13 | 10 | 15 |  | 30 | 13 | 26 | 35 | 23 | 5 | 12 | 8 | 2 | 5 | 1 | 29 | 1 |  | 18 | 12 |  |  |  |  |  |  |  |  | 39 | 72 |
| 14 | 6 | 2 | 2 | 1 |  |  | 1 | 4 | 5 | 1 | 2 | 7 | 1 | 7 | 1 | 1 | 7 | 1 | 6 | 7 | 1 |  |  |  |  |  |  |  |  | 2 | 44 |
| 34 | 4 | 5 | 1 | 12 |  | 19 | 8 | 12 | 13 | 17 | 5 | 7 | 4 |  | 12 | 2 | 4 |  |  | 8 |  | 10 | 9 |  |  | 3 | 2 |  | 2 | 9 | 83 |
| 77 | 77 | 13 | 15 | 35 | 1 | 47 | 5 | 29 | 26 | 30 | 22 | 20 | 9 | 3 | 3 | 5 | 11 |  | 1 | 8 |  | 19 | 13 | 13 |  | 1 | 2 | 2 |  | 2 |  |
|  | 2 |  | 1 | 5 | 3 | 9 | 2 | 3 | 18 | 13 | 10 | 8 | 9 |  | 15 | 48 | 40 | 2 |  | 19 | 26 | 1 |  |  |  |  |  |  |  | 1 |  |
|  | 8 |  | 1 | 2 |  | 6 | 4 | 2 | 27 | 19 | 5 | 24 | 2 | 3 | 3 | 60 | 137 | 4 | 9 | 4 | 22 |  |  | 1 |  |  |  |  |  | 1 | 20 |
| 13 | 14 | 1 |  | 3 |  |  | 1 | 1 | 7 |  | 3 | 3 | 4 | 1 |  |  | 1 |  |  |  | 1 |  |  | 2 |  |  |  |  |  |  |  |
| 1 | 10 | 3 | 1 |  | 4 | 11 | 6 | 8 | 18 | 21 | 6 | 17 | 1 | 2 |  | 6 | 33 | 2 | 1 | 18 | 28 |  |  |  |  |  |  | 4 |  | 2 | 2 |
| 34 | 102 | 24 | 45 | 22 | 9 | 84 | 27 | 59 | 182 | 91 | 58 | 116 | 34 | 16 | 30 | 65 | 156 | 10 | 9 | 63 | 44 | 31 | 16 | 13 | 3 | 3 | 5 |  | 11 | 38 | 76 |
| 9 | 30 | 2 | 5 | 6 | 1 | 10 | 3 | 13 | 34 | 7 | 9 | 17 | 9 | 4 | 9 | 6 | 32 |  |  | 12 | 10 |  |  |  |  |  |  |  |  | 10 | 32 |
| 48 | 87 | 14 | 36 | 21 | 10 | 22 | 9 | 58 | 82 | 57 | 18 | 42 | 15 | 1 | 10 | 17 | 45 | 2 | 6 | 18 | 12 | 4 | 5 | 9 | 1 | 2 |  |  | 3 | 60 | 55 |
| 2 | 3 | 1 |  | 2 | 15 | 1 | 6 | 4 | 17 | 3 | 2 | 7 | 2 |  | 3 | 4 | 42 |  |  | 13 | 14 |  |  |  |  |  |  |  |  |  | 3 |
| 9 | 3 |  |  | 3 |  |  |  | 3 | 12 | 2 |  |  | 3 |  | 1 | 1 | 2 | 2 |  |  |  |  |  | 5 |  |  |  |  |  | 1 | 6 |
| 5 | 34 | 7 | 5 | 8 | 1 | 19 | 3 | 15 |  | 14 | 4 | 12 | 12 | 3 | 1 | 6 | 12 |  | 2 | 9 | 3 | 13 | 1 |  | 1 |  |  |  |  | 13 | 10 |
| 5 | 25 | 11 | 4 | 16 | 3 | 38 | 11 | 19 |  | 25 | 15 | 14 | 11 | 3 | 3 | 5 | 27 |  |  | 10 | 2 | 4 | 4 | 1 | 1 |  |  |  |  | 9 | 3 |
| 5 | 10 | 8 | 1 | 3 |  | 9 | 11 | 9 | 15 | 8 | 8 | 12 | 4 | 1 | 7 | 12 | 42 |  |  | 13 | 16 | 16 | 3 | 4 | 1 |  |  | 3 |  | 2 | 5 |
| 52 | 42 | 7 | 3 | 5 | 1 | 27 | 4 | 41 | 18 | 14 | 4 | 7 | 2 |  |  | 2 | 8 |  |  | 8 | 1 | 10 | 2 | 7 |  | 2 |  | 1 | 3 | 15 | 61 |
| 12 | 16 | 2 | 5 | 8 | 1 | 11 | 6 | 13 | 10 | 10 | 10 | 13 | 3 |  | 6 | 13 |  |  |  | 7 | 4 | 5 | 3 | 2 |  |  | 1 | 1 | 5 | 2 | 11 |
| 27 | 109 | 21 | 20 | 29 | 11 | 72 | 28 | 76 | 74 | 62 | 29 | 42 | 32 | 7 | 15 | 16 | 39 | 2 | 7 | 38 | 25 | 13 | 24 | 14 | 6 |  |  | 1 | 2 | 49 | 85 |
| 5 | 15 | 5 | 14 | 10 | 2 | 35 | 16 | 14 | 69 | 30 | 30 | 38 | 12 | 4 | 10 | 14 | 54 | 1 | 3 | 60 | 74 | 8 | 3 | 3 |  |  |  |  | 4 | 9 | 5 |
| 4 | 1 |  | 3 | 2 |  | 8 | 1 | 2 | 44 | 17 | 18 | 26 | 3 |  | 8 | 35 | 45 | 2 |  | 27 | 80 | 9 | 5 | 5 |  |  |  | 4 | 4 | 2 | 6 |
| 20 | 44 | 19 | 3 | 18 |  | 35 | 8 | 19 | 9 | 7 | 7 | 12 | 15 |  | 18 | 16 | 18 | 7 | 7 | 4 |  | 1 |  |  |  |  |  |  |  | 8 | 18 |
| 2 | 8 | 2 | 5 | 10 | 8 | 11 | 9 | 8 | 25 | 27 | 17 | 32 | 2 |  | 9 | 21 | 47 |  | 5 | 21 | 44 | 1 | 1 | 1 |  |  |  |  |  | 1 | 1 |
|  | 2 | 1 | 1 | 6 | 5 | 11 | 6 | 9 | 23 | 15 | 15 | 12 | 5 | 1 | 12 | 31 | 24 | 3 |  | 23 | 50 | 1 | 2 |  |  |  | 1 |  |  | 1 | 1 |
| 2 | 2 | 1 | 5 | 10 | 5 | 26 | 9 | 9 | 24 | 17 | 13 | 29 | 6 |  | 9 | 24 | 15 | 8 | 1 | 20 | 20 | 5 | 1 | 4 |  |  |  |  |  | 3 | 1 |
| 3 | 31 | 5 | 6 | 7 | 8 | 30 | 10 | 32 | 40 | 34 | 38 | 60 | 10 | 5 | 18 | 18 | 84 |  |  | 54 | 25 | 4 | 1 |  |  |  |  | 1 | 3 | 10 | 20 |
| 34 | 18 | 6 | 4 | 5 | 1 | 11 | 2 | 14 | 3 | 3 | 3 | 3 | 5 |  |  | 4 | 3 |  |  | 1 |  | 9 | 12 | 7 |  | 2 |  | 3 | 3 | 8 | 17 |

## INFORMATION

本書に記載された内容は2024年3月末現在判明分のデータ（予定、または前年度参考を含む）です。学校説明会や試験日程・科目等の内容は変更になることがあります。**正式な情報につきましては、必ず各学校の募集要項やホームページなどでご確認ください。**

なお、本書の内容の一部や最新情報については、大学通信ホームページ「Campus Navi Network」の「小学校探しナビ」でも随時公開します。ぜひアクセスしてください。

## https://www.univpress.co.jp/

東京圏私立小学校情報（2025年度版）

# 名門小学校 ［東京圏版］

2024年5月31日発行　　　　　　　定価1,100円（10％税込）

© 　発行人　　田 所 浩 志

発行所　　大 学 通 信

〒101-0051　東京都千代田区神田神保町3-2-3
TEL　（03）3515-3591（代）

印刷・製本　朝日印刷工業株式会社　　　　　（禁無断転載放送）

ISBN978-4-88486-362-3